이것은 빠른 경제적 자유를 위한 책

남보다
일찍 시작하는
은퇴 준비
프로젝트

이것은
빠른
경제적
자유를
위한 책

· 이의석 지음 ·

Ć
청림출판

한 그루의 나무가 모여 푸른 숲을 이루듯이
청림의 책들은 삶을 풍요롭게 합니다.

로또처럼 이루어지는 조기 은퇴는 없으니까

어느 비 오는 날 아침이었습니다. 출근 준비를 하던 아내가 슬픈 눈빛으로 제게 말했습니다.

"이런 비 오는 날에는 출근 안 하고 카페에서 책이나 읽고 싶어!"

저는 아내의 이런 출근 회피 성향이 단지 날씨에서 비롯된 것만은 아니라는 걸 너무나 잘 알고 있었습니다. 날이 화창했던 그저께에는 "오늘같이 화창한 날에는 출근 안 하고 어디론가 훌쩍 여행을 떠나야 하는데……"라고 얘기했던 걸 똑똑히 기억하고 있거든요.

하지만 이날 축 처진 어깨로 비를 뚫고 지하철역 속으로 사라져 가는 아내의 뒷모습을 보면서 저는 처음으로 진지하게 생각해 보았습니다. 아내의 말처럼 비 오는 날에는 출근하지 않아도 되는 '파이어족('경제적 자립financial independence'을 토대로 자발적 '조기 은퇴retire early'를 추진하는 사람들을 일컫는 용어)'이 되어 보는 건 어떨까?

저는 먼저 우리 부부가 파이어족이 되는 것이 현실적으로 가능한지 따져 보기로 했습니다. 작년에 국제공인재무설계사 자격증을 준비하며 사용했던 재무계산기를 오랜만에 서랍에서 꺼내 몇 가지 숫자를 입력해 보았습니다. 국민연금공단 홈페이지에 들어가서 우리가 조기 은퇴를 하면 받게 될 연금액을 체크해 보기도 했고요. 아내의 퇴직연금이 무사히 적립되고 있는지도 조회해 보았죠. 우리 부부가 노후 자금으로 모으고 있던 투자용 계좌의 잔고와 수익률도 꼼꼼히 따져 보았습니다. 그리고 저는 마침내 결론에 도달할 수 있었습니다.

'5년만 잘 준비하면, 파이어족…… 가능하겠는데?'

계산을 마친 뒤, 저는 조기 은퇴 계획을 아내와 공유하고자 했습니다. 이건 어찌 보면 당연한 과정이었습니다. 파이어족이라는 목표를 이루기 위해서는 두 사람의 노력이 모두 필요했으니까요.

하지만 이 과정에서 난관이 있었습니다. 아내가 제 조기 은퇴 계획을 제대로 이해하지 못했거든요. 아내의 눈앞에서 재무계산기를 아무리 두드려 봐야, 그건 의미 없는 행동일 뿐이었습니다. 제 현란한 계산 실력은 아내에게 전혀 전달되지 않았던 것이죠.

고민 끝에 제 37번째 특기를 써먹어 보기로 했습니다. 바로 엑셀입니다. 재무계산기를 두드려서 어렵게 계산해야 했던 은퇴 계획을 엑셀 파일 하나로 간단히 계산할 수 있도록 만들어 보았습니다. 그 결과물이 바로 본문에 등장하는 '은퇴 플랜B 계산기'입니다. (엑셀을 사용해 본 적이 없다고 미리부터 너무 겁먹을 필요는 없습니다. 제가 책에서 알려드리는 대로만 하면 누구나 쉽게 사용할 수 있을 테니까요.)

은퇴 계획에 엑셀을 활용한 것은 신의 한 수였습니다. 은퇴 계획을 세우고, 설명하는 일이 매우 쉬워졌거든요. 제 아내도 이해할 수 있을 정도로 말입니다!

제가 만든 '은퇴 플랜B 계산기'는 몇 년 뒤에 은퇴를 하고 싶은지(은퇴 희망 나이) 등 몇 가지 숫자만 입력하면 조기 은퇴에 필요한 모든 결과 값을 자동으로 계산해 알려줍니다. 조기 은퇴를 하기 위해 얼마의 금액이 필요한지(은퇴 필요 자금), 그 돈을 만들기 위해 매년 얼마씩 모아야 하는지(매년 저축 금액), 그리고 은퇴를 한 뒤에는 물가상승률을 반영하여 매년 얼마씩 인출해 쓸 수 있는지(은퇴 후 연 생활비) 등을 바로바로 계산해 줍니다! 이런 것이 바로 엑셀의 매력 아니겠어요.

이 엑셀 파일이 무척이나 만족스러웠던 저는 몇 주 동안 자아도취에 빠져 있었습니다. '신이시여! 정녕 이 작품을 제가 만들어낸 것이란 말입니까!' 이러면서 말이죠. 그러다가 문득 이런 생각까지 하게 됩니다. '이 좋은 툴을 우리 부부만 사용할 게 아니라 다른 사람들도 사용할 수 있도록 만들어 보는 건 어떨까?'

이를 위해서는 꼭 필요한 것이 하나 있었습니다. 바로 '은퇴 플랜B 계산기'의 사용설명서입니다. 아무리 성능 좋은 툴을 사용하더라도 올바른 입력 값을 넣지 않으면 정확한 결과 값을 얻어낼 수 없을 테니까요. 이 엑셀 파일을 처음 보는 사람도 올바른 숫자를 넣을 수 있도록 설명이 필요했습니다. 또한 제 설명서는 반드시 '쉽고, 재미있어야' 했습니다. 예전에 A사 재무계산기의 사용설명서를 진지하게 읽어본 적이 있는데, 일부러 재미없게 적으려고 해도 그렇게까지 재미없기란 쉽지 않았을 거라는 생각이 들더라고요. 저는 제 글이 절대로 재무계산기의 사용설명서처럼 지루해서는 안 된다고 생각했습니다. 그래서 읽는 사람들이 지루하지 않도록 스토리도 만들어 넣고, 그림도 만들어 넣고, 예시도 다양하게 집어넣는 데 집중하기 시작했습니다.

그렇게 수개월을 작업한 뒤, 저는 한 권의 책과 하나의 교훈을 얻을 수 있었습니다. 책은 여러분이 지금 보고 있는 바로 이 책이고요. 교훈은 '앞으로는 일을 너무 크게 벌이지 말자'는 것입니다(비 오는 날 아내의 뒷모습을 한번 봤을 뿐인데, 책까지 쓰게 될 줄은 정말 몰랐거든요!).

여기까지가 이 책이 세상 밖으로 나오게 된 사건의 전말입니다.

자, 여기까지 읽고 어떤 분들은 이런 궁금증이 생길 거예요. "아니, 도대체 그 엑셀 파일 '은퇴 플랜B 계산기'가 무엇이길래 책까지 썼다는 거야? 그게 그렇게 대단한 거야?" 이런 의문을 가지셨다면, 여러분의 관심을 유발하려는 제 목표는 일단 달성한 것 같으니 이제부터는 조금 다른 얘기를 해보겠습니다.

저는 7년째 개인 블로그를 운영하며 이런저런 주제로 글을 쓰고 있습니다. 그런데 제게 이웃 신청을 해주시는 분들의 별명이나 블로그 소개를 보면, 요즘 얼마나 많은 사람이 '경제적 자유'라는 단어에 관심을 가지고 있는지 알 수 있습니다. 이분들의 블로그에 들어가 보면, 제목에서부터 경제적 자유에 대한 열망이 느껴집니다. "경제적 자유를 꿈꾸며……", "파이어족 ×××", "경제적 자유로 가는 길" 등등.

경제적 자유를 쟁취하고 싶다는 생각은 어찌 보면 너무 당연한 일입니다. 생각해 보세요. 우리 주위에 (돈을 벌기 위해서가 아니라) 내가 지금 다니고 있는 직장을 너무나도 사랑해서, 하루하루 보람을 느끼며 일을 하는 사람이 몇 명이나 될까요? 우리 가운데 거의 대부분은 이런 생각을 품으며 살아가고 있을 겁니다. '내게 돈만 충분히 있어 봐! 그럼 나는 내가 진짜 하고 싶은 일들을 하면서 살 테야!'

그런데 정말 이상한 일입니다. 이처럼 파이어족을 희망하는 사람은 그렇게나 많은데, 성공했다는 사람은 찾아보기 힘드니 말입니다. 파이어족을 희망하는 사람이 10명 있다면 그중에 못해도 대여섯 명은 파이어족이 되었어야 할 것 같은데, 실제로 파이어족이 되는 데 성공했다는 사람은 단 한 명도 찾아보기 힘들죠. 왜 그럴까요?

그 이유는 두 가지입니다.

첫째, 파이어족이 되는 것 자체가 쉽지 않은 일이기 때문입니다. 1장에서 더 자세히 다루겠지만, 단순하게 생각해 봐도 파이어족이 되는 것은 매우 어려운 일입니다. 은퇴한 뒤 수십 년 동안 써야 할 돈을 단 몇 년 만에 모으기란 결코 쉬운 일이 아니죠. 추가적인 소득을 얻기 위해 밤낮없이 일을 늘려야 할 수도 있고, 극단적인 절약으로 현재의 돈 씀씀이를 최소화해야 할 수도 있습니다. 결코 만만하게 보고 시작할 일이 아니라는 뜻입니다.

둘째, 구체적인 계획을 세우지 않고 시작하기 때문입니다. 구체적인 계획이 없다는 것은 '나는 파이어족이 될 거야!'라고 그냥 생각만

한다는 것과 같습니다. 이를테면, 이런 식으로 말이죠.

"나는 로또에 당첨되기만 하면 파이어족이 될 거야!"

"며칠 전에 몰빵한 ○○○ 주식이 20배만 오르면, 나도 파이어족이 되겠지?"

하지만 이처럼 운에 기대거나 높은 위험을 감수하는 것은 우리가 파이어족이 되는 데 별로 도움이 되지 않습니다.

만약 제가 파이어족이 되기 위해 매주 로또를 산다고 가정해 보겠습니다. 로또 1등에 당첨될 확률은 대략 814만 분의 1이라고 하지요. 그런데 당첨될 확률이 낮다는 건 알겠는데, 그 확률이 얼마나 희박한지는 감이 잘 오지 않습니다.

만약 매주 5000원씩 로또를 산다면 과연 저는 몇 년이 지났을 때 1등에 당첨될 수 있을까요? 확률적으로 따져 보면, 정답은 약 1만 5654년입니다. 1만 5654년 동안 매주 5000원씩 꾸준히 로또를 산다면 저도 파이어족이 될 수 있겠네요! (단군 할아버지가 고조선을 세운 지 4356년밖에 지나지 않았다는 사실을 기억하시기 바랍니다.)

로또를 사는 대신, 주식 종목에 '몰빵'을 해보는 건 어떨까요? 아무래도 로또보다는 확률이 높을 것 같은데요. 이런 생각으로 2022년 1월쯤, 여전히 성장성이 매우 높다고 판단되는 테슬라 주식에 1억 원을 투자했다면, 그 결과는 매우 참담합니다. 1년 후 여러분이 투자한 1억 원에서 3000만 원밖에 남아 있지 않을 테니까요. 계좌 잔고의 감소와 함께 파이어족에 대한 희망도 사라져 버립니다.

결국 구체적인 계획 없이 파이어족이 되겠다는 다짐만 매일 해봤자, 실현 가능성은 매우 낮을 수밖에 없습니다. 우리에게 가장 필요한 것은 파이어족이라는 목표를 향해 나아갈 지도, 즉 로드맵입니다.

이 말은 조기 은퇴를 하기 위해 얼마의 금액이 필요한지(은퇴 필요 자금), 그 돈을 만들기 위해 매년 얼마씩 모아야 하는지(매년 저축 금액), 그리고 은퇴한 뒤에는 물가상승률을 반영하여 매년 얼마씩 인출해 쓸 수 있는지(은퇴 후 연 생활비)를 따져 보고, 파이어족이 되기 위한 큰 그림을 그려야 한다는 뜻입니다.

아, 잠깐만요. 그런데 이 내용을 어디서 본 것 같지 않나요? 네, 맞습니다. 앞서, 제가 만든 엑셀 파일 '은퇴 플랜B 계산기'로 한 번에 계산해서 알려 준다는 내용과 동일하지요. 사실 '은퇴 플랜B 계산기'는 파이어족이 되기 위한 로드맵을 제시하는 도구였던 것입니다.

솔직히 말하자면, 이 책을 읽는 사람이 모두 파이어족이 될 수 있다고 백 퍼센트 장담하지는 못합니다. 파이어족이 되기 위해서는 기본적으로 '지독한 의지'와 '노력'이 필요하기 때문입니다. 그만큼 쉽지 않은 일이죠. 하지만 파이어족이 되고야 말겠다는 의지가 충분하다면, 그리고 이 책에서 다루는 대로 계획을 세우고 노력할 준비가 되셨다면, 이 책은 파이어족이 될 수 있는 가능성을 비약적으로 높여 줄 거라고 자신 있게 말씀드릴 수 있습니다.

자, 이제 제 안내에 따라 파이어족을 향한 긴 여행을 떠날 준비가 되셨나요? 다음 페이지로 넘어가는 순간부터 이 여행은 시작됩니다.

CONTENTS

얼마를 모아야 조기 은퇴가 가능할까?

PART 2

어떤 은퇴 상품이 인생의 무기가 될 것인가?

PART 1

얼마를 모아야
조기 은퇴가
가능할까?

1장

누구나
일생에 한번은
은퇴한다

우리 부부도 마흔에 은퇴할 수 있을까?

"오빠, 우리도 저 사람들처럼 마흔 살에 은퇴할 수 있을까?"

TV를 보던 와이프님(이 이야기의 주인공이다)이 두 눈을 반짝거리며 내게 물었다. 와이프님의 시선이 꽂혀 있던 TV에서는 서른다섯 살부터 은퇴를 준비하기 시작해 마흔 살에 은퇴했다는 어느 부부의 얘기가 나오고 있었다. 나는 와이프님의 질문에 대답하는 대신 그 사람들의 얘기를 집중해서 듣기 시작했다.

마흔 살부터 백수('백수'라고 쓰고 '은퇴'라고 읽자!) 생활을 시작했다고 수줍게 밝힌 '다현' 씨의 스토리는 내게 신선한 충격이었다. 금전적으로 풍요로운 삶을 사는 것은 아니지만 '돈 버는 일'보다는 '하고 싶은 일들'을 하면서 살고 싶었다는 말에 특히 공감이 되었다.

새벽에 일어나 부스스한 머리를 대충 정리한 채로 지옥철을 뚫고 출근하는 대신, 느지막이 일어나 가볍게 아침 산책을 한 뒤 여유롭게 모닝커피를 마시며 내가 좋아하는 책을 마음껏 읽을 수 있는 삶, 어디론가 떠나고 싶을 때는 휴가를 받기 위해 상사의 비위를 맞출 필요 없이 언제든지 마음먹은 대로 훌쩍 여행을 떠날 수 있는 삶은 얼마나 멋질까!

하지만 (우리 인생이 항상 그래 왔듯이) 문제는 돈이다. 회사에서 매달 통장에 꽂아주는 급여가 없더라도 자유로운 생활을 영위할 수 있을 만큼 돈이 충분하지 않다는 것이 가장 큰 문제다. 그렇다면 과연 그 부부는 어떻게 '돈 문제'라는 난관을 뚫고 '40세 은퇴'에 성공할 수 있었을까?

주식이나 코인에 투자해서 대박이 났다거나, 로또 1등에 당첨되었다거나, 원래부터 자산가 집안에서 금수저를 물고 태어났다거나 하는 행운이 있었던 것은 아니라고 한다. 단지 은퇴 자금에 대한 계획을 미리 세우고, 그 계획을 달성할 수 있도록 5년이라는 기간 동안 차근차근 준비했다는 것이 비결이었다.

부부의 은퇴 준비를 좀 더 자세히 들여다보면 이렇다. ① 40세부터 55세까지는 일하면서 모아 둔 돈만으로 생활이 가능하도록 준비했다고 한다(사실 10년 넘는 기간의 생활비를 미리 모으는 것만 해도 뼈를 깎는 노력이 필요한 일이긴 하다). ② 55세부터 65세까지는 퇴직연금과 개인연금으로 생활할 수 있도록 준비했다고 한다. 마지막으로, ③ 65세 이후부터는 국민연금과 주택연금으로 생활할 계획이라고 한다.

나는 방송을 다 보고 나서야 와이프님이 내게 한 질문의 의도를 정확히 파악할 수 있었다. 와이프님이 묻고 싶었던 건 아마 이러했을 것이다. '우리도 저 부부처럼 은퇴 계획을 세우고 준비하면 남들보다 조

금 이른 나이에 은퇴해서 우리가 원하는 일들을 하며 자유롭게 살 수 있을까?'

와이프님의 질문에 대한 내 대답은 이렇다. 지금까지 금융권에 몸 담았던 내 모든 경력을 걸고 자신 있게 단언할 수 있었다.

"당연히 가능하지!"

미국의 투자자 가운데 짐 로저스 _{Jim Rogers}라는 인물이 있습니다. 이 사람은 꽤 유명한 투자자입니다. 사실은 전설적인 투자자 중 한 사람이지만, 이 책을 읽는 많은 분들께는 조금 생소할 수도 있기 때문에 '꽤 유명한 투자자' 정도로만 소개하겠습니다.

짐 로저스가 얼마나 대단한 투자자였냐면, 그가 투자 운용을 맡았던 '퀀텀펀드'의 10년 수익률은 무려 4200%였다고 합니다. 4200%라는 수치가 어느 정도인지 느껴지시나요? 만약 그 펀드에 제 돈 1억 원을 맡겼다면 10년 뒤에는 43억 원이 되어 있었을 겁니다. 10억을 맡겼다면 430억 원이 되어 있었겠네요. 같은 시기에 미국 S&P 500의 상승률은 겨우 47%였다고 합니다.

어쨌든 월스트리트에서 한창 잘나가던 이 인물은 37살의 젊은 나이에 돌연 은퇴를 선언합니다. 그리고 오토바이를 타고 세계 일주를 떠났다고 하지요. 22개월 동안 10만 마일(약 16만 킬로미터. 서울과 부산을 200번 정도 왕복하는 거리)을 달렸고, 6개 대륙에 걸쳐 50여 개 국가를 지났다고 합니다. 이런! 속 편한 부자 같으니라고!

"너 은퇴나 실직, 뭐 그런 거 했다면서?" 짐 로저스가 은퇴하던 즈음 대학 동기가 묻자 그는 이렇게 대답했다고 합니다.

"나 은퇴했어. 내가 특별히 잘못을 저지르지 않는 한, 죽을 때까지 다시는 일 안 해도 돼."

이 이야기는 우리의 '로망'과 매우 가깝습니다. '성공적인 투자', '조기 은퇴', '세계 일주', '마르지 않는 현금' 등의 단어만 들어도 가슴이 설레지 않나요?

하지만 그렇다고 해서 이 책의 주제가 '우리도 짐 로저스처럼 성공적인 투자를 해서 빨리 은퇴하자!' 같은 것은 아닙니다. 짐 로저스처럼 투자하는 방법을 1000명에게 알려준다고 해도, 같은 방식(공매도처럼 위험성이 매우 높은 방식)으로 성공할 수 있는 사람은 그중 고작 한두 명 정도밖에 안 될 테니까요. 당연히 나머지 999명은 치명적인 손해를 볼 확률이 매우 높습니다(저는 결코 999명의 독자에게 미움받는 사람이 되고 싶진 않아요!).

은퇴, 누구나 한 번은 하게 되는 것

조기 은퇴를 '젊은 나이에 큰돈을 벌어서 (가장 먼저 꼴 보기 싫었던 직장 상사의 면전에다 사직서를 집어던진 후) 일을 하지 않고 내 마음대로 사는 것' 정도로 생각하는 사람이 많습니다. 하지만 은퇴라는 것은 짐 로저스처럼 엄청난 부를 얻어야만 할 수 있는 것이 아닙니다. 또 어느 날 문득 출근하기 싫다고 사표를 집어던지는 식으로 충동적으로 저질 러 버릴 만한 일도 아닙니다. 오히려 은퇴는 이성적으로 계획을 세우 고, 그 계획을 차근차근 실행하면서 철저히 준비해야 할 대상입니다.

조기 은퇴에 대한 발상의 전환

주식(코인)으로 대박만 터지면 당장 일부터 때려치우고 내 맘대로 살 거야!

내가 바라는 은퇴 생활을 하기 위해 지금부터 계획을 세우고 철저히 준비해야지.

사실 은퇴 자체가 그리 대단한 일도 아닙니다. 사람은 살아가면서 (단 한 명의 예외도 없이) 누구나 한 번은 죽잖아요. 마찬가지로, 은퇴도 살아가면서 누구나 겪을 수밖에 없는 인생의 한 과정일 뿐입니다. 여든, 혹은 아흔이 넘어서 호호 할머니, 할아버지가 될 때까지 돈을 벌기 위해 일하고 싶은 사람은 없을 테니까요.

그런데 참 이상한 일입니다. 누구나 꼭 한 번 겪어야 할 일이라면, 그리고 어떻게 준비하느냐에 따라 남은 인생이 크게 달라진다면 미리미리 대비할 법도 한데 은퇴를 진지하게 준비하는 사람은 생각보다 많지 않은 듯합니다. 그래서인지 우리나라는 외국에 비해 노인 빈곤율도 꽤 높은 편이지요. 한국의 노인 빈곤율은 100명당 37.6명으로 상당히 높습니다. 100명 가운데 37.6명이 은퇴 후에 경제적 어려움을 겪고 있다는 뜻입니다. OECD 평균인 13.1명과 비교하더라도 경제적 어려움을 겪는 은퇴자가 한국에는 3배 정도나 더 많다는 것을 알 수 있습니다.

저는 기회가 될 때마다 재테크 관련 강의를 나가곤 합니다. 최근 50대 후반으로 보이는 여성분께서 강의를 다 듣고 난 뒤 제게 이렇게 물어 보시더라고요. "내년에 우리 남편이 정년이 되어서 은퇴를 하는데, 돈 관리를 어떻게 해야 할까요? 지금부터라도 투자를 시작해야 할까요?"

'지금부터라도' 돈 관리를 해야겠다는 생각을 가지게 된 것이 참 다행스러운 일이긴 합니다. 당장 내일부터 수입이 끊기는 상황에서도 아무런 준비를 하지 않는 분이 의외로 많거든요. 그럼에도 아쉬운 점은 있었습니다. 은퇴를 준비해야겠다는 생각을 조금만 더 일찍 하셨으면 어땠을까요? 은퇴에 대한 고민을 5년 정도만 일찍 하셨어도 좀 더 성공적인 은퇴를 준비할 수 있었을 텐데요.

제가 하고 싶은 이야기는 간단합니다. 어차피 누구나 꼭 한 번은 맞닥뜨리게 될 은퇴라면, 미리 계획을 세우고 철저하게 준비를 해보자는 것입니다. 은퇴 이후에 자신이 어떤 생활을 하고 싶은지 머릿속에 그려 보기도 하고, 자신이 과연 언제쯤 은퇴를 할 수 있을지도 한 번 생각해 보는 것이죠.

"은퇴는 끝이 아니라 시작"

중국에서 돈이 가장 많은 부자는 누구일까요? 지금은 순위가 조금 바뀌긴 했지만, 2019년까지는 전자상거래 업체 알리바바의 마윈 회장이 단연 1등이었습니다. 재산이 무려 39조 원이나 된다나……

이런 마윈 회장은 2019년 9월 10일 45번째 생일에 알리바바 회장 자리에서 물러난다고 선언합니다. '돈 많은 부자가 은퇴를 하는 게 뭐 그리 대수야? 먹고살 걱정이 없으니 은퇴하는 거겠지!'라고 생각할 수도 있지만, 여러 명언으로 유명한 마윈은 은퇴 자리에서도 기억에 남을 대사 한마디를 남깁니다. "은퇴는 한 시대의 끝이 아니라 시작"이라며, 더 많은 시간과 재산을 교육(새로운 일)에 초점을 두고 쓰고 싶다는 의지를 밝혔던 것이죠.

우리는 보통 은퇴라고 하면 '직장 생활의 끝'을 생각하기 쉽습니다. 하지만 생각을 조금만 바꿔 보면, 마윈의 말처럼 은퇴는 끝이 아니라 시작에 가깝다는 것을 알 수 있습니다. 내가 하고 싶었던 일을 하고, 살고 싶었던 삶을 살 수 있는 '새로운 시작' 말입니다.

지금까지 여러분은 하고 싶은 일이 있어도 자유롭게 할 수 없었던 경우가 더 많았을 겁니다. 예를 들어, 여러분도 짐 로저스처럼 22개월 동안 오토바이를 타고 세계 일주를 떠나고 싶었다고 생각해 볼까요. 하지만 그 꿈을 이루기란 쉽지 않았겠지요. 우리가 지금까지 우리의 꿈들을 실행할 수 없었던 이유는 무엇일까요? 그 이유는 다음의 세 가지에서 크게 벗어나지 않을 겁니다.

첫 번째 이유는 '돈이 없어서'입니다. 22개월 동안 세계 일주를 하려면 여행 자금이 있어야 할 텐데, 아쉽게도 지금까지 우리에게 충분한 돈이 있었던 적은 한순간도 없죠!

두 번째 이유는 '시간이 없어서'입니다. 우리의 일과는 매일매일 출근해서 하루 종일 일하는 데 집중되어 있습니다. 퇴근하고 집에 돌아오면 밥 먹고 TV만 조금 봤을 뿐인데 벌써 잘 시간이 됩니다. 주말에는 평일 동안 쌓인 피로를 풀기 위해 조금 게으름을 부리다 보면 눈 깜짝할 새 일요일 밤(월요일 전야)이 되어 있습니다. 우리에게는 하고 싶은 일을 할 틈이 도통 나질 않네요.

세 번째 이유는 '돈도 없고 시간도 없어서'입니다. 돈만 없거나 시간만 없으면 상황이 조금은 나을 텐데, 우리는 이처럼 돈도 없고, 시간도 없는 경우가 대부분입니다. 그러니 '22개월간의 세계 일주' 같은 버킷리스트를 시도해 볼 생각은 엄두도 내지 못 했겠죠.

그렇다면 우리가 조기 은퇴를 해서 하고 싶은 일을 마음껏 하면서 사는 '새로운 시작'을 하려면 어떤 조건이 필요할까요? 위의 이유들을 정확히 반대로 뒤집으면 됩니다. 즉, '돈도 있고, 시간도 있으면' 됩니다. 조금 유식한 단어로 바꿔 보자면, 경제적 자유와 시간적 자유를 가지고 있으면 됩니다.

시간적 자유는 노동으로부터만 자유로워진다면(출근만 안 하면) 얼마든지 쟁취할 수 있으므로 이 책에서는 자세히 다루지 않겠습니다.

문제는 역시 돈(경제적 자유)이겠죠! 내가 하고 싶은 일을 자유롭게 하면서 의미 있게 살고 싶다면, 돈이 필요합니다. 은퇴 자금을 얼마나 마련하고 어떻게 관리하느냐에 따라 은퇴 후의 생활이 달라집니다.

라이프사이클 곡선

사람의 인생을 경제 활동을 중심으로 다음의 그림처럼 표현해 보겠습니다. 이 그림을 흔히 '라이프사이클 곡선'이라고 부릅니다. 먼저 라이프사이클에 등장하는 요소들을 설명해 보겠습니다.

초록색 선은 수입 곡선이라고 부릅니다. 여러분이 직장 생활을 하는 동안에는 매년 급여가 오릅니다. 사원에서 대리로, 대리에서 과장으로 진급하면 수입은 큰 폭으로 오르기도 하고요. 마찬가지로, 수입

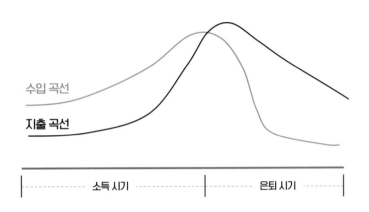

라이프사이클 곡선

수입 곡선

지출 곡선

소득 시기 ---------- 은퇴 시기

곡선도 일정 시점까지는 꾸준히 상승합니다. 하지만 시간이 지나 은퇴하고 소득이 끊기면 수입 곡선도 급격히 하락하는 모양으로 바뀝니다. 이것이 라이프사이클의 초록색 선, 수입 곡선입니다.

검은색 선은 지출 곡선이라고 부릅니다. 지출 곡선 역시 일정 시점까지는 꾸준히 증가하는 모습을 보여줍니다. 직장 생활을 처음 시작할 때는 지출이 그리 크지 않지만 결혼을 하고, 주택 자금을 마련하고, 자녀도 낳아 기르면서 지출이 계속 늘어나기 때문입니다. 그러다가 자녀가 독립할 때가 되어서야 비로소 지출은 감소하게 됩니다. 이것이 라이프사이클의 검은색 선, 지출 곡선의 모양입니다.

초록색 선이 검은색 선보다 위에 있는 시기를 소득 시기라고 하겠습니다. 수입이 지출보다 많기 때문에 소득 시기에는 여유 자금을 모을 수 있겠군요. 수입을 더 늘릴 수 있거나 혹은 지출을 줄일 수 있다면, 더 많은 여유 자금을 모을 수도 있을 겁니다.

검은색 선이 초록색 선보다 위에 있는 은퇴 시기에는 수입이 거의 없기 때문에 소득 시기에 모아 둔 여유 자금으로 생활해야 할 확률이 매우 높습니다. 즉, 소득 시기에 여유 자금을 많이 모아 둘수록 은퇴 시기에 풍족한 생활을 할 수 있다는 것을 알 수 있습니다. 반대로 소득 시기에 돈을 너무 많이 써서 여유 자금을 거의 모으지 못했다면, 혹은 버는 돈보다 쓰는 돈이 많아서 마이너스 통장의 잔액만 잔뜩 쌓였다면 여러분의 은퇴 생활은 매우 암울할 겁니다. 조기 은퇴는커녕 나이가 들어서도 계속 돈을 벌어야 할 수도 있습니다.

라이프사이클의 네 요소인 수입 곡선, 지출 곡선, 소득 시기, 은퇴

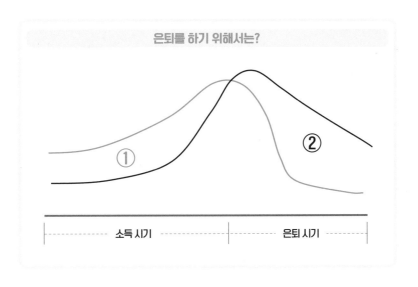

시기에 대해 모두 이해하셨나요?

라이프사이클 곡선을 통해 알 수 있는 은퇴의 기본 전제는 다음과 같습니다. 은퇴를 하기 위해서는 은퇴 시기의 부족 자금(②, 지출 곡선 – 수입 곡선)을 소득 시기에 모아 두어야 한다(①, 수입 곡선 – 지출 곡선)는 것입니다. 즉, 그림의 ②에 필요한 금액의 크기만큼 ①에서 모아야 한다는 뜻입니다.

조기 은퇴가 어려운 이유

앞서 라이프사이클을 통해 일반적인 은퇴를 설명했다면, 이제부터는 조기 은퇴로 주제를 바꿔 보겠습니다. 당연한 이야기지만, 조기 은퇴는 일반적인 은퇴보다 훨씬 힘든 일입니다. 그 이유를 다시 다음의 그림을 보며 설명해 보겠습니다.

조기 은퇴란 은퇴 시기를 앞당긴다는 뜻입니다. 다음의 그림으로 설명하자면 은퇴 시기가 늘어나고, 그만큼 소득 시기가 줄어든다는 뜻이기도 합니다. 소득 시기가 줄어들면 초록 선(수입 곡선)의 모양도 다음 그림과 같이 달라집니다. 은퇴가 빨라지는 만큼 수입 곡선의 정점이 더 일찍, 더 낮게 형성되는 것입니다.

수입 곡선의 모양이 변하면서 나타나는 영향은 크게 두 가지입니다. 먼저 은퇴 시기의 부족 자금(②′)이 크게 늘어납니다. 은퇴 시기가 길어지기 때문이겠지요. 둘째, 소득 시기에 모을 수 있는 돈(①′)이 줄어듭니다. 소득 시기가 짧아지기 때문입니다.

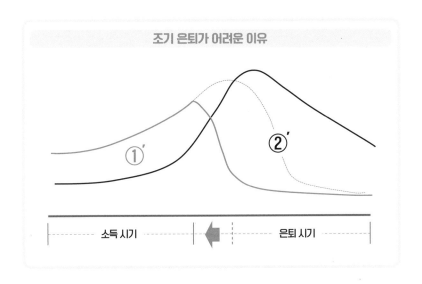

조기 은퇴가 어려운 이유

① ´
② ´
소득 시기 ← 은퇴 시기

이처럼 은퇴를 앞당기게 되면 더 많은 은퇴 자금을 더 짧은 시간에 모아야 한다는 부담이 생깁니다. 이것이 바로 조기 은퇴를 가볍게 생각해서는 안 되는 이유입니다.

그렇다고 미리 포기할 필요는 없습니다. 우리가 해야 할 일은 ② ´의 크기를 정확히 구하고, 남은 소득 기간에 어떻게 그 금액을 마련할지 계획을 짜는 것입니다.

조기 은퇴를 하는 데 얼마의 돈이 필요할까?

이른 나이에 경제적 자유를 얻고자 하는 파이어족에게 최대 관심사는 다음과 같은 대사 한마디로 표현할 수 있습니다.

"그래서 내가 얼마를 가지고 있으면 평생 돈 걱정 없이 살 수 있다는 건데?"

경제적 자유라는 콘서트에 들어가는 입장료로 2억이면 2억, 5억이면 5억, 10억이면 10억…… 이렇게 명확한 금액이 미리 정해져 있다면 좋겠지만, 안타깝게도 '경제적 자유를 위해 필요한 돈(지금부터는 은퇴 필요 자금이라고 하겠습니다)'의 크기는 사람마다 다릅니다.

간단한 예를 들어 보겠습니다.

A와 B 두 사람이 있습니다. 둘 다 조기 은퇴에 관심이 많고, 은퇴를 미리 준비하고 있습니다. 하지만 은퇴를 위해 모아 둔 돈에서는 차이가 났는데, A는 지금까지 1억을 모아 둔 상태고 B는 10억을 모아 둔 상태입니다. B가 A에 비해 10배나 많은 돈을 모아 놓고 있네요. 그렇다면 A와 B 가운데 은퇴를 위해 충분히 준비한 사람은 누구일까요?

"에이~ 뭐 이런 시시한 문제를 내고 그러실까! 당연히 B가 10배나 더 많은 돈을 모았으니까 은퇴 준비도 더 잘한 거 아냐?"라고 자신만만하게 답을 고르셨나요? 하지만 안타깝게도 정답은 아닙니다. 정답은 바로 '알 수 없음'입니다.

왜 그럴까요? 우리는 위의 예시만으로는 A와 B의 은퇴 조건에 대해 전혀 알지 못하기 때문입니다.

이해를 돕기 위해 상상력을 조금 발휘해 보겠습니다. A는 독신으

A: 나는 은퇴 자금으로 1억밖에 모으지 못했어.

B: 나는 은퇴 자금으로 10억이나 모아 두었는걸.

로 혼자 살기 때문에 한 달에 지출하는 돈이 그리 크지 않은 반면, B에게는 자녀가 셋이나 있어서 은퇴 이후에도 자녀 양육비, 교육비 등 지출이 매우 클 예정입니다. A는 돈을 적게 모은 대신에 본인 명의의 아파트를 보유하고 있어서 주거비가 거의 나가지 않는 반면, B는 매달 150만 원씩 월세를 지출해야 합니다. 월세가 앞으로도 계속 오를 예정이라는 것까지 감안한다면 더 많은 은퇴 자금이 필요하겠네요.

그 밖에도 은퇴 기간이 긴지 짧은지, 은퇴 후에도 부수적인 수입이 발생할 수 있는지 등도 은퇴 자금이 충분한지를 따질 때 고려해야 할 조건입니다. 결론은 '조기 은퇴를 하는 데 필요한 은퇴 자금의 크기는 사람마다 다르다'는 것입니다.

결론이 너무 두루뭉술한가요? 여러분에게 필요한 은퇴 자금의 크기를 딱 꼬집어서 알려드리지 않는다고 미리 서운해하지는 마세요.

이 책을 계속 읽다 보면 여러분에게 필요한 은퇴 자금이 얼마인지 곧 알게 될 테니까요.

조기 은퇴를 위해 알아야 할 2가지

주위를 둘러보면 투자해서 '대박'을 쳤다고 주장하는 사람이 참 많은 것 같습니다. 친구의 동생의 지인은 코인으로 100억 잭팟을 터뜨린 뒤 회사를 그만두었다고 하고, 어머니 친구의 조카는 부동산 갭투자를 워낙 잘해서 집이 수십 채인 데다가 월세로만 여러분의 연봉만큼 번다고 합니다.

이런 상대적 박탈감에 배 아파 하고 있는데, 직장의 부장님은 골치 아파서 모두가 피하고 있는 업무를 여러분에게 홀랑 떠넘겨 버립니다. 쥐꼬리만 한 월급이나 받자고 이런 수모를 참으며 출근을 하는 게 아닌데…… '이참에 회사를 그냥 확 때려치워 버릴까!' 하는 충동이 생기기도 합니다. 하지만 매달 갚아야 하는 주택자금 대출과 자동차 할부금이 걱정되는 건 어쩔 수 없습니다.

이런 상황이 아니더라도 직장을 그만두고 여러분이 원하는 삶을 살고자 하는 욕구는 우리 마음속에 언제나 내재되어 있습니다. 어릴 적 여러분의 꿈이 직장 상사의 눈치나 보면서 노동력을 착취당하는 월급쟁이는 아니었을 테니까요. 하지만 막상 은퇴를 하려고 생각하면 왠지 모를 불안감이 엄습해 옵니다. '직장을 그만둬도 아무 문제 없이 살 수 있을까?', '남들은 다 꾹 참고 일하는데 나만 너무 유별난 게 아닐까?'

이런 때일수록 불안감을 이겨내고 조기 은퇴에 성공하기 위해 꼭 필요한 것이 있습니다. 은퇴를 향한 과감한 결단력과 용기? 이런 것들은 아니고요(준비 없는 과감한 결단은 오히려 여러분을 망하게 하는 지름길입니다). 여러분에게 필요한 것은 바로 은퇴 필요 자금의 철저한 계산과 준비, 그리고 은퇴 관련 금융 상품들에 대한 이해와 활용입니다.

먼저, 은퇴 자금의 철저한 계산과 준비를 살펴보겠습니다. 은퇴에 앞서 불안감을 느끼는 가장 큰 이유는 바로 불확실성 때문입니다. '내가 모아 둔 돈만으로는 앞으로 생활하는 데 문제가 생기지 않을까?'라는 불확실성이 여러분을 계속 불안하게 만드는 것이지요. 이 문제를 해결할 방법은 간단합니다. 여러 요인을 분석해 은퇴 후에 필요한 금액을 정확히 계산하고, 그에 대한 확신을 가질 수 있다면 은퇴에 대한 두려움은 확연히 줄어들 겁니다.

다음으로 필요한 것은 은퇴 관련 금융 상품(국민연금, 퇴직연금, 개인연금, 주식 투자, 부동산 등)을 이해하고 활용하는 것입니다. 조기 은퇴를 한다는 것은 노동소득(급여)을 받는 걸 중단하고, 자본소득(금융소득)만으로 생활하겠다는 선언과도 같습니다. 즉, 내 몸이 일해서 돈 버는 것을 멈추고, 내 돈이 돈을 벌어올 수 있도록 한다는 뜻입니다. 배당주 주식에 투자해서 내 통장으로 매달 꼬박꼬박 배당금이 입금되는 구조를 생각하면 이해하기 편할 거예요.

내 돈이 효율적으로 돈을 벌어오게 하기 위해서는 그 수단이 되는 금융 상품을 이해하는 것이 필수입니다. 국민연금만 하더라도 어떻게 납입하고, 언제 연금을 개시하느냐에 따라 연금액이 크게 달라지거든요. 퇴직연금을 어떻게 운용 지시하느냐에 따라 우리가 받게 될 연금액도 달라지고요.

이처럼 은퇴 관련 금융 상품들을 명확하게 이해하고 있어야 이를 잘 활용해서 우리의 성공적인 은퇴에 요긴하게 써먹을 수 있습니다.

이 책에는 (여러분도 눈치채셨겠지만) ① 은퇴 자금을 정확히 계산하는 방법과 ② 은퇴 관련 금융 상품을 효율적으로 활용하는 방법을 모두 담아 보았습니다.

우선 다음 장부터는 여러분이 은퇴하는 데 과연 얼마의 금액이 필요한지 철저하고, 확실하고, 정확하게 계산하는 방법을 알려 드릴 겁니다. 그런데 여기에 걱정되는 부분이 있습니다. 아무래도 은퇴 필요 자금을 계산하려면 여러분이 싫어할지도 모르는(아마도 싫어하겠죠) 산술적인 요소가 많이 들어갈 수도 있다는 것입니다.

하지만 미리부터 너무 큰 걱정은 하지 않으셔도 됩니다. 다소 어려울 수도 있는 내용이지만, 하나씩 차근차근 재미있게 풀어 나가려고 저도 많이 노력했거든요. 그냥 숫자가 많이 나올 수도 있다는 마음의 준비만 단단히 하시고, 다음 장으로 넘어가시기 바랍니다.

은퇴 준비 따라 하기

은퇴 후 하고 싶은 일 적어보기

은퇴를 준비할 때 단순히 글을 읽고 이해하는 것보다는 자신이 직접 계획을 세워 보고 이를 실행해 보는 것이 백배 더 중요합니다. '은퇴 준비 따라 하기'의 내용이 귀찮아 보여서 바로 다음 장으로 넘어가고 싶은 마음이 크겠지만, 이 페이지에 잠깐만 멈춰 서서 여러분의 은퇴 생활 준비를 함께 해보기를 강력하게 권해 드립니다.

이 장에서는 여러분이 은퇴하고 나서 하고 싶은 일을 적어 보도록 합시다. 세계 일주, 텃밭 가꾸기, 악기 배우기, 봉사 활동, 유튜브 활동 등 평소에 생각하셨던 것들을 자유롭게 적어 보시면 됩니다. 여기 적힌 것들은 여러분의 버킷리스트가 될 수도 있고, 은퇴하고 싶다고 생각하게 된 이유가 될 수도 있겠네요. 최소한 한 개 이상을 적되, 많이 적을수록 좋습니다.

은퇴 후 하고 싶은 일

1. ....

2. ....

3. ....

4. ....

5. ....

2장

이 금액이 있으면
은퇴 가능!
플랜A

은퇴 후 필요한 생활비는 얼마?

와이프님 어떤 치약을 고르는 게 좋을까?

마트의 치약 코너에서 와이프님은 10분째 고민을 하고 있다. 별다른 생각 없이 가장 싼 제품을 선택하는 나와는 달리 와이프님은 물건을 고를 때마다 따져 볼 것이 많다. 가격은 물론이고, 치약의 성분이나 맛도 따져 본다. 평판이 나쁜 기업의 제품은 일찌감치 고려 대상에서 제외된다.

나 우리가 은퇴하면 한 달에 생활비는 얼마나 필요할까?

은퇴 계획을 본격적으로 세우기 시작한 뒤로 나는 와이프님에게 이런 질문을 자주 한다. 은퇴에 대한 일종의 사전 조사랄까.

와이프님 아무래도 지금보다는 덜 쓰게 되지 않을까? 회사에 출근하지 않으면 식비나 교통비 지출이 줄어들 테니까 말이야.

와이프님은 내가 쇼핑카트에 몰래 담아 두었던 맥주 번들을 원래 자리에 되돌려놓으며 대답한다. 맥주 구매에 실패한 나는 애써 태연한 척하며 말을 이어 간다.

나　　하지만 은퇴를 하면 돈 쓸 시간이 많아져서 오히려 지출이 늘어날 수도 있대. 생활비를 얼마로 정할지 항목별로 한번 따져 봐야겠어.

와이프님　나는 조기 은퇴를 한다고 해서 너무 쪼들리면서 살기는 싫어. 1년에 한 번 정도는 해외여행도 다녀오고 싶고…….

와이프님과 나는 버킷리스트에 관한 대화를 자주 하는 편인데, 그때마다 빠지지 않고 등장하는 주제가 바로 해외여행이다. 1년에 최소한 한 번 이상은 해외여행을 다녀와야 한다는 것이 와이프님과 나의 공통된 의견이었다. 여건만 된다면 1년의 절반은 물가가 싼 동남아 국가에서 지내는 것도 좋겠다고 와이프님은 얘기하곤 했다.

나　　그럼 한 달 생활비를 200만 원으로 하고, 여기에 해외여행 경비 600만 원을 더해서…… 1년에 3000만 원이면 충분할까?

사실 와이프님과 나는 생활비를 많이 쓰지 않는 편이다. 우선, 인생을 즐기며 사는 것이 목표인 딩크족이기 때문에 자녀 양육비 지출이 없다. 또 차를 가지고 있지 않기 때문에 차량 유지비를 걱정할 필요도 없다. 차가 없어 불편하다는 생각이 들 때도 가끔 있지만, 그래도 나는 역시 '내가 운전하는 차'보다 '남이 운전해 주는 차(버스, 지하철, 택시)'가 좋다.

지방에 있는 오피스텔이긴 하지만, 이미 집도 소유하고 있기 때문에 주거 비용도 크지 않다. 우리는 오로지 우리의 생활비만 생각하면 된다. 이런 점들은 우리가 파이어족이 되기에 유리하게 작용하고 있다.

쇼핑을 마치고 계산대에 선 와이프님이 영수증을 보며 놀란다.

와이프님 산 것도 별로 없는데, 뭐가 이렇게 비싸?

과일과 생필품 몇 개, 라면 몇 개를 집었을 뿐인데(맥주는 결국 사지 못했다!) 영수증에는 5만 원이 훌쩍 넘는 금액이 찍혀 있었다. 물가가 많이 오르긴 했나 보다. 나는 이렇게 생각했다.

'은퇴 필요 자금을 계산할 때는 물가상승률도 반드시 고려해야겠군.'

만약 여러분이 조기 은퇴를 하기로 결심했다면, 가장 먼저 해야 할 일은 은퇴를 위해 얼마의 돈이 필요한지 가늠하는 것입니다.

은퇴 필요 자금을 계산하는 방법은 여러 가지가 있을 수 있습니다. 단순히 월 생활비에다 12개월을 곱하고, 여러분이 더 살 것으로 예상하는 햇수를 곱해서 필요한 금액을 계산하는 것도 한 방법입니다. 예를 들어, 한 달에 생활비가 300만 원 필요하고, 앞으로 40년은 더 살 거라고 생각한다면(아마 여러분은 본인이 생각한 것보다 길게 살 확률이 높겠지만요), 14억 4000만 원(300만 원×12개월×40년)이 필요하다고 계산할 수 있겠네요.

하지만 이렇게 단순한 계산은 여러분의 은퇴 계획에 별로 도움이 되지 않습니다. 물가상승률도 감안하지 않았고, 기대수익률도 반영하지 않았거든요. 지금부터는 이런 단순한 계산식 대신에 조금 더 그럴 듯한 방법으로 여러분의 은퇴 필요 자금을 계산해 보려고 합니다.

　이 책에서는 은퇴 필요 자금을 두 가지 방법으로 계산해 볼 예정입니다. 저는 이 두 가지 계산 방법을 각각 플랜A와 플랜B라고 부릅니다. 이번 장에서는 그중에서도 플랜A에 필요한 은퇴 자금을 계산해 보겠습니다.

내가 로또에 당첨된다면?

　기분 좋은 상상을 한번 해보겠습니다. 저는 재미로 3000원어치씩 로또를 사곤 하는데, 덜컥 1등에 당첨된 것입니다. 농협 본점에 당첨금을 받으러 갔더니, 무려 10억 원이나 되는 돈을 제 통장으로 넣어주네요. 이런 상상은 언제 해도 기분이 좋아지죠!

　10억 원을 어떻게 할까 고민하다가 괜찮은 금융 상품을 발견하게 됩니다. 은행의 예금 상품인데, 10억 원을 예치하고 있는 동안 매년 5%의 이자를 제게 준다고 합니다. 저는 당장 이 상품에 가입했죠. 10억 원의 5%면 1년에 5000만 원씩 제게 이자로 준다는 것이니까요. 제 은퇴 계획은 이로써 완성되었습니다. 땅땅땅!

　물론 제가 로또에 당첨될 확률은 거의 없습니다. 또한 위의 예시와 같은 예금 상품도 현실에서는 존재하지 않습니다. 만기가 없이 예치 기간에 매년 고정적으로 이자를 주는 상품도 없을뿐더러, 예금 금리를 5%나 주는 상품도 별로 없지요. 만약 5% 이상 이자를 주는 특판 상품이 있다고 해도, 예치 한도가 정해져 있어서 10억 원이나 맡길 수 없을 확률이 높습니다.

그럼에도 제가 이처럼 비현실적인 상상력을 발휘해 본 이유는 앞으로 계산할 은퇴 필요 자금을 쉽게 이해할 수 있게 하기 위해서입니다. 이 상황을 그림으로 그려 보면 다음과 같습니다.

우선, 현재 10억 원을 예치합니다. 1년 뒤에는 10억 원의 5%에 해당하는 5000만 원을 이자로 받습니다. 원금 10억 원은 그대로 둔 상태이지요. 즉, 5000만 원의 이자를 생활비로 써도 원금에는 아무런 변화가 없다는 뜻입니다.

2년 뒤에도 생활비로 5000만 원을 꺼내 쓰고, 3년 뒤에도 5000만

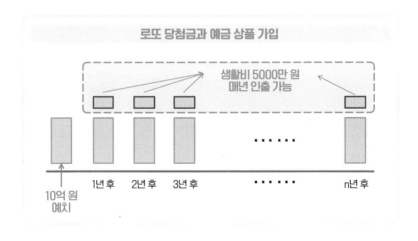

원을 꺼내 써도 원금은 1원도 줄지 않습니다. 이런 식이라면 죽을 때까지 매년 5000만 원의 생활비를 꺼내 쓸 수 있을 겁니다. 참 솔깃하지 않나요? 단돈 10억 원만 있으면 됩니다!

"10억 원의 5%는 5000만 원이라는 걸 누가 몰라? 고작 이렇게 간단한 계산을 하면서 왜 이렇게 잘난 척이지?"라고 제게 항의하실 수도 있겠네요. 하지만 이 간단한 계산식은 우리의 은퇴 필요 자금을 계산하는 데 매우 중요한 힌트를 줍니다.

'10억 원을 5% 금리 상품에 예치하면 매년 5000만 원의 생활비를 얻을 수 있다'는 말은, '매년 5000만 원의 생활비가 필요한데, 5%의 이자를 주는 상품을 알고 있다면 내게 필요한 은퇴 자금은 10억 원이야'로 고쳐 쓸 수 있습니다.

즉, 5000만 원이라는 ① 필요 생활비와 5%라는 ② 실현 가능 수익률만 알고 있다면, 우리는 ③ 은퇴 필요 자금인 10억 원을 계산할 수 있다는 뜻입니다. 우리의 목표가 무엇이었죠? 바로 은퇴 필요 자

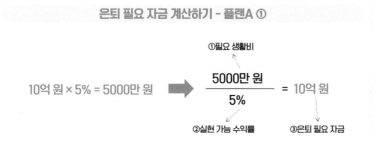

은퇴 필요 자금 계산하기 - 플랜A ①

금을 계산하는 것이었습니다! 답이 나왔네요. 10억 원!

이제 연습을 해보겠습니다. 앞서 장 시작 부분에서 저와 와이프님의 은퇴 생활비는 매년 3000만 원(월 200만 원×12개월+해외여행 자금 600만 원)이었습니다. 그리고 저는 저의 실현 가능 수익률을 매년 5% 정도로 기대하고 있습니다. 그렇다면 제게 필요한 은퇴 자금은 얼마일까요? 쉽죠? 정답은 6억 원입니다(3000만 원/5%=6억 원)

또 한 번 연습을 해볼까요? A라는 사람에게 필요한 은퇴 생활비는 매년 5000만 원인데, 이 사람은 엄청난 투자의 고수라서 매년 10%의 수익을 얻을 수 있다고 합니다. A에게 필요한 은퇴 자금은 얼마일까요? 정답은 5억 원입니다(5000만 원/10%=5억 원).

이와 같은 계산의 결과를 표로 정리해 보았습니다.

은퇴 필요 자금 계산하기-플랜A ②			
		은퇴 생활비(연)	
		3000만 원	4000만 원	5000만 원
수익률	4%	7억 5000만 원	10억 원	12억 5000만 원
	5%	6억 원	8억 원	10억 원
	7%	4억 2857만 원	5억 7142만 원	7억 1428만 원
	10%	3억 원	4억 원	5억 원

이 표에 따르면, 은퇴 필요 자금은 은퇴 생활비와 수익률에 따라 달라집니다. 은퇴 후 연 생활비가 커지면 은퇴에 필요한 자금의 규모도 커집니다. 이건 너무 당연한 얘기겠지요.

이와 반대로 수익률이 높아질수록 은퇴에 필요한 자금의 크기가 작아집니다. 수익률이 높으면 은퇴 자금이 크지 않더라도 수익을 많이 올려서 생활비로 쓸 수 있을 테니까요. 그래서 은퇴 필요 자금은 은퇴 생활비에 비례하고, 수익률에는 반비례합니다.

하지만 이 계산에서 주의할 점이 있습니다. 은퇴 생활비와 수익률이 조금만 달라져도 은퇴 필요 자금이 큰 폭으로 변한다는 것입니다.

예를 들어, 3000만 원/10%일 때 필요한 은퇴 자금은 3억 원에 불과한데, 5000만 원/4%일 때 필요한 은퇴 자금은 12억 5000만 원이나 됩니다. 변수에 어떤 값을 넣느냐에 따라 무려 4배가 넘는 차이가 난다는 것이죠.

이 때문에 은퇴 필요 자금을 계산할 때 정확한 결과를 얻기 위해서는 은퇴 생활비나 수익률에 아무 값이나 때려 넣어서는 절대 안 됩니다. 많이 고민한 뒤에 합리적이고 현실적인 수치를 입력해야 정확한 결과를 얻을 수 있습니다.

그럼 지금부터는 은퇴 생활비와 수익률에 어떤 값을 넣어야 할지에 대해 얘기해 보겠습니다.

은퇴 생활비 정하기

먼저 은퇴 생활비를 정해 보겠습니다. 은퇴 생활비를 너무 높게 설정하면 은퇴 필요 자금이 너무 커져서 은퇴에 부담을 느낄 수 있습니다. 반면 은퇴 생활비를 너무 낮게 설정하면 은퇴 후 생활의 질이 떨어질 우려가 있지요. 그래서 적정한 수준의 은퇴 생활비를 정하는 것이 매우 중요합니다.

은퇴 생활비를 정하는 첫 번째 방법은 여러분의 은퇴 생활을 미리 예측하여 어느 정도 생활비를 지출하게 될지 산출해 보는 것입니다. 한 달 동안 식재료비는 30만 원, 외식비는 40만 원, 여가비는 30만 원, 자기계발비는 30만 원, 개인 용돈은 50만 원…… 이런 식으로 말입니다. 각각의 지출 비용을 합하여 은퇴 후 한 달 생활비를 계산할 수 있습니다.

이 방법은 은퇴 후의 생활을 미리 그려 보며 구체적인 금액까지 계획할 수 있다는 점에서 가장 합리적이고 정확한 방법입니다. 하지만 은퇴까지 기간이 많이 남아서 은퇴 후 생활비를 미리 예측하기 어려운 경우도 있겠지요. 은퇴 후에 여러분이 어떤 활동을 주로 하고, 어떤 비용을 많이 쓰게 될지 전혀 감이 잡히지 않는다면, 이 방법으로 은퇴 생활비를 정하기는 쉽지 않을 겁니다. 이럴 때는 두 번째 방법을 사용할 수 있습니다.

은퇴 생활비를 정하는 두 번째 방법은 현재의 생활비를 측정한 다음 거기에 70%를 곱하여 계산하는 것입니다. 통상적으로 은퇴 후에는 은퇴 전 생활비의 약 70% 정도를 지출하기 때문입니다. 물론, 사람마다 다소 편차가 있긴 하지만요.

이 방법으로 은퇴 생활비를 정하려면 우선 3개월가량의 지출 내역을 확인하여 여러분이 한 달에 평균적으로 지출하는 생활비를 산출해야 합니다. 지난달의 지출 내역만으로 한 달 생활비를 계산하면 부정확한 결과가 나올 확률이 높기 때문에 3개월 평균값을 사용합니다.

한 달 치 생활비를 계산했다면 여기에 70%를 곱하여 은퇴 후 생활비를 결정합니다. 은퇴 전 한 달 생활비가 평균적으로 300만 원이었다면, 은퇴 후 생활비는 210만 원이 되겠네요.

만약 현재의 생활비를 계산하는 것도 너무 어렵고 귀찮다면 통계적으로 다른 사람들의 지출 수준을 참고하여 은퇴 생활비를 정할 수도 있습니다.

최소 노후 생활비와 적정 노후 생활비

최소 노후 생활비		적정 노후 생활비	
부부 기준	개인 기준	부부 기준	개인 기준
198만 7000원	124만 3000원	277만 원	177만 3000원

(출처: 국민노후보장패널조사 제9차 조사)

이 표는 국민연금연구원에서 조사한 노후 생활비의 통계 결과입니다. 최소 노후 생활비는 노후 동안 최저 생활을 유지하는 데 필요한 생활비를 말하고, 적정 노후 생활비는 표준적인 생활을 하는 데 흡족한 비용을 말합니다.

최소 노후 생활비는 부부 기준으로 198만 7000원, 개인 기준으로

124만 3000원이 필요한 것으로 나타났습니다. 적정 노후 생활비는 부부 기준으로 277만 원, 개인 기준으로 177만 3000원이 필요한 것으로 조사되었습니다.

이와 같이 평균적인 최소 노후 생활비와 적정 노후 생활비를 참고하여 여러분에게 필요한 은퇴 생활비를 결정할 수도 있습니다.

은퇴 생활비를 정하는 3가지 방법

1. 은퇴 생활을 예측하여 산출한다.
2. '현재 생활비 × 70%'로 계산한다.
3. 통계자료를 참고한다.

은퇴 생활비를 결정할 때 또 다른 주의점도 있습니다. 생활비 계산 주기를 월 단위가 아니라 연 단위로 해야 한다는 점입니다. 생활비에는 자동차 보험료나 재산세, 명절 비용, 휴가비, 계절 옷 구입비 등 월 단위가 아니라 연 단위로 지출하게 되는 것들도 많이 있습니다. 그런데 월 단위로만 생활비를 계산해 버리면 연 단위로 지출해야 하는 항목들을 간과하기 쉽습니다. 명절 비용을 감안하지 않고 월 단위의 생활비만 계산했다면, 설날이나 추석이 포함되어 평소보다 지출이 많아지는 달에는 생활이 몹시 궁핍해질 수도 있습니다.

따라서 은퇴 생활비를 구할 때는 '월 단위 생활비×12개월+연 단위 생활비'로 계산하면 됩니다. 이 장의 서두에서 제가 생활비를 계산할 때 '한 달 생활비 200만 원×12개월+해외여행 경비 600만 원 =3000만 원'으로 계산한 것처럼 말이죠.

여러분도 지금 바로 은퇴 후에 필요한 생활비를 계산해 보세요. 결과를 확인해 보셨나요? 그럼 다음으로 넘어가 보겠습니다.

실현 가능 수익률 정하기

다음으로 수익률을 정해 보겠습니다. 수익률은 좀 더 신중한 접근 이 필요합니다. 수익률을 얼마로 정하느냐에 따라서 준비해야 할 은 퇴 자금의 크기가 천차만별로 달라지기 때문입니다.

앞서 얘기했던 은퇴 생활비와 수익률에 따른 은퇴 필요 자금 표를 보면서 다시 설명해 드리겠습니다. 다음의 표를 보면 연간 필요한 은 퇴 생활비가 3000만 원으로 동일하다고 해도 수익률에 따라 은퇴 필 요 자금의 액수가 크게 달라집니다.

은퇴 필요 자금 계산하기-플랜A ②

		은퇴 생활비(연)		
		3000만 원	4000만 원	5000만 원
수익률	4%	7억 5000만 원	10억 원	12억 5000만 원
	5%	6억 원	8억 원	10억 원
	7%	4억 2857만 원	5억 7142만 원	7억 1428만 원
	10%	3억 원	4억 원	5억 원

만약 수익률을 10%로 계산한다면, 은퇴 필요 자금은 3억 원입니다. 3억 원 정도면 큰 액수이기는 하지만, 일찌감치 준비한다면 가능할 것 같기도 합니다. 그러나 수익률을 4%로 계산한다면, 은퇴하기 위해 필요한 돈이 7억 5000만 원입니다. 10%로 계산했을 때보다 2배가 넘는 큰 금액입니다. 평범한 직장인이라면 조기 은퇴를 엄두도 낼 수 없을 정도로 큰 금액이지요. 1년에 5000만 원씩 모아도 15년이나 모아야 하는 큰돈이니까요.

이처럼 수익률에 따라서 은퇴 필요 자금이 크게 변하기 때문에 수익률을 적용할 때는 은퇴 생활비를 정할 때보다 더욱 신중하게 접근해야 합니다.

'수익률이 높을수록 은퇴 필요 자금이 적어진다면, 수익률을 무조건 높게 잡으면 되는 거 아냐?'라고 생각할 수도 있습니다. 하지만 수익률을 무조건 높게 잡는다고 해서 항상 좋은 것은 아닙니다. 실제로 3억 원을 모은 뒤 조기 은퇴를 했는데 10%의 수익률로 은퇴 자금을 운용하지 못해서 1년 생활비로 3000만 원보다 낮은 수익을 얻을 수밖에 없다면 여러분의 은퇴 생활은 실패로 끝날 것이기 때문입니다.

그렇다고 너무 낮은 수익률로 계산해도 안 됩니다. 안정성을 추구하기 위해 2%대의 은행예금 이자율을 적용한다면, 은퇴 필요 자금이 매우 커질 뿐 아니라 낮은 수익성 때문에 영원히 은퇴를 하지 못할 수도 있습니다. 2%대의 수익률로는 물가상승률도 따라잡지 못할 테니까요. 물가상승률에 대해서는 조금 뒤에 자세히 다루겠습니다.

결국은 너무 높지도, 낮지도 않으면서 실현 가능한 수익률을 적용해야 한다고 정리할 수 있습니다. 적절한 수익률을 얻으려면 투자는 피할 수 없는 과정입니다. 예를 들어, 주식 '투자' 같은 거 말입니다.

그런데 주식 투자는 좀 위험하지 않나요? 주식시장은 변동성이 워낙 심하다고 하니 말입니다. 다음의 그림은 미국 S&P500 지수의 움직임입니다.

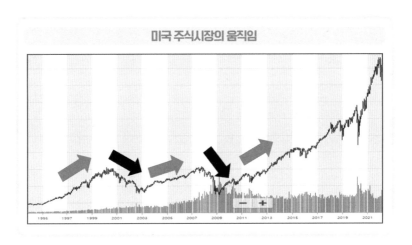

그림만 봐도 주가지수가 올랐다 내렸다 롤러코스터처럼 요동치는 것을 알 수 있습니다. 위의 그림을 연 단위로 쪼개서 수익률을 계산해 보면 더 가관입니다. 다음의 표는 1985년부터 2022년까지 S&P500 지수의 연 수익률을 계산한 결과입니다.

S&P 500 지수의 연 수익률(1985~2022)							
연도	수익률	연도	수익률	연도	수익률	연도	수익률
1985년	26.36	1995년	34.11	2005년	3	2015년	-0.73
1986년	14.62	1996년	20.26	2006년	13.62	2016년	9.54
1987년	2.03	1997년	31.01	2007년	3.53	2017년	19.42
1988년	12.4	1998년	26.67	2008년	-38.49	2018년	-6.24
1989년	27.25	1999년	19.53	2009년	23.45	2019년	28.88
1990년	-6.56	2000년	-10.14	2010년	12.78	2020년	16.26
1991년	26.31	2001년	-13.04	2011년	0	2021년	26.89
1992년	4.46	2002년	-23.37	2012년	13.41	2022년	-19.44
1993년	7.06	2003년	26.38	2013년	29.6		
1994년	-1.54	2004년	8.99	2014년	11.39		

연도별로 수익률을 따져 보면, (당연한 얘기지만) 오른 해도 있고 떨어진 해도 있습니다. 1997년 1월에 S&P500 ETF를 매수해서 12월에 팔았다면 무려 31.01%의 수익을 얻을 수 있었겠군요. 반대로 2008년도에 똑같은 방식으로 투자했다면 -38.49%의 손실을 기록했을 겁니다. 1억 원을 투자했다면, 약 4000만 원을 잃고 6000만 원만 남았겠지요. 생각만 해도 끔찍합니다.

'은퇴' 자금을 운용하려면 안정성이 가장 중요한데, 보신 바와 같이 주식 투자는 변동성이 너무 큽니다. 그렇다면 주식 투자를 반드시 피해야만 할까요? 그렇지 않습니다. 다행히도 우리에게는 주식시장의 변동성을 줄일 수 있는 강력한 무기가 하나 있습니다. 그것은 바로 '장기 투자'입니다.

다음의 표는 앞선 S&P500 지수의 데이터를 이용해 20년 동안 장기 투자를 했을 때의 성과를 정리한 것입니다.

연도	총수익률	연복리 수익률	연도	총수익률	연복리 수익률
S&P 500 지수의 20년 연복리 수익률					
1985~2004년	624.83	10.41	1995~2014년	348.3	7.79
1986~2005년	490.82	9.29	1996~2015년	231.85	6.18
1987~2006년	485.66	9.24	1997~2016년	202.24	5.69
1988~2007년	494.29	9.32	1998~2017년	175.51	5.2
1989~2008년	225.24	6.07	**1999~2018년**	**103.94**	**3.63**
1990~2009년	215.53	5.91	2000~2019년	119.89	4.02
1991~2010년	280.85	6.91	2001~2020년	184.49	5.37
1992~2011년	201.52	5.67	2002~2021년	315.14	7.38
1993~2012년	227.33	6.11	2003~2022년	336.4	7.65
1994~2013년	296.26	7.13	평균		6.79

여러분이 1985년에 S&P500 지수 투자를 시작해서 20년 후인 2004년까지 투자했다면, 총수익률은 무려 624.83%입니다. 그리고 이를 연복리 수익률로 환산하면 10.41%입니다. 20년 동안 매년 평균적으로 10.41%의 수익을 얻었다고 생각하시면 편합니다.

물론 성과가 저조한 기간도 있습니다. 만약 1999년부터 2018년까지 투자했다면, 위의 표에서 확인할 수 있듯이, 여러분의 연복리 수익률은 3.63%입니다. 20년 동안 매년 3.63%의 수익을 얻었다는 뜻입니다.

위 연복리 수익률들의 평균값을 계산해 보겠습니다. 해당 기간 동안 20년 연복리 수익률의 평균값은 6.79%가 나오네요. 이 말의 뜻은 여러분이 지금 당장 2023년부터 투자를 시작해서 2042년까지 20년 동안 장기 투자를 한다면 매년 6.79% 정도의 수익을 기대할 수 있을 것이라는 얘기입니다. 그리고 운이 나빠서 성과가 좋지 않더라도 매년 3.63% 이상은 수익을 올릴 것으로 기대할 수 있겠네요.

갑자기 한꺼번에 너무 많은 숫자가 튀어나와서 당황스러운가요? 하지만 진도를 조금만 더 나가 보겠습니다. 25년 장기 투자를 했을 때의 결과는 더 훌륭하거든요.

S&P 500 지수의 25년 연복리 수익률					
연도	총수익률	연복리 수익률	연도	총수익률	연복리 수익률
1985~2009년	566.93	7.89	1993~2017년	513.62	7.53
1986~2010년	495.25	7.4	1994~2018년	437.43	6.96
1987~2011년	419.3	6.81	1995~2019년	603.46	8.12
1988~2012년	477.22	7.26	1996~2020년	509.82	7.5
1989~2013년	565.55	7.88	1997~2021년	543.43	7.73
1990~2014년	482.6	7.3	1998~2022년	295.65	5.66
1991~2015년	518.96	7.56			
1992~2016년	436.77	6.95	평균		7.32

만약 여러분이 1985년에 S&P500 지수에 투자를 시작해 25년 후인 2009년까지 투자했다면 총수익률은 무려 566.93%고, 이를 연복

리 수익률로 환산하면 7.89%입니다.

최고의 성과를 나타낸 기간은 1995~2019년으로 연복리 수익률 8.12%고, 최악의 성과를 나타낸 기간은 1998~2022년의 5.66%입니다. 평균값은 7.32%입니다.

이 결과에서 우리가 가장 집중해야 할 부분은 최고의 수익률과 최악의 수익률이 크게 차이 나지 않는다는 점입니다. 겨우 2.46%(8.12-5.66%)밖에 차이가 나지 않네요. 1년 단위 수익률을 계산했을 때는 31.01~-38.49%로 변동성이 매우 컸던 반면, 장기 투자를 하면 변동성이 크게 줄어든다는 것을 알 수 있습니다.

그러니 우리의 목표가 '1년 동안 수익률을 극대화하여 투자대회에서 우승하는 것'이 아니라 '20년이 넘는 은퇴 기간에 안정적으로 자금을 운용하는 것'이어서 장기 투자를 활용할 수 있다는 사실이 얼마나 다행인지 모릅니다.

그렇다면 은퇴 필요 자금을 계산하기 위한 수익률은 얼마 정도로 정하면 될까요? 조기 은퇴를 하려면 최소한 물가상승률보다는 일정 수준 높은 수익률을 얻을 수 있어야 합니다. 위의 연복리 수익률 표를 참고했을 때, 장기 투자를 전제로 대략 6~9% 정도의 범위에서 실현 가능한 수익률을 정한다면 큰 무리는 없을 듯합니다. 8장에서 목표 수익률을 달성하기 위해 은퇴 자산을 배분하고 운용하는 '포트폴리오 전략'을 다루고 있으니 참고하시기 바랍니다.

저는 지금부터 제 목표 수익률을 7%로 정하여 은퇴 계획을 세워 보겠습니다. 여러분도 실현 가능한 목표 수익률을 고민해 보신 후 다음으로 넘어 가시기 바랍니다.

물가상승률을 감안한 플랜A 계산

자, 이제 은퇴 필요 자금을 계산하기 위해 필요한 재료가 모두 준비되었으니, 제 은퇴 필요 자금을 한번 계산해 보겠습니다. 은퇴 생활비는 3000만 원이었고, 수익률은 7%였으니 결과 값은 4억 2857억 원이 나오는군요(3000만 원/7%). 제게는 4억 2857만 원의 은퇴 자금이 필요하다는 것을 알 수 있습니다. 참 쉽죠?

그런데 이제 와서 하는 얘기지만, 위의 계산은 완전히 엉터리입니다. 이 계산대로 은퇴 필요 자금을 준비한다면, 은퇴 생활을 망치기 십상이거든요. 왜냐하면 이 계산에는 물가상승률이 전혀 반영되지 않았기 때문입니다.

지금부터는 물가상승률에 관한 얘기를 해보겠습니다.

저는 빵을 아주 좋아합니다. 작년에 빵을 얼마나 사 먹었나 기억을 더듬어 봤더니 1년 동안 대략 100만 원어치를 사먹었더라고요. 그런데 최근에 빵 값이 많이 올라서(밀가루 가격이 올랐다거나, 식용유 가격이 올랐다거나 그런 이유들로 말입니다), 내년에 똑같은 양의 빵을 사 먹으려면 105만 원이 필요할 것 같습니다. 물건(빵)의 가격이 오르면 똑같은 양의 물건을 사는 데 더 많은 돈이 필요합니다.

올해 제 생활비가 총 4000만 원인데, 물가가 오르면 내년에는 4000만 원보다 더 많은 돈이 필요합니다. 예를 들어, 1년 동안의 물가상승률이 3%라고 가정해 보겠습니다. 올해 4000만 원의 생활비가 필요했다면, 물가가 오른 내년에는 생활비가 얼마나 필요할까요? 정답은 4120만 원입니다(4000만 원×3%).

물가와 생활비의 관계

현재

올해 생활비는 **4000만 원**이면 충분하겠군.

1년 후

물가가 3%나 올랐으니 작년과 똑같은 수준으로 생활하려면 **4120만 원**은 있어야겠는걸?

이처럼 물가가 상승하면 필요한 생활비 금액도 커집니다. 물가상승률이 매년 일정한 수준으로 꾸준히 상승한다면 어떨까요? 필요한 생활비도 계속 커지겠지요?

이처럼 물가상승률을 고려하면, 매년 필요한 생활비도 늘어납니다. 1년 뒤에는 3% 오른 4120만 원이 필요할 것이고, 2년 뒤에는

연도	필요한 생활비(원)	계산식
현재	40,000,000	
1년 후	41,200,000	$40,000,000 \times 1.03$
2년 후	42,436,000	$40,000,000 \times 1.03^2$
3년 후	43,709,080	$40,000,000 \times 1.03^3$
4년 후	45,020,352	$40,000,000 \times 1.03^4$
5년 후	46,370,963	$40,000,000 \times 1.03^5$
6년 후	47,762,092	$40,000,000 \times 1.03^6$
7년 후	49,194,955	$40,000,000 \times 1.03^7$
8년 후	50,670,803	$40,000,000 \times 1.03^8$

물가상승률(3%)을 반영한 연도별 생활비

4120만 원에서 3% 더 오른 4243만 원이 필요할 겁니다. 시간이 흘러 8년 뒤에는 1년 생활비로 5000만 원이 넘는 금액이 필요하게 되겠군요.

그런데 물가상승률을 반영하지 않고 매년 딱 4000만 원의 생활비만 준비되어 있다면 어떨까요? 시간이 지날수록 은퇴 생활의 질이 매우 떨어질 수밖에 없겠죠? 8년 뒤에는 5000만 원이 넘게 필요할 텐데, 생활비로 쓸 수 있는 돈은 4000만 원밖에 되지 않으니까요. 이러한 문제는 시간이 더 흘러 물가와 생활비의 격차가 커질수록 심각해집니다. 이런 문제를 막기 위해 우리는 은퇴 필요 자금을 계산할 때 반드시 물가상승률도 고려해야 합니다.

그럼 물가를 반영한 은퇴 목표 자금을 계산하려면 어떻게 해야 할까요? 계산을 시작하기도 전에 벌써부터 골치가 아픈가요? 하지만 해답은 의외로 간단합니다.

이것도 예를 들어 설명해 보겠습니다. 여러분은 현재 10억 원을 가지고 있습니다. 매년 7%의 수익을 얻을 수 있고, 물가상승률은 3%라고 생각해 보겠습니다. 그렇다면 1년 후의 수익금은 얼마일까요? 이건 쉽습니다. 7000만 원이죠(10억 원×7%).

7000만 원이나 수익이 생겼으니 여러분은 이 7000만 원을 전부 다 생활비로 펑펑 쓰고 싶겠지만, 이제는 소비 욕구를 조금만 억눌러 보겠습니다. 총 7000만 원의 수익 가운데 4000만 원만 생활비로 사용하고, 물가상승률(3%)에 해당하는 나머지 3000만 원은 원금 10억 원에 합쳐 둡니다. 그럼 원금은 10억 3000만 원으로 늘어나겠네요. 이를 그림으로 그려 보면 다음과 같습니다.

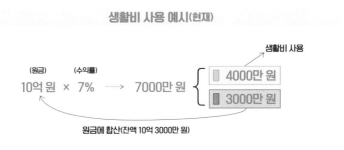

생활비 사용 예시(현재)

원금의 잔액이 10억 3000만 원으로 늘어난 상태에서 그다음 해에 7%의 수익이 난다면, 이때의 총수익금은 얼마일까요? 7210만 원입니다(10억 3000만 원×7%). 그중 4%에 해당하는 4120만 원은 생활비로 사용하고, 물가상승률(3%)에 해당하는 나머지 3090만 원은 다시 원금에 합칩니다.

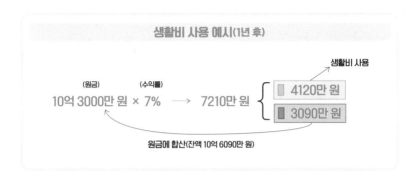

이제 원금은 10억 6090만 원이 되었습니다. 그다음 해에도 7%의 수익이 나겠지요. 이와 같은 과정(총수익금 가운데 물가상승률만큼을 원금에 합산하고 나머지를 생활비로 쓰는)이 반복된다면 어떻게 될까요?

물가상승률(3%)을 반영한 연도별 생활비				
연도	A.원금	B.연 수익금(A×7%)	C.원금 합산(A×3%)	D.생활비(B-C)
현재	1,000,000,000	70,000,000	30,000,000	40,000,000
1년 후	1,030,000,000	72,100,000	30,900,000	41,200,000
2년 후	1,060,900,000	74,263,000	31,824,000	42,436,000
3년 후	1,092,727,000	76,490,890	32,781,810	43,709,080
4년 후	1,125,508,810	78,785,617	33,765,264	45,020,352
5년 후	1,159,274,074	81,149,185	34,778,222	46,370,963
6년 후	1,194,052,297	83,583,661	35,821,569	47,762,092
7년 후	1,229,873,865	86,091,171	36,896,216	49,194,955
8년 후	1,266,770,081	88,673,906	38,003,102	50,670,803

우선 A.원금은 매년 늘어날 겁니다. 연 수익금 가운데 물가상승률 (3%)만큼을 떼어 매년 합산해 주기 때문입니다. 이에 따라 B.연 수익금도 매년 증가하게 되지요. 가장 중요한 것은 D.생활비도 매년 증가한다는 사실입니다.

그런데 위의 표에서 검은색으로 표시된 숫자들을 보면 어딘가 낯익어 보이지 않나요? 이 숫자는 앞서 61쪽에서 제시한 '물가상승률을 반영한 연도별 생활비'와 정확히 일치합니다. 그렇습니다. 우리는 연 수익금 가운데 물가상승분만큼을 원금에 더해줌으로써 매년 물가상승률을 반영한 생활비를 얻을 수 있었던 것입니다.

그런데 아직까지는 정확히 이해되지 않습니다. 이것만으로 어떻게 우리의 은퇴 필요 자금을 계산할 수 있을까요?

이렇게 한번 생각해 볼게요. 앞의 표에서 첫해 생활비인 4000만 원은 어떻게 계산되었나요? 원금 10억 원에서 4%(수익률 7%-물가상승률 3%)를 곱하여 계산했죠.

'10억 원의 7% 수익금 가운데 물가상승률 3%를 제외한 생활비는 4000만 원이야'라는 말은 바꿔 말하면 '매년 4000만 원의 생활비가 필요한데, 7%의 수익률을 올릴 수 있고 물가상승률이 3%라면 내게 필요한 은퇴 자금은 10억 원이야'로 고쳐 쓸 수 있습니다. 즉 생활비와 수익률, 물가상승률만 알고 있다면 은퇴 필요 자금을 계산할 수 있다는 뜻입니다.

연습을 한번 해보겠습니다. 제게는 매년 은퇴 생활비 3000만 원이 필요한데, 실현 가능 수익률은 7%고 물가상승률은 3%입니다. 제게 필요한 은퇴 자금은 얼마일까요? 간단하게 계산이 되나요? 정답은 7억 5000만 원입니다[3000만 원/(7%-3%)].

한 번만 더 해볼까요? A라는 사람은 은퇴 생활비가 5000만 원인데, 투자의 고수라서 수익률은 10%입니다. 물가상승률은 마찬가지로 3%입니다. 이때 필요한 은퇴 자금은 얼마인가요? 7억 1428만 원 정도가 나오네요[5000만 원/(10%-3%)].

물가상승률 정하기

물가는 항상 변합니다. 지난달 시장에 갔을 때 오이 4개에 1000원 하던 것이 이번 달에는 5개에 2000원이었습니다. 또 뉴스에서는 전기 요금과 가스 요금을 또 올릴 거라고 하더군요. 통계청에서는 한 달에 한 번씩 소비자물가지수[CPI]를 발표하는데, 매번 수치가 변합니다.

이렇듯 물가는 매 순간 바뀌는데, 우리가 은퇴 필요 자금을 계산할 때는 물가상승률에 어떤 숫자를 넣으면 될까요?

우리나라의 중앙은행인 한국은행의 설립 목적은 '물가 안정'이라고 합니다. 한국은행의 홈페이지에 그렇게 적혀 있으니 틀림없는 사실일 테지요. 그래서 한국은행은 물가 안정 목표를 정해 두고, 그 목표를 달성하기 위해 각종 금융·통화 정책을 펼칩니다.

예를 들어 현재의 물가가 한국은행의 목표보다 높으면 한국은행은 물가를 낮추기 위해 기준금리를 높이거나 통화량을 조절합니다. 반대로 물가가 한국은행의 목표보다 너무 낮다면, 기준금리를 낮추거나 시중에 통화를 공급하는 등 경기를 부양하는 방향으로 정책을 펼칠 것입니다.

결국 한국은행이 일을 제대로만 한다면, 장기적으로 물가는 한국은행의 물가 안정 목표와 크게 다르지 않을 겁니다. 일시적으로 차이가 나더라도 한국은행이 결국 물가 안정 목표에 근접해지도록 정책을 펼칠 테니까요. 그러니 우리는 은퇴 필요 자금을 계산할 때 물가상승률에 한국은행의 물가 안정 목표 수치를 넣겠습니다.

한국은행의 물가 안정 목표는 현재 소비자물가 상승률을 기준으로 2%입니다. 이 수치는 자주 바뀌지는 않지만, 경제 여건에 따라 변경될 수도 있습니다. 현재 물가 안정 목표가 몇 퍼센트인지 확인하고 싶다면, 한국은행 홈페이지를 참고하시면 됩니다.

지금까지 굉장히 많은 얘기를 했지만, 우리가 꼭 기억해야 할 것은 다음의 일반식 딱 하나밖에 없습니다. 이 계산식만 알고 있다면, 여러분은 언제든지 은퇴 필요 자금을 빠르게 계산할 수 있습니다.

은퇴 필요 자금 계산하기 - 플랜A 일반식

$$\frac{\text{필요 생활비}}{\text{수익률 - 물가상승률}} = \text{은퇴 필요 자금}$$

플랜A 계산식에는 두 가지 장점이 있습니다. 첫 번째는 계산이 무척 쉽다는 것입니다. 여러분의 은퇴 생활비와 실현 가능 수익률, 물가상승률만 알고 있다면, 은퇴 필요 자금을 간단히 계산할 수 있습니다.

또 하나의 장점은 은퇴 자산이 영구적으로 유지된다는 것입니다. 여러분이 계산할 때 반영했던 수익률을 계속 유지하기만 한다면, 은퇴 자산의 규모도 물가상승률만큼 매년 증가할 것이기 때문입니다. 심지어는 여러분이 사망해도 은퇴 자산이 유지되고 있기 때문에 남은 재산을 가족들에게 물려줄 수도 있습니다.

하지만 이 은퇴 플랜A에는 치명적인 단점이 딱 하나 있습니다. 준비해야 할 은퇴 필요 자금이 생각보다 크다는 것이지요. 제 사례에서는 은퇴 필요 자금이 6억 원이나 필요합니다[3000만 원/(7%-2%)].

물론 이 금액은 사람에 따라 많을 수도, 적을 수도 있는 금액입니다. 하지만 5년 안에 은퇴하는 것이 목표인 제게 평범한 급여 수준으로 이 정도 규모의 돈을 마련하는 것은 결코 쉬운 일이 아닙니다.

그래서 다음 장에서는 플랜A보다 한 단계 낮은 수준의 은퇴 자금으로도 조기 은퇴를 할 수 있는 플랜B에 대해 설명해 드리겠습니다.

은퇴 준비 따라 하기

플랜A에 따른 은퇴 필요 자금 계산하기

이번 장에서는 플랜A에 따른 은퇴 필요 자금을 계산하는 방법을 알아보았습니다. 다음의 순서대로 여러분의 은퇴 필요 자금을 직접 계산해 보시기 바랍니다.

1단계 – 필요 생활비 계산하기 (연 단위 생활비로 계산할 것)

최소 노후 생활비와 적정 노후 생활비			
최소 노후 생활비		적정 노후 생활비	
부부 기준	개인 기준	부부 기준	개인 기준
198만 7000원	124만 3000원	277만 원	177만 3000원

(출처: 국민노후보장패널조사 제9차 조사)

2단계 – 실현 가능 수익률 정하기

3단계 – 물가상승률 정하기 (참고로, 2023년 현재 한국은행의 물가 안정 목표는 2%

다.)

4단계 – 은퇴 필요 자금 계산하기

$$\frac{(1단계)}{(2단계) - (3단계)} = (4단계)$$

3장

이 금액만 있어도
은퇴 가능!
플랜B

6억 원이나 모으긴 너무 힘들어

와이프님 그래서 오빠가 내린 결론은 우리가 6억 원만 모으면 조기 은퇴를 할 수 있다, 이거지?

가계부를 정리하던 와이프님이 계산기를 두드리다 멈추고, 내게로 시선을 옮기며 물었다.

와이프님 그런데 6억 원은 도대체 어느 세월에 모을 계획이야? 지금 우리가 한 달에 저축하는 돈이 청약 저축에 10만 원, 연금 저축에 20만 원, 일반 적금에 30만 원, 여행 적금에 30만 원씩인데. 이걸 전부 다 긁어모아도 한 달 동안 100만 원 모으기가 힘든걸! 이런 식으로라면 600개월(50년)을 모아야 은퇴할 수 있겠는데?

나 그래도 6억 원 정도라면 어찌어찌 모을 수도 있지 않을까? 요새 서울 아파트 평균 가격이 10억 원이 넘는다고 하잖아. 기껏해야 아파트 한 채 값도 안 되는걸.

와이프님 그 혼한 아파트 한 채가 없다는 게 우리의 문제지!

와이프님이 답답하다는 듯 쏘아붙였다. 내가 이상을 추구하는 철없는 남편 역할이라면, 와이프님은 지극히 현실적인 아내 역할을 맡고 있다. 그런 와이프님을 납득시키려면 좀 더 현실적이고 실현 가능한 은퇴 계획이 필요했다.

와이프님 내가 이해한 대로라면 오빠의 플랜A는 죽을 때까지 은퇴 자산이 하나도 줄어들지 않는 은퇴 계획인 거잖아. 하지만 굳이 그런 방식으로 은퇴 필요 자금을 계산할 필요가 있을까? 우리가 몇백 년 동안 살아 있을 것도 아니고, 재산을 물려줘야 할 자식이 있는 것도 아니잖아.

나 그러니까 당신 말은 우리가 죽는 시점에 더 이상 남아 있는 재산이 없도록 계산해서 은퇴 자금을 모으자는 뜻이지? 그거 참 좋은 아이디어네. 그 방식으로 계산하면 우리가 모아야 할 목표 금액을 많이 줄일 수 있겠다.

내가 준비했던 말이 와이프님 입에서 먼저 나와서 나는 내심 반가웠다. 우리의 조기 은퇴 계획이 결코 불가능하지 않다는 점을 강조하기 위해 나는 재빨리 덧붙였다.

나　　그리고 또 한 가지 다행인 점은 우리가 알게 모르게 이미 은
　　　퇴 준비를 시작했다는 거야. 매달 국민연금도 내고 있고, 우
　　　리 퇴직연금도 계속 쌓이고 있잖아. 이런 것들까지 계산에
　　　포함하면 실제로 우리가 모아야 할 은퇴 필요 자금은 많이
　　　줄어들 거야.

　　와이프님은 이런 복잡한 얘기들이 아직 완전히는 이해되지 않는 표
정이었다. 하지만 내 말에 흥미를 느끼고 있다는 사실만은 분명했다.
와이프님은 가계부를 적으며 두드리던 계산기를 내게 건네면서 단호
하게 명령(?)을 내렸다.

와이프님　오빠 뭐해? 지금까지 얘기한 것들을 반영해서 얼른 새로운
　　　　　은퇴 플랜을 계산해 줘야지?

인간의 평균수명은 과연 몇 살쯤 될까요? 2021년 통계청의 조사에 따르면, 한국인의 기대 수명은 83.6세라고 합니다. 여러분이 별다른 사고 없이 평화롭게 산다면, 평균적으로 83세 전후까지 너끈히 살 수 있다는 의미입니다. 단, 남성의 평균수명은 80.6세, 여성의 평균수명은 86.6세로 약간의 차이가 난다고 하는군요.

또 다른 통계를 보겠습니다. 이번에는 '최빈 사망 연령'이라는 통계입니다. 최빈 사망 연령은 한 해 동안 가장 많은 인구가 사망한 나이를 뜻합니다. '가장 많은 인구가 사망한 나이'라는 말은 여러분도 그 나이를 전후하여 사망할 확률이 높다는 말과도 같겠네요. 한국보건사회연구원에 따르면 한국인의 최빈 사망 연령(2015~2019년 평균)은 남성이 85.6세, 여성은 90세입니다.

이 통계들을 종합하면 우리는 최소한 80세는 넘게 살게 될 것이고, 90세를 전후해 사망할 확률이 가장 높으며, 100세까지 살게 될 상황도 염두에 두어야 할 겁니다.

그런데 뜬금없이 웬 사망 통계냐고요? 플랜A의 방식대로 은퇴 필요 자금을 계산한다면 우리가 언제 죽을지는 고려할 필요가 전혀 없습니다. 은퇴 자산이 줄어들지 않고 영구적으로 유지되는 것을 전제로 했으니까요.

하지만 우리가 준비할 수 있는 은퇴 자금이 충분치 않다면(은퇴 자금 6억 원을 모으려면 600개월이나 걸린다는 와이프님의 일침을 기억하시기 바랍니다!), 이제부터는 은퇴 필요 자금을 계산할 때 우리의 사망 시기까지 염두에 두어야 합니다. 플랜A처럼 재산을 영구히 유지하는 것이 아니라, 플랜B에서는 우리가 사망하는 시점에 우리의 재산이 0원에 가깝도록 만들 생각이거든요. 그 이유는 지금 당장 우리에게 필요한 은퇴 자금의 액수를 줄이고, 은퇴 시기를 앞당기기 위해서입니다.

앞서 살펴본 사망 통계가 여러분의 사망 시기를 정확히 알려주지는 않습니다. 다만, 앞으로 플랜B를 계산할 때 여러분의 은퇴 기간을 얼마쯤으로 잡아야 할지 감 정도만 챙기시기 바랍니다. 저는 일단 저의 은퇴 기간을 99세까지로 잡아서 계산해 보겠습니다.

플랜B, 도식화하기

플랜B를 계산하는 방법은 플랜A보다 복잡합니다. 복잡한 개념을 설명할 때는 그림을 그리는 것만큼 효과적인 것이 없죠. 제가 지금부터 그리는 그림들을 보면서 차근차근 따라오시기 바랍니다.

먼저 가로로 긴 선을 하나 그려 줄 거예요. 이 선은 일명 '시간의 흐름'입니다. 이 선이 시작되는 위치에 이해하기 쉽게 '현재'라는 표시도 넣어 줍니다. 간단하죠?

다음으로 가로선에 두 개의 시점을 추가할 겁니다. 첫 번째는 '은퇴 시점'이고, 두 번째는 은퇴 종료 시점입니다. 은퇴 시점은 여러분이 몇 년 뒤에 은퇴를 하고 싶은지 고려하여 적으면 됩니다. 저는 5년 후 은퇴를 목표로 하고 있기 때문에 45세라고 적었습니다.

은퇴 종료 시점은 여러분이 예상하는 사망 시점을 표시하면 됩니다. 저는 앞서 말씀드린 대로 99세라고 적었습니다.

현재부터 은퇴 시점까지(5년)는 은퇴 자산을 모으는 시기고, 은퇴 시점부터 은퇴 종료 시점까지는 미리 모아둔 은퇴 자산으로 생활하는 은퇴 기간입니다. 제 은퇴 기간은 총 55년(45~99세)이 되겠군요. 여러분도 머릿속에 여러분의 상황에 맞는 그림을 따라 그려 보시기 바랍니다.

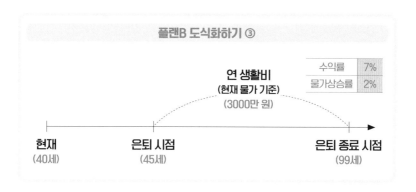

은퇴 시점부터 은퇴 종료 시점까지 우리는 매년 생활비가 필요합니다. 저는 이 금액을 3000만 원으로 정했습니다. 플랜B에서는 은퇴 종료 시점까지의 연 생활비만 필요합니다. 은퇴 종료 시점이 없는(영구적인) 플랜A보다 은퇴 필요 자금이 줄어들 수 있겠네요.

한 가지 유의할 점은 연 생활비를 현재 물가 기준으로 적어야 한다는 것입니다. 물가는 매년 변하기 때문에 올해 필요한 생활비의 크기와 5년 뒤 한 해 동안 필요한 생활비의 크기가 다르다는 것을 미리 공부했지요? 복습을 한번 해보겠습니다. 매년 물가상승률이 2%라면, 현재 3000만 원과 동일한 가치를 가지려면 5년 뒤에는 얼마가 있어야 할까요? 정답은 3312만 2424원(3000만 원×1.02^5)입니다. 물가상승률은 앞으로도 계속 나올 개념이니 이번 기회에 확실히 이해하고 넘어가시기 바랍니다.

그림의 오른쪽 위에는 은퇴 필요 자금 계산에 필요한 수익률과 물가상승률을 적어놓습니다. 저는 플랜A를 계산할 때처럼 수익률 7%와 물가상승률 2%를 적용했습니다.

이제 은퇴 필요 자금을 계산하는 데 필요한 재료가 모두 준비되었습니다. 여러분, 혹시 그림을 그리는 데 너무 열중하느라 우리의 목표를 잊어버린 건 아니죠? 우리의 궁극적인 목표는 바로 은퇴 시점에 필요한 은퇴 자금을 계산하는 것입니다.

플랜B, 자금 흐름 이해하기

은퇴 과정을 도식화하니 전체적인 그림은 얼추 이해가 되는데, 우리에게 얼마가 필요한지 계산하는 일은 여전히 막막합니다. 최대한 이해하기 쉽도록 직관적으로 생각해 볼게요.

일단 우리에게는 매년 연 생활비가 필요합니다. 그것도 물가상승률(2%)이 반영된 연 생활비가 말이죠. 그것을 은퇴 기간인 45세부터 99세까지 쭉 나열해 보겠습니다.

나이	연 생활비	물가상승률 반영 생활비	계산식
45세	30,000,000	33,122,424	3000만 원×1.02^5
46세	30,000,000	33,784,873	3000만 원×1.02^6
47세	30,000,000	34,460,570	3000만 원×1.02^7
48세	30,000,000	35,149,781	3000만 원×1.02^8
49세	30,000,000	35,852,777	3000만 원×1.02^9
50세	30,000,000	36,569,833	3000만 원×1.02^{10}
51세	30,000,000	37,301,229	3000만 원×1.02^{11}
52세	30,000,000	38,047,254	3000만 원×1.02^{12}
53세	30,000,000	38,808,199	3000만 원×1.02^{13}
54세	30,000,000	39,584,363	3000만 원×1.02^{14}
55세	30,000,000	40,376,050	3000만 원×1.02^{15}
56세	30,000,000	41,183,571	3000만 원×1.02^{16}
57세	30,000,000	42,007,243	3000만 원×1.02^{17}
58세	30,000,000	42,847,387	3000만 원×1.02^{18}
59세	30,000,000	43,704,335	3000만 원×1.02^{19}
60세	30,000,000	44,578,422	3000만 원×1.02^{20}
61세	30,000,000	45,469,990	3000만 원×1.02^{21}
62세	30,000,000	46,379,390	3000만 원×1.02^{22}
63세	30,000,000	47,306,978	3000만 원×1.02^{23}
64세	30,000,000	48,253,117	3000만 원×1.02^{24}
65세	30,000,000	49,218,180	3000만 원×1.02^{25}

나이	연 생활비	물가상승률 반영 생활비	계산식
66세	30,000,000	50,202,543	3000만 원×1.02^{26}
67세	30,000,000	51,206,594	3000만 원×1.02^{27}
68세	30,000,000	52,230,726	3000만 원×1.02^{28}
69세	30,000,000	53,275,341	3000만 원×1.02^{29}
70세	30,000,000	54,340,848	3000만 원×1.02^{30}
71세	30,000,000	55,427,664	3000만 원×1.02^{31}
72세	30,000,000	56,536,218	3000만 원×1.02^{32}
73세	30,000,000	57,666,942	3000만 원×1.02^{33}
74세	30,000,000	58,820,281	3000만 원×1.02^{34}
75세	30,000,000	59,996,687	3000만 원×1.02^{35}
76세	30,000,000	61,196,620	3000만 원×1.02^{36}
77세	30,000,000	62,420,553	3000만 원×1.02^{37}
78세	30,000,000	63,668,964	3000만 원×1.02^{38}
79세	30,000,000	64,942,343	3000만 원×1.02^{39}
80세	30,000,000	66,241,190	3000만 원×1.02^{40}
81세	30,000,000	67,566,014	3000만 원×1.02^{41}
82세	30,000,000	68,917,334	3000만 원×1.02^{42}
83세	30,000,000	70,295,681	3000만 원×1.02^{43}
84세	30,000,000	71,701,594	3000만 원×1.02^{44}
85세	30,000,000	73,135,626	3000만 원×1.02^{45}
86세	30,000,000	74,598,339	3000만 원×1.02^{46}
87세	30,000,000	76,090,305	3000만 원×1.02^{47}
88세	30,000,000	77,612,112	3000만 원×1.02^{48}
89세	30,000,000	79,164,354	3000만 원×1.02^{49}
90세	30,000,000	80,747,641	3000만 원×1.02^{50}
91세	30,000,000	82,362,594	3000만 원×1.02^{51}
92세	30,000,000	84,009,846	3000만 원×1.02^{52}

나이	연 생활비	물가상승률 반영 생활비	계산식
93세	30,000,000	85,690,042	3000만 원×1.02^{53}
94세	30,000,000	87,403,843	3000만 원×1.02^{54}
95세	30,000,000	89,151,920	3000만 원×1.02^{55}
96세	30,000,000	90,934,959	3000만 원×1.02^{56}
97세	30,000,000	92,753,658	3000만 원×1.02^{57}
98세	30,000,000	94,608,731	3000만 원×1.02^{58}
99세	30,000,000	96,500,906	3000만 원×1.02^{59}

　　이 표에서 우리가 눈여겨볼 부분은 회색 칸의 숫자들입니다. 바로 '물가상승률 반영 생활비'이지요. 먼저 45세 때의 물가상승률 반영 생활비를 보겠습니다. 3312만 2424원이군요. 현재(40세)로부터 5년이 경과했기 때문에 '3000만 원×1.02^5'로 계산합니다.

　　이런 방식으로 물가상승률을 반영한, 매년 필요한 생활비의 금액은 계속 늘어납니다. 그리고 마지막 해인 99세가 되어서는 무려 1억 원에 가까운 금액이 됩니다(9650만 906원=3000만 원×1.02^{59}). 이 말은 바꿔 말하면, 현재(40세)의 3000만 원의 구매력을 가지기 위해서 99세 시점에는 1억 원 정도가 필요하다는 것입니다.

　　그렇다면 은퇴 시점(45세)에 필요한 은퇴 자금은 얼마일까요? 단순히 앞의 표에서 회색 칸의 금액들을 모두 더하면 될까요?

　　45세부터 99세까지 물가상승률을 반영한 생활비를 모두 더해 봤더니 무려 32억 원이 넘습니다. 금액이 어마어마하네요. 여러분도 직

45~99세 연 생활비의 합계

3312만 2424 + 3378만 4873 + ⋯ + 9650만 906 = 약 32억 6542만 원

감적으로 이 계산 방식은 틀렸다는 것을 아실 거라고 믿습니다. 투자 수익률이 전혀 반영되지 않은 엉터리 계산법이기 때문이죠.

이제부터가 중요합니다. 지금부터는 은퇴 기간 동안 여러분의 은퇴 자금이 어떤 과정으로 변하는지 설명해 드리겠습니다. 본격적으로 설명하기에 앞서, 앞의 상황에서는 은퇴 자금이 얼마나 필요한지 정답을 먼저 알려드리려고 합니다. 학창 시절 수학 문제를 풀 때도 뒤 페이지에 적혀 있는 정답을 미리 보고서 숫자를 끼워 맞춰 가며 문제를 풀기도 하고 그랬잖아요(저만 그랬나요)?

우선, 정답(은퇴 시점에 필요한 금액)은 6억 5783만 5447원입니다. 약 6억 5783만 원 정도군요.

이 금액을 보고 몇 가지 의문이 들 수도 있지만, 그것은 나중에 한꺼번에 얘기하기로 하겠습니다. 일단은 그냥 제 정답을 믿고 따라오시기 바랍니다. 지금은 이 금액이 은퇴 기간 동안 어떻게 변하는지 이해하는 것에서부터 시작할 겁니다.

은퇴 기간 동안 돈이 움직이는 기본적인 프로세스는 다음의 그림

과 같습니다. 은퇴 시점에 여러분은 일정한 액수의 은퇴 자금을 마련하고 있을 겁니다. 정답대로라면 6억 5783만 원 정도의 은퇴 자금을 모아 두셨겠죠. 여기서 먼저 1년 동안 필요한 생활비를 미리 떼어 둡니다. 이 돈은 MMF나 파킹 통장에 넣어 두고 1년 동안 필요할 때마다 인출해서 쓰면 됩니다.

은퇴 자산에서 1년 동안의 생활비를 빼고 난 잔여 은퇴 자산은 1년 동안 투자를 합니다. 이때 투자 수익률은 여러분이 미리 정해 둔 수익률 값을 넣으면 됩니다. 제 경우에는 7%가 되겠네요. 그렇게 계산된 금액은 기말 은퇴 자산이 됩니다.

이 기말 은퇴 자산은 다음 해로 넘어가고, 여기서 다시 생활비를 차감하고, 이 금액을 다시 투자 수익률로 운용하고…… 이 과정을 반복하게 됩니다. 다음의 그림처럼 말이죠.

제 은퇴 시점에 필요한 은퇴 자금은 (미리 알려드린 대로) 6억 5783만 5447원입니다. 그중 물가상승률을 반영한 생활비(3312만 2424원)를 차감해 주면 6억 2471만 3023원이 됩니다. 이 금액을 7%로 1년 동

안 운용하면 기말 은퇴 자산 6억 6844만 2935원이 됩니다.

6억 6844만 2935원은 다음 해로 넘어가서 다시 생활비를 차감해 주고, 투자 운용을 하는 과정을 반복합니다.

이런 은퇴 자산의 운용 과정을 처음 접하신다면 다소 복잡하게 느껴질 수도 있습니다. 하지만 이 과정에 익숙해지도록 노력해야 합니다. 몇십 년이나 되는 은퇴 기간 동안 계속 반복해야 하는 과정이기 때문입니다.

은퇴 자산의 운용 과정이 이해되셨다면, 이제부터는 여러분이 궁금해할 문제들을 해결해 보겠습니다. 여러분이 가장 먼저 궁금해해야 하는 것은 바로 이것입니다.

"아니, 정답이 6억 5783만 5447원이라는 걸 우리가 어떻게 믿지?"

공교롭게도 여러분은 아직 저에 대한 믿음이 그다지 깊지 않기 때문에 제가 말씀드린 정답을 신뢰하지 않을 수도 있습니다. 그렇다고 서운해하지는 않겠습니다. 재테크를 공부할 때는 의심하는 자세를 가지는 것이 중요하니까요.

다음의 표는 45세부터 99세까지의 은퇴 자금 흐름을 정리한 것입니다. 앞서 설명해 드린 자금 운용 프로세스대로 99세까지 운용한 결과입니다.

나이	은퇴 자산	물가상승률 반영 연 생활비	은퇴 자산-생활비	기말 은퇴 자산
45세	657,835,447	33,122,424	624,713,023	668,442,935
46세	668,442,935	33,784,873	634,658,062	679,084,126
47세	679,084,126	34,460,570	644,623,556	689,747,205
48세	689,747,205	35,149,781	654,597,424	700,419,243
49세	700,419,243	35,852,777	664,566,466	711,086,119
50세	711,086,119	36,569,833	674,516,286	721,732,426
51세	721,732,426	37,301,229	684,431,197	732,341,381
52세	732,341,381	38,047,254	694,294,127	742,894,716
53세	742,894,716	38,808,199	704,086,517	753,372,573
54세	753,372,573	39,584,363	713,788,210	763,753,385
55세	763,753,385	40,376,050	723,377,335	774,013,748
56세	774,013,748	41,183,571	732,830,177	784,128,290
57세	784,128,290	42,007,243	742,121,047	794,069,520
58세	794,069,520	42,847,387	751,222,133	803,807,682
59세	803,807,682	43,704,335	760,103,347	813,310,581
60세	813,310,581	44,578,422	768,732,160	822,543,411
61세	822,543,411	45,469,990	777,073,420	831,468,560
62세	831,468,560	46,379,390	785,089,170	840,045,412
63세	840,045,412	47,306,978	792,738,434	848,230,124
64세	848,230,124	48,253,117	799,977,007	855,975,397
65세	855,975,397	49,218,180	806,757,217	863,230,222
66세	863,230,222	50,202,543	813,027,679	869,939,617
67세	869,939,617	51,206,594	818,733,022	876,044,334
68세	876,044,334	52,230,726	823,813,608	881,480,560

나이	은퇴 자산	물가상승률 반영 연 생활비	은퇴 자산-생활비	기말 은퇴 자산
69세	881,480,560	53,275,341	828,205,219	886,179,585
70세	886,179,585	54,340,848	831,838,737	890,067,449
71세	890,067,449	55,427,664	834,639,784	893,064,569
72세	893,064,569	56,536,218	836,528,352	895,085,336
73세	895,085,336	57,666,942	837,418,394	896,037,682
74세	896,037,682	58,820,281	837,217,401	895,822,619
75세	895,822,619	59,996,687	835,825,932	894,333,747
76세	894,333,747	61,196,620	833,137,127	891,456,726
77세	891,456,726	62,420,553	829,036,173	887,068,705
78세	887,068,705	63,668,964	823,399,742	881,037,723
79세	881,037,723	64,942,343	816,095,380	873,222,057
80세	873,222,057	66,241,190	806,980,867	863,469,528
81세	863,469,528	67,566,014	795,903,514	851,616,760
82세	851,616,760	68,917,334	782,699,426	837,488,386
83세	837,488,386	70,295,681	767,192,705	820,896,195
84세	820,896,195	71,701,594	749,194,600	801,638,222
85세	801,638,222	73,135,626	728,502,596	779,497,778
86세	779,497,778	74,598,339	704,899,439	754,242,400
87세	754,242,400	76,090,305	678,152,095	725,622,741
88세	725,622,741	77,612,112	648,010,630	693,371,374
89세	693,371,374	79,164,354	614,207,020	657,201,511
90세	657,201,511	80,747,641	576,453,871	616,805,641
91세	616,805,641	82,362,594	534,443,048	571,854,061
92세	571,854,061	84,009,846	487,844,216	521,993,311
93세	521,993,311	85,690,042	436,303,268	466,844,497
94세	466,844,497	87,403,843	379,440,654	406,001,499
95세	406,001,499	89,151,920	316,849,579	339,029,050
96세	339,029,050	90,934,959	248,094,091	265,460,678
97세	265,460,678	92,753,658	172,707,020	184,796,511

나이	은퇴 자산	물가상승률 반영 연 생활비	은퇴 자산-생활비	기말 은퇴 자산
98세	184,796,511	94,608,731	90,187,780	96,500,925
99세	96,500,925	96,500,906	19	21

여러분도 기억하시다시피, 플랜B의 목적은 은퇴 종료 시점(99세)에 은퇴 자산이 하나도 남지 않도록 은퇴 시점의 은퇴 필요 자산을 구하는 것이었죠. 자금 운용 프로세스대로 99세까지 진행하면, 45세에 6억 5783만 5447원이던 금액이 99세에 21원만 남는 결과가 보이시나요? (21원이 남아 있는 것은 그냥 모른 척 넘어가 주시면 감사하겠습니다. 소수점 계산 때문에 이 정도의 오차가 발생했는데…… 60년 후의 21원이 무슨 의미가 있겠어요!) 결론은 제 플랜B대로 은퇴하기 위해서는 45세 시점에 6억 5784만 원의 은퇴 자금이 있어야 한다는 사실입니다.

호기심이 많은 분들은 이런 궁금증이 생길 수도 있습니다.

"정답만 알려주지 말고, 정답을 구하는 법도 알려줘야 할 거 아냐?"

위의 정답은 재무계산기나 엑셀을 이용해 가볍게 계산할 수 있습니다. 그런데 재무계산기는 처음부터 배우려면 조금 시간이 걸릴 수 있습니다. 그래서 저는 엑셀로 계산하는 방법을 여러분께 알려드릴 예정입니다. 다음 장에서 엑셀로 여러분의 조건에 맞는 은퇴 필요 자금을 지겹도록 계산하게 될 테니까 지금부터 너무 서두르지 않으셔도 됩니다.

마지막으로, 숫자에 조금 민감한 분들은 이런 의문을 제기할 수도 있을 겁니다.

"플랜A에 필요한 은퇴 자금이 6억 원이라며? 그런데 플랜B에 6억 5784만 원이 필요한 게 말이 돼? 플랜B의 금액이 더 적어야 정상 아냐?"

이런 궁금증을 가진 분이 있다면, 아주 예리한 지적이라고 칭찬해 드리고 싶네요. 지금부터 이 문제를 다뤄 보겠습니다.

일단 플랜B의 금액이 더 큰 이유부터 간단히 말씀드리자면, 플랜 A의 6억 원은 현재 시점의 금액이고, 플랜B의 6억 5784만 원은 5년 후의 금액이기 때문입니다. 뭔가 알쏭달쏭하죠?

여러분께 이렇게 질문을 드려 볼게요. 현재의 6억 원과 5년 뒤의 6억 5784만 원 중 어느 쪽이 더 큰 금액일까요? 만약 제가 여러분께 지금 6억 원을 받든지 5년 뒤에 6억 5784만 원을 받든지 둘 중 하나를 선택하라고 한다면, 여러분은 어떤 걸 선택하시겠어요?

어떤 금액을 선택할까? ①

현재		5년 후의
6억 원	VS	6억 5784만 원

고민이 많이 되시나요? 이렇게 생각하면 의외로 간단히 해결할 수 있습니다. 여러분이 1년에 7%의 수익을 얻을 수 있다고 생각해 보세요. 만약 현재의 6억 원을 선택한다면, 여러분은 이 6억 원을 1년 뒤

에 7%의 수익을 더한 6억 4200만 원으로 만들 수 있을 겁니다(6억 원 ×1.07). 2년 뒤에는 이 금액에 다시 7%의 수익을 더한 6억 8694만 원이 될 겁니다(6억 원×1.07^2). 5년 뒤에는 과연 얼마가 될까요? 무려 8억 4153만 원이나 됩니다(6억 원×1.07^5).

이제 선택이 좀 쉬워졌나요? 앞의 질문은 이렇게 바꿀 수 있습니다.

5년 후의
8억 4153만 원
(6억 원×1.07^5)

VS

5년 후의
6억 5784만 원

이렇게 문제를 바꿔 놓고 보니 선택이 훨씬 쉬워졌죠? 물론, 이렇게 되려면 1년에 7%의 수익을 올릴 수 있다는 전제가 있어야 합니다.

그렇다면 5년 뒤의 6억 5783만 원은 현재 기준으로 얼마 정도일까요? 약 4억 6903만 원 정도입니다(6억 5784만 원/1.07^5). 지금 현재 4억 6903만 원이 있다면 매년 7%로 투자하여 5년 뒤에 6억 5784만 원을 만들 수 있다는 뜻과 같습니다.

갑자기 많은 숫자가 등장해서 조금 복잡하죠? 수학적인 부분은 일단 빼고, 요점만 기억하면서 넘어가겠습니다. '만약 플랜B대로 은퇴하려고 한다면, 은퇴 시점(5년 뒤)에 6억 5784만 원의 돈이 필요하다.'

현재
6억 원

VS

현재
4억 6903만 원
(6억 5784/1.07^5)

은퇴 준비는 이미 진행 중이다

5년 동안 6억 5784만 원을 모아야 은퇴할 수 있다면, 혹은 지금 현재 기준으로 4억 6903만 원을 보유하고 있어야 은퇴할 수 있다면, 이 또한 굉장히 머나먼 여정처럼 느껴집니다. 지금부터 시작해서 언

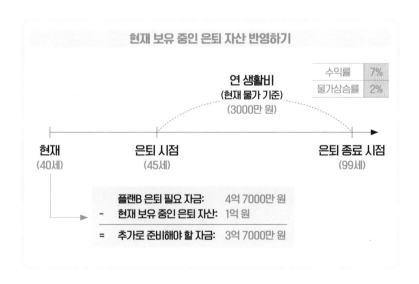

현재 보유 중인 은퇴 자산 반영하기

수익률	7%	
물가상승률	2%	

연 생활비
(현재 물가 기준)
(3000만 원)

현재
(40세)

은퇴 시점
(45세)

은퇴 종료 시점
(99세)

플랜B 은퇴 필요 자금: 4억 7000만 원
- 현재 보유 중인 은퇴 자산: 1억 원
= 추가로 준비해야 할 자금: 3억 7000만 원

제 목표에 다다를 수 있을지 까마득한 일로 여겨지겠지요.

하지만 한 가지 다행인 점은 우리의 현재 위치가 출발선(0원)은 아니라는 것입니다. 여러분은 어떤 방식으로든 알게 모르게 은퇴 준비를 진행하고 있을 확률이 매우 높거든요. 국민연금을 납부하고 있다든지(직장을 다니고 있다면 월급에서 이미 국민연금을 떼이고 있었을 가능성이 매우 큽니다), 회사에 퇴직연금이 쌓이고 있다든지, 연말정산 환급을 받기 위해 연금저축을 가입하고 있다든지 혹은 경제적 자유를 얻기 위해 주식 투자를 하고 있다든지 등 여러 방식으로 말입니다.

여러분이 은퇴를 위해 지금 주식 계좌에 1억 원을 모아둔 상태라고 가정해 볼까요? 만약 필요한 플랜B 은퇴 자금이 현재 기준으로 4억 7000만 원이라면, 그중 1억 원은 이미 모아 둔 셈이겠군요. 이제 나머지 3억 7000만 원만 더 모은다면 은퇴를 이룰 수 있을 겁니다.

은퇴 자산 구분하기, 국민연금

본격적으로 여러분의 은퇴 자산을 파헤치기 전에 먼저 다양한 은퇴 자산을 특징별로 구분해 보려고 합니다. 구분이라고 해봤자 어렵게 생각할 건 하나도 없습니다. 그냥 모든 은퇴 자산 중에서 국민연금만 따로 떼어내면 되거든요.

은퇴 자산의 구분

은퇴 자산 {
국민연금
국민연금을 제외한 것 전부
(퇴직연금, 개인연금, 주식, 부동산 등 은퇴를 위해 준비 중인 모든 자산)
}

국민연금이 대체 뭐기에 이렇게 따로 분류해서 특별 대우(?)를 해 주는 걸까요? 거기에는 두 가지 이유가 있습니다.

첫째, 국민연금은 제가 얼마나 납부했고 어떻게 운용하는지보다 제가 나중에 얼마를 연금으로 받게 되는지가 훨씬 중요한 은퇴 자산이기 때문입니다. 국민연금은 특정한 계산식에 따라 제가 받게 될 연금이 결정되는 구조거든요. 애초에 제가 낸 돈이지만 제 마음대로 운용할 수 없기도 하고요. 그래서 국민연금은 지금까지 얼마를 적립했는지보다 나중에 얼마를 받게 되는지에 집중해서 살펴보아야 합니다.

둘째, 국민연금은 물가상승률을 반영한 금액을 연금으로 지급합니다. 다른 연금 상품에서 만약 매달 10만 원씩 지급해 준다고 상품설명서에 적혀 있었다면, 이는 말 그대로 딱 10만 원씩만 준다는 뜻입니다. 연금 지급 기간이 끝날 때까지 말입니다.

하지만 국민연금은 조금 다릅니다. 만약 국민연금에서 현재 물가 기준으로 매달 10만 원씩 지급해 준다고 했다면, 이는 매년 물가상승률을 반영해서 현재의 10만 원과 동일한 가치의 금액을 주겠다는 뜻입니다. 게다가 국민연금 지급 기간에는 만기가 없어서 여러분이 사망하는 시기까지 계속 지급됩니다. 매년 물가상승률만큼 오른 금액으로 말이죠.

그렇다면 만약 제가 65세부터 현재 물가 기준으로 연 1000만 원씩 국민연금을 받게 된다면 플랜B의 계산은 어떻게 달라질까요?

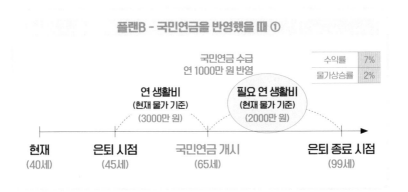

플랜B - 국민연금을 반영했을 때 ①

국민연금을 받는 65세 이전까지는 연 생활비 3000만 원으로 이전과 동일할 겁니다. 하지만 65세 이후에는 제가 준비해야 할 연 생활비가 2000만 원으로 줄어들겠네요. 1년에 총 3000만 원의 생활비가 필요한데, 국민연금으로 1000만 원을 받으면 제가 준비할 생활비는 2000만 원일 테니까요.

이처럼 국민연금까지 감안한다면, 제가 은퇴 시점까지 준비해야 할 은퇴 필요 자금은 더 줄어들게 될 겁니다. 얼마나 줄어들었을까요? 이번에도 정답을 미리 알려드리겠습니다. 정답은 바로 5억 8410만 2010원입니다. 약 5억 8410만 원이군요(국민연금을 반영하기 전인 6억 5784만 원보다 7300만 원 정도 줄어든 금액입니다).

여러분은 이번에도 제 정답을 믿지 않으실 수 있으니까 표를 이용해 확인해 보겠습니다.

나이	연간 필요 생활비	은퇴 자산	물가상승률 반영 연 생활비	은퇴 자산-생활비	기말 은퇴 자산
45세	30,000,000	584,102,010	33,122,424	550,979,586	589,548,157
46세	30,000,000	589,548,157	33,784,873	555,763,284	594,666,714
47세	30,000,000	594,666,714	34,460,570	560,206,144	599,420,574
48세	30,000,000	599,420,574	35,149,781	564,270,793	603,769,748
49세	30,000,000	603,769,748	35,852,777	567,916,971	607,671,159
50세	30,000,000	607,671,159	36,569,833	571,101,327	611,078,420
51세	30,000,000	611,078,420	37,301,229	573,777,190	613,941,594
52세	30,000,000	613,941,594	38,047,254	575,894,340	616,206,944
53세	30,000,000	616,206,944	38,808,199	577,398,745	617,816,657
54세	30,000,000	617,816,657	39,584,363	578,232,294	618,708,555
55세	30,000,000	618,708,555	40,376,050	578,332,504	618,815,780
56세	30,000,000	618,815,780	41,183,571	577,632,209	618,066,463
57세	30,000,000	618,066,463	42,007,243	576,059,221	616,383,366
58세	30,000,000	616,383,366	42,847,387	573,535,979	613,683,497
59세	30,000,000	613,683,497	43,704,335	569,979,162	609,877,703
60세	30,000,000	609,877,703	44,578,422	565,299,281	604,870,231
61세	30,000,000	604,870,231	45,469,990	559,400,241	598,558,258
62세	30,000,000	598,558,258	46,379,390	552,178,867	590,831,388
63세	30,000,000	590,831,388	47,306,978	543,524,410	581,571,119
64세	30,000,000	581,571,119	48,253,117	533,318,001	570,650,262
65세	20,000,000	570,650,262	32,812,120	537,838,142	575,486,812
66세	20,000,000	575,486,812	33,468,362	542,018,449	579,959,741
67세	20,000,000	579,959,741	34,137,730	545,822,011	584,029,552

나이	연간 필요 생활비	은퇴 자산	물가상승률 반영 연 생활비	은퇴 자산-생활비	기말 은퇴 자산
68세	20,000,000	584,029,552	34,820,484	549,209,068	587,653,703
69세	20,000,000	587,653,703	35,516,894	552,136,809	590,786,385
70세	20,000,000	590,786,385	36,227,232	554,559,154	593,378,294
71세	20,000,000	593,378,294	36,951,776	556,426,518	595,376,374
72세	20,000,000	595,376,374	37,690,812	557,685,563	596,723,552
73세	20,000,000	596,723,552	38,444,628	558,278,924	597,358,449
74세	20,000,000	597,358,449	39,213,521	558,144,928	597,215,073
75세	20,000,000	597,215,073	39,997,791	557,217,282	596,222,492
76세	20,000,000	596,222,492	40,797,747	555,424,745	594,304,477
77세	20,000,000	594,304,477	41,613,702	552,690,775	591,379,129
78세	20,000,000	591,379,129	42,445,976	548,933,153	587,358,474
79세	20,000,000	587,358,474	43,294,895	544,063,579	582,148,029
80세	20,000,000	582,148,029	44,160,793	537,987,236	575,646,343
81세	20,000,000	575,646,343	45,044,009	530,602,333	567,744,497
82세	20,000,000	567,744,497	45,944,889	521,799,607	558,325,580
83세	20,000,000	558,325,580	46,863,787	511,461,793	547,264,118
84세	20,000,000	547,264,118	47,801,063	499,463,055	534,425,469
85세	20,000,000	534,425,469	48,757,084	485,668,385	519,665,172
86세	20,000,000	519,665,172	49,732,226	469,932,946	502,828,253
87세	20,000,000	502,828,253	50,726,870	452,101,382	483,748,479
88세	20,000,000	483,748,479	51,741,408	432,007,071	462,247,566
89세	20,000,000	462,247,566	52,776,236	409,471,331	438,134,324
90세	20,000,000	438,134,324	53,831,761	384,302,563	411,203,743
91세	20,000,000	411,203,743	54,908,396	356,295,347	381,236,021
92세	20,000,000	381,236,021	56,006,564	325,229,457	347,995,519
93세	20,000,000	347,995,519	57,126,695	290,868,824	311,229,642
94세	20,000,000	311,229,642	58,269,229	252,960,413	270,667,642
95세	20,000,000	270,667,642	59,434,613	211,233,029	226,019,341
96세	20,000,000	226,019,341	60,623,306	165,396,035	176,973,757

나이	연간 필요 생활비	은퇴 자산	물가상승률 반영 연 생활비	은퇴 자산-생활비	기말 은퇴 자산
97세	20,000,000	176,973,757	61,835,772	115,137,986	123,197,644
98세	20,000,000	123,197,644	63,072,487	60,125,157	64,333,918
99세	**20,000,000**	**64,333,918**	**64,333,937**	**-19**	**-20**

전체적인 과정은 플랜B 자금 운용 프로세스와 동일합니다. 45세의 은퇴 자산에서 물가상승률을 반영한 연 생활비를 차감하고 남은 금액을 7%로 운용하면 기말 은퇴 자산이 남습니다. 이를 다음 해로 이월한 뒤 다시 물가상승률을 반영한 연 생활비를 차감하고 남은 금액을 7%로 운용하면…… 마지막 99세의 기말 은퇴 자산은 마이너스 20원이 남는군요(몇십 원 차이는 너그럽게 봐주기로 합의했던 거 맞죠?).

단지 앞서 계산했던 것과 다른 부분이 있다면 딱 한 가지입니다. 65세부터 필요 연 생활비가 3000만 원에서 2000만 원으로 줄어들었다는 점입니다. 95쪽의 표에서 해당 부분을 검은색 점선으로 표시

해 두었으니 체크하시기 바랍니다.

내용이 진행될수록 그림이 점점 복잡해지는군요. 하지만 잘 따라오고 있을 거라 믿고 있습니다. 그림의 내용을 한마디로 정리하자면, '국민연금을 반영하여 플랜B를 계산했을 때 은퇴 시점에 필요한 자금은 5억 8410만 원이다'입니다.

그런데 여기서 완전히 해결하지 않은 부분이 하나 있습니다. 여러분이 국민연금으로 받을 수 있는 금액이 얼마인지 확인하는 방법을 아직 알려드리지 않았거든요. 여러분이 과연 65세 이후부터 매년 1000만 원씩 연금으로 받을 수 있을지 없을지 말입니다. 이번 장에서는 개념을 먼저 이해하기 위해 국민연금을 단순화해 다뤘는데, 이와 관련된 문제는 다음 장과 5장에서 조금 심도 있게 다루겠습니다.

은퇴 자산 구분하기, 국민연금 외

은퇴 시점에 5억 8410만 원의 은퇴 자금이 필요하다면, 이를 현재 시점으로 환산했을 때 필요한 금액은 얼마일까요? 이 문제는 앞에서도 한번 다룬 적이 있기 때문에 간단히 짚어만 보겠습니다.

5억 8410만 원의 현재 가치를 계산해 보면, 약 4억 1646만 원입니다. 만약 지금 4억 1646만 원을 가지고 있다면 매년 7%의 수익을 불려서 5년 뒤인 은퇴 시점에 5억 8410만 원을 만들 수 있기 때문입

플랜B – 은퇴 필요 자산의 현재 가치

현재
(40세)

은퇴 시점
(45세)

4억 1646만 원
(5억 8410만 원/1.07^5)

5억 8410만 원

니다. 즉, 지금 제게 4억 1646만 원만 있으면 5년 후에 조기 은퇴가 가능하다는 이야기입니다.

그렇다면 현재 저는 이 목표를 몇 퍼센트나 달성하고 있을까요?

이제부터 제가 지금까지 (알게 모르게) 준비하고 있었던 은퇴 자산을 하나하나 더해 보겠습니다. 여러분도 각자의 은퇴 자산을 떠올리면서 함께 따라오시기 바랍니다. 은퇴 자산으로 합산할 항목은 여러분이 '은퇴를 목적으로' 준비한 자산만 더해 주시기 바랍니다.

예를 들어, 만약 여러분이 은퇴를 목적으로 주식 투자를 하고 있었다면 이것은 은퇴 자산으로 합산하셔도 됩니다. 하지만 만약 자녀의 학자금을 목적으로 펀드에 돈을 모으고 있었다면, 이는 은퇴를 목적으로 한 것이 아니기 때문에 은퇴 자산에서 제외하겠습니다.

이해가 되셨다면, 이제 하나씩 더해 보겠습니다.

먼저 퇴직연금입니다. 저는 현재 퇴직연금 계좌에 쌓여 있는 적립금이 660만 원입니다. 퇴직연금 적립금이 얼마인지는 회사에서 퇴직연금을 운용 중인 금융회사 계좌를 조회하면 확인할 수 있습니다. 퇴직연금이 조회되지 않는 경우(DB형 퇴직연금)에 대해서는 나중에 6장에서 추가로 알려드리겠습니다.

다음으로 연금저축입니다. 저는 연금저축보험에 가입했는데, 현재 기준으로 해지 환급금이 2060만 원으로 표시되는군요. 연금저축 또한 가입한 증권사나 보험사의 계좌를 확인하면 현재 적립된 액수를 확인할 수 있습니다. 연금저축에 대해서는 7장에서 더 자세하게 다루려 합니다.

또한 저는 개인적으로 은퇴 자금을 모으기 위해 주식 계좌를 운용하고 있는데, 현재 계좌 잔고가 약 3100만 원입니다. 은퇴를 위한 투자 관련 내용은 8장에서 자세하게 설명하겠습니다.

현재 제 은퇴 자산은 딱 이 정도가 되겠군요. 여러분은 저보다 더 많은 종류의 은퇴 자산을 가지고 있을 수도 있습니다. 만약 은퇴를 대비하여 임대 소득을 올리기 위해 부동산을 보유하고 있다면(주거 목적 부동산은 제외), 이 또한 은퇴 자산에 포함할 수 있습니다.

제 은퇴 준비 현황을 정리해 보면 다음의 그림과 같습니다. 지금까지 준비한 은퇴 자산은 퇴직연금 660만 원, 개인연금 2060만 원, 주식 투자금 3100만 원이고, 합계액은 5820만 원입니다. 전체 4억 1646만 원 가운데 5820만 원을 준비 중이므로 달성률은 13.97%입니다(5820만 원/4억 1646만 원). 은퇴 필요 자금을 전부 모으려면 한참 남았지만, 그래도 불가능한 수준은 아니라는 데 의미를 두겠습니다.

플랜B - 나는 은퇴 자산을 얼마나 준비했을까?

현재
(40세)

4억 1646만 원

은퇴 시점
(45세)

5억 8410만 원

퇴직연금	660만 원
개인연금	2060만 원
주식 투자	3100만 원
합계	5820만 원
달성률	13.97%

은퇴를 위해 1년에 얼마나 모아야 할까?

미래(5년 후)와 현재를 계속 왔다 갔다 하면서 설명하니 머리가 어지러운가요? 이제 목적지에 거의 다 도착했습니다. 마지막으로 한 번만 더 시간 이동을 해보겠습니다.

우리의 목표는 은퇴 시점까지 5억 8410만 원의 은퇴 필요 자금을 모으는 것입니다. 지금 현재 은퇴 자산은 5820만 원인데, 이를 7%의 수익률로 운용한다면 5년 뒤에는 8163만 원이 되어 있을 겁니다(5820만 원×1.07^5). 그렇다면 제가 앞으로 5년 동안 모아야 할 돈은 5억 247만 원이 남았군요(5억 8410만 원-8163만 원).

5년 동안 5억 247만 원을 모으려 한다면 1년에 얼마씩 모아야 할

플랜B - 은퇴 시점까지 추가로 모아야 할 금액

현재
(40세)

은퇴 시점
(45세)

4억 1646만 원 ⬅ 5억 8410만 원

현재 은퇴 자산
5820만 원 ➡ - 8163만 원

5년 동안 모아야 할 돈 ⬅ 5억 247만 원

까요? 단순히 5년을 나눠서 계산한다면 1억 정도씩 모아야 합니다. 하지만 이런 단순한 계산 방식에는 투자 수익률(7%)이 반영되지 않았으니 하나도 정확하지 않다는 사실을 이제 아실 거라고 믿습니다.

소득 시기의 저축 프로세스

나이	1) 은퇴 자산	2) 은퇴 자산+투자 수익(7%)	3) 연 저축액	4) 기말 은퇴 자산
40세	58,200,000	62,274,000	87,375,466	149,649,466
41세	149,649,466	160,124,929	87,375,466	247,500,395
42세	247,500,395	264,825,422	87,375,466	352,200,888
43세	352,200,888	376,854,950	87,375,466	464,230,416
44세	464,230,416	496,726,546	87,375,466	584,102,012
45세	584,102,012	은퇴 시작		

위의 표는 제가 앞으로 5년 동안 1년에 얼마나 저축을 해야 하는지를 설명하기 위해 정리해 본 것입니다.

1) 지금 현재(40세)의 은퇴 자산은 5820만 원입니다.

2) 은퇴 자산을 1년 동안 7% 수익률로 투자한다면 1년 뒤에는 6227만 4000원이 됩니다.

3) 2)의 값에 연 저축액인 8737만 5466원을 더해 줍니다. 이때의 연 저축액이 5년 내내 동일한 금액이라는 점도 체크하시기 바랍니다.

4) 2)의 값과 3)의 값을 더하면 기말 은퇴 자산이 됩니다. 기말 은퇴 자산은 다음 해의 초기 은퇴 자산으로 넘어갑니다.

위의 과정으로 5년 동안 돈을 모으니 45세가 되는 해의 은퇴 자산은 5억 8410만 2012원이 되었습니다. 은퇴 시점의 은퇴 필요 자산의 금액과 똑같아졌군요. 마침내 은퇴를 시작할 수 있는 자금이 준비되었습니다.

이렇게 은퇴하기 위해 우리가 1년에 모아야 할 돈은 약 8738만 원입니다. 8735만 원이라는 금액은 재무계산기나 엑셀을 이용해 간단하게 계산할 수 있습니다. 제가 뒷부분에서 제공할 엑셀 시트에서도 이 수치들은 자동으로 계산됩니다. 그렇기 때문에 지금 여러분은 계산 방법을 신경 쓰기보다 앞의 표를 보며 자금의 흐름을 이해하는 것이 훨씬 중요합니다.

아, 그런데 1년에 모아야 할 돈(8738만 원)이 생각보다 많아서(혹은 적어서) 여러분의 상황과 다소 맞지 않는다고 느끼는 분도 있을 겁니다. 여러분에게 필요한 건 자신에게 딱 맞는 은퇴 계획이니까요. 다음 장에서는 여러 변수를 각자의 상황에 맞게 조절하면서 자신에게 맞는 은퇴 플랜을 설계하는 방법을 설명하겠습니다.

은퇴 준비 따라 하기

플랜B를 위한 은퇴 조건 설정하기

이번 장에서는 플랜B의 구조와 은퇴 자금의 흐름에 대해 알아보았습니다. 은퇴 필요 자금 계산 방법을 본격적으로 알아보기에 앞서, 여러분이 생각하고 있는 은퇴의 조건들을 미리 정리해 보는 시간을 가져 보겠습니다.

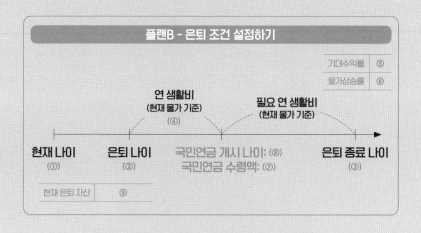

1. 현재 나이 ·· 세

2. 희망 은퇴 나이 ·· 세

3. 은퇴 종료 나이 ·· 세

4. 은퇴 후 연 생활비 ·· 만 원

5. 기대수익률 ·· %

6. 물가상승률 ·· %

7. 국민연금 수령액 ·· 만 원

8. 국민연금 개시 나이 ·· 세

9. 현재 은퇴 자산 ·· 만 원

4장

간단하게 완성하는
은퇴 계획

우리 집은 얼마씩 모아야 은퇴할 수 있어?

오늘 와이프님은 기분이 너무 좋다. 대학 동기인 하나 양을 오랜만에 만나는 날이기 때문이다. 대학에 다닐 때는 하루도 떨어지지 않고 껌딱지처럼 붙어 다녔는데, 최근에는 언제 만났는지 기억이 가물가물할 정도였다.

> **하나양** 결혼하고 사는 게 바쁘다 보면 얼굴 보기 힘든 거야 당연하지, 뭘.

전업주부이자 두 아이의 엄마인 하나 양은 육아 때문에 하루가 정신없이 지나간다며 고개를 절레절레 저었다. 하소연 섞인 근황을 한참동안 주고받은 후, 주제는 자연스럽게 경제(?) 분야로 넘어갔다.

> **하나양** 요새 우리 남편은 회사에서 스트레스를 엄청 많이 받나 봐. 퇴근하고 집에 돌아오면 회사에서 힘들었던 일들을 하나하나 얘기하는데, 이러다가 덜컥 회사를 그만두겠다고 하는

건 아닌지 걱정이야.

와이프님 그 회사가 일 많이 시키는 걸로 유명하긴 하더라. 너도 남편 때문에 걱정이 참 많겠구나. 아 참! 우리 남편이랑 요새 조기 은퇴 계획을 세우고 있는데, 매년 8000만 원씩 5년 동안 모으면 5년 뒤에는 은퇴를 할 수 있다지 뭐야.

하나양 5년 뒤에 은퇴를 한다고? 5년 뒤에도 우린 아직 사십 대 초반인데 너무 빠른 거 아냐? 그리고 1년에 8000만 원씩이나 모으는 건 힘들지 않아?

와이프님 당연히 힘들지. 지금 남편 연봉이랑 내 연봉을 전부 합쳐도 1년에 8000만 원이 되지 않는걸. 그래도 5년만 '빡세게' 모으면 남은 평생을 내가 하고 싶은 걸 하면서 살 수 있다고 생각하니까 한번 도전해 보고 싶기도 해. 남편은 5년 동안 돈 되는 일은 뭐든지 다 해볼 생각이래.

5년 동안만 열심히 돈을 모으면 조기 은퇴를 하고 원하는 인생을 살 수 있다는 말에 하나 양은 몹시 솔깃해하는 눈치였다.

하나양 그럼 우리 집도 8000만 원씩 5년만 모으면 조기 은퇴를 할 수 있는 거야?

와이프님 나도 정확히는 모르는데, 집집마다 모아야 하는 금액이 다르다고 하더라고. 사람에 따라서 은퇴 후에 필요한 생활비도 다 다르니까. 너희 집만 하더라도 애들까지 키우려면 우리 집보다 생활비가 많이 들지 않겠어?

하나양 그럼 우리 집은 돈을 더 많이 모아야 하겠네? 나도 조기 은퇴해서 남편이랑 스트레스 받지 않고 맘 편하게 살고 싶은데……. 그럼 우리 집은 1년에 얼마씩 모아야 은퇴를 할 수 있을까?

와이프님 그건 내가 남편한테 한번 물어볼게. 그렇지 않아도 남편이 은퇴 필요 자금을 쉽게 계산하는 엑셀 파일을 만든다면서 오늘도 집에 혼자 틀어박혀서 컴퓨터만 두드리고 있더라고. 그 파일만 완성하면 너희 집 은퇴 필요 자금도 쉽게 계산해 줄 수 있을 거야.

와이프님은 집에 도착하는 대로 남편이 엑셀 작업을 빨리 끝내도록 독촉해야겠다고 마음속으로 다짐했다.

3장에서는 '저의' 개인적인 은퇴 계획을 통해 은퇴 자금이 움직이는 구조를 살펴보았습니다. 또한 제게 필요한 은퇴 자금은 얼마인지, 지금까지 은퇴 준비는 몇 퍼센트나 달성하고 있는지, 조기 은퇴를 하기 위해 앞으로 매년 얼마씩 저축해야 하는지도 계산해 보았습니다.

하지만 여러분께서 정말 알고 싶은 것은 '저의 이야기'가 아니겠죠? 제가 은퇴하기 위해 필요한 돈이 얼마인지 뭐가 궁금하겠어요. 여러분께서 궁금해하실 부분은 바로 '여러분 본인'이 은퇴를 하려면 얼마가 필요한지, 매년 얼마씩 저축해야 조기 은퇴를 할 수 있을지에 관한 이야기일 겁니다.

이번 장에서는 제가 미리 준비한 엑셀 파일을 활용하여 여러분의 은퇴 이야기를 완성해 보겠습니다. 첨부한 엑셀 파일에 간단한 수치만 입력하면 바로 결과를 확인할 수 있기 때문에 하나도 어렵지 않습니다. 먼저 제가 드리는 엑셀 파일을 PC에 내려받아서 실행해 주세요. 이제 여러분의 조기 은퇴 계획을 세워 볼 준비가 되셨나요? 그럼 시작해 보겠습니다.

 '은퇴 플랜B 계산기' 엑셀 파일을 다운받을 수 있는 링크로 연결됩니다.

은퇴 플랜B 계산기

엑셀 파일의 이름은 '은퇴 플랜B 계산기'입니다. 플랜B에 필요한 은퇴 자금을 계산해 주는 계산기라는 뜻이지요. 은퇴 플랜B 계산기를 실행하면 다음과 같은 화면이 등장합니다. 화면은 크게 네 부분으로 나뉘어 있습니다. 하나씩 살펴보겠습니다.

① 플랜B 도식화 그림
이 그림은 어디서 많이 본 듯하지요? 3장에서 은퇴 과정을 이해하기 쉽게 보여드리려고 첨부했던 그림인데, 부분적으로 수정해 엑셀에 넣어 두었습니다. 은퇴 계획을 세울 때는 항상 이 그림을 머릿속에 담

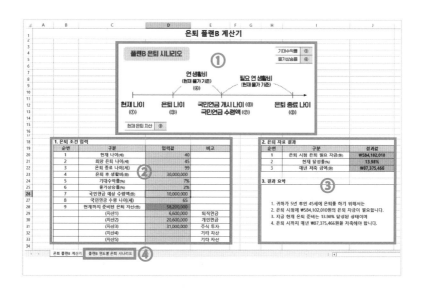

은퇴 플랜B 계산기

순번	구분	입력값	비고

아 두고 있어야 합니다. 그래야 은퇴 과정을 이해하기 쉽거든요. 절대 잊어버리지 말라는 의미에서 엑셀의 가장 위쪽에 그려 놓았습니다.

② 은퇴 조건 입력

은퇴 필요 자금 계산에 필요한 몇 가지 숫자를 입력하는 부분입니다. 엑셀 화면이 전체적으로 조금 복잡해 보이긴 하지만, 여러분이 할 일은 의외로 매우 간단합니다. 바로 이 은퇴 조건 입력부의 9개 칸에 적절한 숫자를 입력하기만 하면 됩니다. 나머지는 엑셀에서 자동으로 계산해서 여러분께 알려드릴 테니까요.

은퇴 조건 입력부에 숫자를 입력하는 방법은 잠시 후에 알려드리겠습니다.

③ 결과 확인

은퇴에 관한 계산 결과를 표시하는 부분입니다. 은퇴 시점에 여러분에게 필요한 은퇴 자금이 얼마인지, 지금 현재 은퇴 준비는 몇 퍼센트나 달성했는지, 앞으로 은퇴 시점까지 매년 얼마나 저축해야 하는지 등 여러분의 은퇴에 필요한 주요 계산 결과를 보여주는 만큼 가장 핵심적인 부분이라고 할 수 있습니다.

④ 연도별 은퇴 시나리오

만약 여러분께 은퇴 필요 자금과 달성률, 매년 저축 금액에 대한 결과 값만 달랑 알려드린다면, 여러분은 은퇴 전후의 특정 시점에 은퇴 자금을 어떻게 움직여야 하는지 정확히 파악하지 못할 수도 있습니다. 그래서 은퇴 프로세스를 직관적으로 이해할 수 있도록 '연도별 은퇴 시나리오'를 보여주는 시트를 추가로 준비했습니다.

연도별 은퇴 시나리오에서는 여러분이 특정 시점(나이)에 얼마를 저축하거나 인출해야 하는지를 정확히 표시해 둠으로써 은퇴 준비 과정을 더 명확하게 이해할 수 있도록 구성했습니다.

백번 말로 듣는 것보다는 한 번 직접 보는 쪽이 이해하기 더 빠르겠군요. 화면 하단의 플랜B 연도별 은퇴 시나리오 탭을 클릭하여 해당 시트로 이동해 보겠습니다.

다음의 그림은 제 사례를 계산하여 도출된 은퇴 시나리오입니다. 여러분께서도 이미 아시다시피 현재 제 나이는 40세고, 5년 뒤인

	A	B	C	D	E	F	G
1 2			**플랜B 연도별 은퇴 시나리오**				
3	나이	은퇴 자산	은퇴 후 연 생활비 (물가상승률 반영X)	은퇴 후 연 생활비 (물가상승률 반영)	1년 투자 결과	연 저축 금액	기말 은퇴 자산
① 40	40	58,200,000	0	0	62,274,000	87,375,466	149,649,466
41	41	149,649,466	0	0	160,124,928	87,375,466	247,500,394
6 42	42	247,500,394	0	0	264,825,422	87,375,466	352,200,888
7 43	43	352,200,888	0	0	376,854,950	87,375,466	464,230,416
8 44	44	464,230,416	0	0	496,726,545	87,375,466	584,102,010
② 45	45	584,102,010	30,000,000	33,122,424	589,548,157	0	589,548,157
46	46	589,548,157	30,000,000	33,784,873	594,666,715	0	594,666,715
11 47	47	594,666,715	30,000,000	34,460,570	599,420,575	0	599,420,575
12 48	48	599,420,575	30,000,000	35,149,781	603,769,749	0	603,769,749
13 49	49	603,769,749	30,000,000	35,852,777	607,671,160	0	607,671,160
14 50	50	607,671,160	30,000,000	36,569,833	611,078,420	0	611,078,420
③ 92	92	381,236,033	20,000,000	56,006,564	347,995,532	0	347,995,532
57 93	93	347,995,532	20,000,000	57,126,695	311,229,655	0	311,229,655
58 94	94	311,229,655	20,000,000	58,269,229	270,667,656	0	270,667,656
59 95	95	270,667,656	20,000,000	59,434,613	226,019,356	0	226,019,356
60 96	96	226,019,356	20,000,000	60,623,306	176,973,774	0	176,973,774
61 97	97	176,973,774	20,000,000	61,835,772	123,197,662	0	123,197,662
98	98	123,197,662	20,000,000	63,072,487	64,333,937	0	64,333,937
④ 99	99	64,333,937	20,000,000	64,333,937	0	0	0

45세부터 은퇴를 시작할 계획이며, 은퇴 후에는 매년 3000만 원씩 연 생활비가 필요합니다. 65세부터 매년 1000만 원씩 국민연금을 수령하고, 은퇴 종료 나이는 99세였죠. 이 조건을 염두에 두고 위의 그림을 다시 봐주시기 바랍니다.

'연도별 은퇴 시나리오'에서는 현재의 나이(40세)부터 은퇴 종료 나이(99세)까지 전 연령이 표시됩니다. 그리고 각 나이에 해당하는 시점의 은퇴 자산은 얼마인지, 연 생활비는 (물가상승률을 반영하여) 얼마나 인출해야 하는지, 만약 은퇴 전이라면 연간 저축해야 할 금액은 얼마인지, 그리고 투자 수익률을 반영했을 때 기말 은퇴 자산은 얼마인지 등이 표시되어 있습니다. 4개의 특정 시점을 예로 들어 살펴보겠습니다. 표를 보시면서 다음의 해설을 함께 읽어 주시기 바랍니다.

1) 40세

지금까지 제가 준비한 은퇴 자산은 5820만 원(퇴직연금+개인연금+주식 투자)입니다. 아직 은퇴 전이기 때문에 생활비 인출은 없습니다. 투자 수익(7%)을 반영한다면 연말에 은퇴 자산은 6227만 4000원이 되어 있겠군요. 여기에 연간 저축 금액인 8737만 5466원을 더하면 기말 은퇴 자산은 1억 4964만 9466원이 됩니다. 즉, 40세가 끝날 때 제 은퇴 자산은 약 1억 5000만 원 정도가 되어 있어야 할 겁니다.

2) 45세

45세는 은퇴가 시작되는 나이입니다. 은퇴 시점이 될 때까지 매년 은퇴 자산을 7%로 운용하고, 8737만 5466원씩 추가로 저축했다면 제게는 은퇴 자산 5억 8410만 2010원이 준비되어 있을 겁니다. 이 은퇴 자금에서 연 생활비로 '물가상승률이 반영된 3000만 원', 즉 3312만 2424원(3000만 원×1.02^5)을 인출하고, 나머지 금액은 7%로 계속 투자합니다. 이미 은퇴를 시작했으니 더 이상 연간 저축 금액은 필요 없습니다. 그 결과 45세가 끝날 때의 기말 은퇴 자산은 5억 8954만 8157원입니다.

3) 65세 이후

저는 65세부터 국민연금을 1000만 원 받을 예정이므로 65세 이후에는 '물가상승률이 반영된 2000만 원'씩만 생활비로 인출하면 됩니다. 연 생활비를 2000만 원만 인출해도 국민연금 1000만 원을 더해서 3000만 원을 생활비로 쓸 수 있을 테니까요. 예를 들어, 92세에는 연 생활비로 5600만 6564원(2000만 원$\times 1.02^{52}$)을 인출하면 됩니다. 물론 연간 저축 금액은 필요하지 않습니다.

4) 99세

마지막 줄인 99세는 은퇴 종료 나이입니다. 즉, 연 생활비인 6433만 3937원(2000만 원$\times 1.02^{59}$)을 인출해서 쓴다면 은퇴 자산은 더 남아 있지 않게(0원) 됩니다.

이처럼 '연도별 은퇴 시나리오'에서는 여러분이 연령별로 은퇴 계획을 수행할 수 있도록 연간 저축 금액과 생활비 인출 금액을 친절하게 알려줍니다. 워낙 많은 숫자를 자동으로 알려주기 때문에 은퇴에 대한 더 많은 정보를 '엑셀님'께 입력해 드려야 할 것만 같은 죄책감(?)도 들지만…… 더 이상 추가 입력은 전혀 필요 없습니다. 단지 '은퇴 조건 입력' 부분의 아홉 가지 숫자만 정확히 넣어 주면, 이 모든 정보를 자동으로(!) 알려 줍니다. 엑셀이란 게 참 신통방통하죠?

은퇴 조건 입력하기

다시 첫 번째 시트로 돌아가겠습니다. 여기에 우리가 지금부터 숫자를 입력해야 할 9개의 빈칸이 있습니다. 쉽게 채울 수 있는 빈칸도 있고, 조금 고민해 봐야 할 빈칸도 있습니다. 지금부터 이 빈칸들을 하나씩 차근차근 채워 보겠습니다.

1. 은퇴 조건 입력

순번	구분	입력값	비고
1	현재 나이(세)		
2	희망 은퇴 나이(세)		
3	은퇴 종료 나이(세)		
4	은퇴 후 생활비(원)		
5	기대수익률(%)		
6	물가상승률(%)		
7	국민연금 예상 수령액(원)		
8	국민연금 수령 나이(세)		
9	현재까지 준비된 은퇴 자산(원)	-	
	(자산1)		퇴직연금
	(자산2)		개인연금
	(자산3)		주식 투자
	(자산4)		기타 자산
	(자산5)		기타 자산

1) 현재 나이(세)

이것은 고민할 필요가 하나도 없겠군요. 여러분의 현재 나이를 입력하면 됩니다.

2) 희망 은퇴 나이(세)

희망 은퇴 나이는 조금 고민해 볼 필요가 있습니다. 희망 은퇴 나이를 얼마로 입력하느냐에 따라서 매년 저축해야 하는 금액이 말 그대로 '천차만별'로 달라지거든요. 5억 원을 5년 만에 모으려면 1년에 대략 1억 원씩 모아야 하지만, 10년에 걸쳐 모은다면 5000만 원씩만 모아도 되잖아요. 그러니 희망 은퇴 나이는 신중하게 생각해서 숫자를 넣어 주시기 바랍니다. (그렇다고 너무 오래 고민할 필요는 없습니다. 일단 대략적으로 숫자를 넣어서 계산 결과를 확인한 뒤에 다시 조정해도 상관이 없을 테니까요.)

한 가지 기억해 둘 사항은 '희망 은퇴 나이'가 '현재 나이'보다 높아야 한다는 것입니다. 이건 너무 당연하겠죠? 아직 은퇴하기 전이라면 희망 은퇴 나이가 현재 나이보다 무조건 높을 테니까요(희망 은퇴 나이 > 현재 나이).

3) 은퇴 종료 나이(세)

은퇴 종료 나이는 평균수명과 최빈 사망 연령 등의 통계자료를 참고하여(3장) 여유 있게 설정해 주시면 됩니다. 99세, 110세…… 이런 식으로 말이죠.

은퇴 종료 나이를 어리게 설정했는데(예컨대 70세), 그 이상으로 오래 살아 있다면 그 후의 생활비가 매우 부족해질 수 있습니다. 그렇게 되면 오래 사는 것이 별로 즐겁지 않겠죠? 이를 두고 '장수 위험'이라는 이름을 붙이기도 합니다.

반대로 은퇴 종료 나이를 너무 높게 잡았다면(예컨대 140세) 은퇴 필요 자금이 '필요 이상'으로 커질 수도 있겠네요. 그러니 은퇴 종료 나이는 너무 낮지도 않게, 그렇다고 너무 높지도 않게, 충분히 여유 있는 수준으로 입력해 주시기 바랍니다.

계산이 치밀한 독자분들은 이런 걱정을 하실 수도 있습니다. "은퇴 종료 나이를 (충분히 여유 있게) 99세로 했는데, 만약에 그보다 오래 살게 되면 100세부터는 생활비가 하나도 없는 건가요?" 충분히 일리 있는 걱정입니다.

물론 은퇴 종료 나이가 지나면 우리가 준비했던 은퇴 자산은 0원이 되어 여기서는 더 이상 생활비를 뽑아 쓸 수 없습니다. 하지만 은퇴 생활비 자체가 제로가 되는 것은 아닙니다. 종신연금을 활용하는 방법이 남아 있거든요.

대표적인 종신연금으로는 국민연금이 있습니다. 국민연금은 은퇴 종료 나이가 지나더라도 우리가 죽을 때까지 계속 나옵니다. 그것도 물가상승률을 반영하여 매년 증액되면서 말입니다. 국민연금 짱!

또 하나 활용할 수 있는 종신연금으로는 주택연금이 있습니다. 주택연금을 개시하면 (국민연금처럼 물가상승률로 매년 증액되지는 않지만) 우리가 죽을 때까지 연금을 계속 받을 수 있으니 은퇴 종료 나이 이후의 생활비 자원으로 활용할 수 있습니다. 물론, 주택연금을 사용하려면 본인 명의(혹은 배우자 명의)의 집이 있어야 합니다.

생명보험회사의 연금보험 상품에도 종신연금이 있지만, 그리 가성비가 좋은 상품이 아니기 때문에 자세히 다루지는 않겠습니다. 종신연금보험(연금보험, 연금저축보험)이 효율적이지 않은 이유는 7장에서 더 이야기하겠습니다.

4) 은퇴 후 생활비(원)

은퇴 후 생활비는 매우 신중하게 입력해야 할 항목 가운데 하나입니다. 은퇴 후 생활비가 얼마인지에 따라 은퇴 필요 자금이 크게 달라질 뿐 아니라 은퇴 이후의 생활수준이 달라지기 때문입니다.

은퇴 후 생활비를 산정하는 방법에 대해서는 2장에서 이미 말씀드렸기 때문에 더 설명하지는 않겠습니다. 다만 한 가지 주의할 점을 다시 상기해 드리자면, 은퇴 후 생활비는 반드시 연 단위로 입력해야 합니다.

5) 기대수익률(%)

기대수익률은 현실적으로 여러분이 실현할 수 있는 수익률을 입력해 주시기 바랍니다. 기대수익률은 2장에서 이미 다룬 내용이니 참고하셔도 좋습니다.

6) 물가상승률(%)

물가상승률은 한국은행의 물가 안정 목표가 얼마인지 확인하여 입력해 주시면 됩니다. 한국은행이 일을 제대로만 한다면 물가상승률은 장기적으로 물가 안정 목표에서 크게 벗어나지 않을 테니까요.

한국은행의 물가 안정 목표는 한국은행 홈페이지에서 확인할 수 있으며, 현재(2023년 7월 기준) 물가 안정 목표는 2%입니다.

기대수익률과 물가상승률을 입력할 때 한 가지 유의할 점은 기대수익률이 물가상승률보다 커야 한다는 점입니다(기대수익률 > 물가상승률). 만약 물가상승률이 기대수익률보다 크다면, 은퇴 필요 자금의 올바른 결과 값이 나오지 않거든요.

물가가 상승한다는 말은 바꿔 말하면 내가 가진 돈(은퇴 자금)의 가치가 줄어든다는 뜻입니다. 그러니 투자 수익률이 물가상승률에 미치지 못한다는 것은 실질적인 투자 성과가 마이너스라는 것을 의미하지요. 결국 수익률이 낮은 예금 상품만으로는 성공적인 은퇴 준비를 할 수 없을 것입니다.

만약 여러분의 기대수익률이 물가상승률보다 낮을 것으로 예상된다면, 어떻게 해서든 기대수익률을 물가상승률 이상으로 끌어올릴 방법을 연구해야 합니다. 기대수익률을 끌어올릴 수 있는 자산 운용 방법에 대해서는 8장에서 다루겠습니다.

7) 국민연금 수령액(원)

국민연금 수령액은 국민연금공단 홈페이지에서 예상 연금액을 조회하면 확인할 수 있습니다. 이에 대한 자세한 설명은 잠시 후에 자세히 다루겠습니다.

8) 국민연금 수령 나이(세)

국민연금 수령 나이는 1969년 이후 출생자라면 기본적으로 65세입니다(1952년생 이전: 60세, 1953~1956년생: 61세, 1957~1960년생: 62세, 1961~1964년생: 63세, 1965~1968년생: 64세, 1969년생 이후: 65세). 다만 원래의 수령 나이보다 5년의 기간 내에서 일찍 수령하거나(조기 노령연금), 늦게 수령할(노령연금 연기 제도) 수도 있습니다.

9) 현재까지 준비된 은퇴 자산(원)

지금까지 은퇴를 목적으로 준비하고 있는 자산을 합산하여 입력합니다. 퇴직연금이나 개인연금, 혹은 은퇴 자산을 마련할 목적의 주식 투자 금액 등을 넣으면 되겠군요.

이 금액은 개별 자산의 금액을 아래(자산1~자산5) 부분에 입력하면 자동으로 합산되어 9번 칸에 입력됩니다(9번 칸에 직접 입력하는 것이 아니라는 것을 기억해 두시기 바랍니다). 비고란에는 여러분의 상황에 맞도록 은퇴 자산의 이름을 수정할 수도 있습니다.

마지막으로, 은퇴 조건을 입력할 때 반드시 지켜야 할 수칙 세 가지를 정리해 보았습니다.

수칙1. 희망 은퇴 나이 > 현재 나이
수칙2. 은퇴 후 생활비는 연 단위로 입력
수칙3. 기대수익률 > 물가상승률

이제 9개의 빈칸을 모두 채우셨나요? 9개의 빈칸에 숫자를 넣는 일이 그다지 어렵지는 않으셨을 거라고 믿습니다. 딱 한 가지만 빼고 말이죠. 바로 국민연금입니다. 지금부터는 여러분이 국민연금을 과연 '몇 살부터', '얼마씩' 받게 될지 알아보겠습니다.

국민연금 수령액 조회하기

사람들은 의외로 은퇴 이후에 본인이 국민연금을 얼마나 받게 될지에 크게 관심이 없는 것 같습니다. 그래서인지는 몰라도 국민연금 보험료로 내는 돈을 굉장히 아까워합니다. 직장인이라면 급여명세서에서 국민연금 보험료가 (자기도 모르는 사이에) 자동으로 빠져나간 것을 보고 분노해 본 경험이 한 번쯤은 있을 겁니다. '뭐가 이렇게 많이 빠져나갔어!' 그러다 보니 직장을 그만두게 되면 국민연금 보험료를 내지 않을 궁리부터 하게 됩니다.

하지만 국민연금은 은퇴 생활에서 매우 중요한 부분입니다. 국민연금은 은퇴 기간 동안 매년 물가상승률을 반영하여 연금액이 증가할 뿐 아니라 종신연금이라서 예상보다 오래 살 경우를 대비한 안전판 역할도 합니다. 결국, 국민연금이 뒷받침되지 않고서는 안정적인 은퇴 생활을 설계하기가 어려울 정도입니다. 그래서 저는 국민연금 보험료를 가능한 한 오랫동안 납부하고, 연금을 많이 받는 것을 기본 전략으로 했다는 점을 미리 밝혀 두겠습니다.

그렇다면, 이제 본격적으로 국민연금 수령액을 알아보겠습니다. 국민연금 예상 수령액은 '국민연금공단' 홈페이지에서 조회할 수 있

습니다.

국민연금공단 홈페이지에 들어가서 로그인을 한 후, '개인서비스 〉 조회 〉 가입 내역·예상연금 〉 예상연금액 조회' 메뉴를 선택하시기 바랍니다.

그럼 위의 그림과 같은 선택 화면이 나옵니다. '국민연금 예상 연금액 알아보기'와 '국민·개인·퇴직·주택연금 모두 알아보기' 중에서 '국민연금 예상 연금액 알아보기'를 선택하겠습니다. 두 번째 메뉴를 선택하면 개인연금이나 퇴직연금 등을 한꺼번에 조회할 수 있지만, 지금은 국민연금에만 집중하겠습니다. 우리는 '상세 연금 조회' 기능도 활용해야 하기 때문에 첫 번째 메뉴를 선택합니다.

결과는 금방 나옵니다. 참고로, 다음 결과는 제 것이 아니라 와이프님의 '예상 연금액 표'입니다. 예상 연금액 표에는 여러 가지 숫자가 나와 있어서 상당히 복잡해 보입니다. 하지만 우리는 하나의 숫자

국민연금 알아보기

| 노령연금조회 | 상세연금조회 | 내연금 알아보기 (국민·개인·퇴직연금) | 종합재무 설계 › | 간단재무 설계 › | 목적자금 설계 › | 자가 진단 › |

고객님

② 고객님께서는 현재 소득으로 만 60세까지 납부하실 경우 노령연금을 아래와 같이 수령할 것으로 예상됩니다.
다만, 상실 또는 납부예외 중인 경우에는 현재까지 납부된 내역만으로 예상연금액을 산정합니다.

› 노령연금이란?

구분		현재가치 예상연금액	미래가치 예상연금액			
			최근 5년 간 소득상승률			소득상승률 직접선택
산정기준		현재기준	최저(3.3%)	평균(4.1%)	최고(4.9%)	전체가입자소득 3.3 ∨ % 가입자개인소득 1.0 % 재계산
예상연금액	세전	월 1,068,170원	월 2,613,100원	월 3,218,460원	월 3,958,200원	
	세후	① 월 1,045,870원				
수급개시 년월		2050년 11월 부터				
예상 총 납부월수		총 414 개월	총 414 개월			
예상납부보험료총액		112,644,540 원	156,061,260 원	170,238,960 원	186,318,180 원	
평균소득월액(A값)		2,681,724 원	6,647,865 원	8,188,297 원	10,069,998 원	
가입기간중 소득 평균액(B값)		3,169,302 원	7,665,635 원	9,441,088 원	11,611,393 원	

만 집중해서 보면 됩니다. 바로 1) '세후 현재 가치 예상 연금액'입니다. '월 104만 5870원'이라는 숫자가 적혀 있네요. 연금 수령 시기인 65세부터 현재 가치 기준으로 매월 104만 5870원을 받을 수 있다는 뜻입니다.

저는 플랜B 은퇴 필요 자금을 계산할 때, 국민연금 수령액으로 매년 1000만 원을 입력했습니다. 여기 '예상 연금액 표'에 나온 대로 매월 100만 원씩 수령하게 된다면, 1년에 1200만 원이니 나쁘지 않은 금액이군요.

하지만 이 금액을 받기 위해서는 중요한 전제가 충족되어야 합니다. 여기서 계산된 금액은 2)현재 소득으로 만 60세까지 납부하실 경우 받게 될 금액이라는 것입니다.

5년 뒤 은퇴를 계획하고 있는 저로서는 당연히 현재 소득으로 60세까지 납부할 수 없겠죠. 즉, 여기서 계산된 금액은 정확한 저의 (엄밀히 말하자면 와이프님의) 국민연금 예상 수령액이 아니라는 것입니다. 많이 받는 줄 알고 좋아했는데, 좋다 말았군요!

제 상황에 맞는 정확한 국민연금 예상 수령액을 계산하려면 '상세 연금 조회' 기능을 활용해야 합니다. 기본적으로 저는 은퇴 전까지는 현재의 소득으로 국민연금을 납부하고, 은퇴(앞으로 5년) 이후에는 만 60세가 될 때까지 임의가입자로 국민연금을 계속 납부할 계획입니다. 임의가입자나 국민연금의 세부 사항에 대해서는 다음 장에서 다룰 예정입니다. 여기서는 세부 내용에 대한 설명보다는 상세 연금 조회를 하는 방법을 익히는 데 중점을 두겠습니다.

다음의 내용을 순서대로 차근차근 따라 해보세요.

1) 상단의 '상세 연금 조회'를 클릭합니다.

2) 가장 하단의 '향후 소득 및 가입 기간 추가' 부분에서 '+입력 추가' 버튼을 클릭합니다. 그럼 새로운 줄이 하나 생기죠?

3) 새로운 줄의 첫 번째 기간에 예상 은퇴 시기의 첫 번째 달을 입력합니다. 저는 5년 뒤인 2028년 1월을 입력했습니다.

4) 새로운 줄의 두 번째 기간에는 만 60세가 되는 시점을 입력합니다. 따로 계산하지 않고, 첫 번째 줄의 기존 세팅 값을 그대로 따라 써주시면 됩니다.

5) 첫 번째 줄의 두 번째 기간에는 예상 은퇴 시기 전 달을 입력해 줍니다. 저는 2027년 12월이 되겠군요.

6) 현재의 소득 금액을 적는 칸입니다. 무슨 숫자를 넣어야 할지 고민하지 않으셔도 됩니다. 미리 적혀 있던 숫자를 그대로 놓아 두시면 됩니다.

7) 이 칸에는 100만 원을 입력합니다. 여기서 100만 원을 입력하는 이유는 임의가입자는 보험료를 산정할 때 '중위수 기준 소득월액' 이상으로 보험료를 결정해야 하는데, 현재(2023년 7월) 이 값이 100만 원이기 때문입니다. 아직은 이해되지 않으셔도 그냥 저를 따라서 입력하시기 바랍니다.

100만 원을 기준으로 계산한다면, 연금보험료는 9만 원(기준 소득월액의 9%)입니다. 즉, 우리는 은퇴를 한 이후에도 만 60세가 될 때까지 매월 9만 원의 국민연금 보험료를 계속 납부할 거라는 사실을 기억해 두시기 바랍니다. 아까 말씀드린 대로 국민연금을 가능한 한 오랫동안 납부하고, 많이 받는 것이 제 전략이기 때문입니다.

이제 상세 연금 조회의 결과를 확인해 보겠습니다.

· 조회결과

구분		수정전 현재가치	수정후 현재가치
예상연금액	세전	매월 1,068,170원 (연 12,818,040원)	매월 833,200원 (연 9,998,400원)
	세후	매월 1,045,870원 (연 12,550,440원)	매월 823,170원 (연 9,878,040원)
연금수급개시연령		2050 년 11 월 (만 65세)	2050 년 11 월 (만 65세)

수정 후 현재 가치가 매월 82만 3170원(연 987만 8040원)으로 변경되어 있습니다. 수정 전(104만 5870원)에 비해 많이 줄어들었지만 (납입 보험료가 줄어들었으니 당연한 결과입니다), 제가 미리 예상했던 금액 (1000만 원)과 크게 차이가 나지는 않는군요.

국민연금 합산하기

위의 과정을 통해 우리는 국민연금 수령액 조회를 완료했습니다. 그런데 뭔가 중요한 걸 빠뜨린 듯 찜찜한 기분이 드는 건 왜일까요? 아뿔싸! 제가 받게 될 국민연금 수령액은 계산에 넣지도 않았군요!(앞서 조회했던 국민연금 수령액은 와이프님 한 사람의 것이었죠!)

맞벌이 부부라면 국민연금을 남편도 납부하고, 아내도 납부합니다. 당연히 국민연금 수령도 각각 따로 하게 되겠지요. 즉, 국민연금 수령액은 부부가 받는 각각의 연금액을 조회하여 합산해야 합니다.

이제부터 제 국민연금 수령액을 계산하여 와이프님의 것과 합산하는 과정을 보여드릴 겁니다. 제가 앞서 저보다 두 살 어린 와이프님의 국민연금 수령액부터 조회했던 데는 이유가 있습니다. 그 이유를 설명하기 위해 저와 와이프님의 국민연금 수령 시기를 그림으로 그려 보았습니다.

현재 제 나이는 40세고, 와이프님 나이는 38세입니다. 제가 국민

国민연금 수령 시기

나의 국민연금 수령

나 (40세) (65세) (67세)

현재
와이프님 (38세) (63세) (65세) 와이프님의
국민연금 수령

연금을 수령하는 65세에는 와이프님이 63세라서 아직 국민연금을 받기 전이고, 와이프님이 국민연금을 수령하는 65세에 저는 이미 67세가 되어 있겠네요.

국민연금 수령을 시작하는 시기가 서로 다르기 때문에 각각의 국민연금을 각자 계산하여 단순 합계하면 약간의 오차가 발생하게 됩니다. 이 부분을 조정하기 위해 제 국민연금 수령을 2년 연기하게 되면 어떻게 될까요? [국민연금은 65세부터 5년의 기간 이내로 일찍 수령하거나(조기 노령연금), 늦게 수령할(노령연금 연기 제도) 수 있습니다.] 제가 67세가 되는 시기부터 와이프님과 함께 국민연금을 받기 시작할 것입니다. 다음의 그림처럼 말이에요.

물론 부부가 반드시 똑같은 시기에 국민연금을 개시해야 한다는 법칙이 있는 것은 아닙니다. 이러한 조정은 단지 은퇴 필요 자금을 계산할 때, 부부의 국민연금을 간편하게 합산하기 위해서일 뿐입니다. 그리고 꼭 이런 방식이 아니더라도 와이프님의 국민연금을 2년 먼저

국민연금 수령 시기 조정

나 (40세) (65세) (67세) 국민연금 수령
2년 연기

현재
와이프님 (38세) (63세) (65세) 와이프님의
국민연금 수령

(63세부터) 조기 수령할 수도 있습니다. 또 어차피 국민연금 예상 수령
액은 확정 금액이 아닌 '예상액'이기 때문에 완벽하게 계산하기 위해
엄청난 노력을 기울일 필요도 없습니다.

그럼에도 불구하고 제가 이처럼 세세하게 설명하는 이유는 국민
연금 예상 수령액을 조회할 때 국민연금 수령 시기를 조정하는 방법
도 있다는 것을 보여드리기 위해서입니다.

설명이 다소 길어졌는데, 이제 다시 국민연금공단 홈페이지에 들
어가서 제 국민연금 수령액을 조회해 보겠습니다.

앞서 와이프님의 국민연금을 조회했던 것처럼 제 아이디로 로그
인한 뒤, '상세 연금 조회'로 바로 넘어가겠습니다. 다른 부분은 와이
프님의 예상 연금액을 조회할 때와 모두 같지만, 한 가지 다르게 입력
해야 할 부분이 있습니다. 바로 '지급 희망 연령'입니다.

'지급 희망 연령'에서 1)연기연금을 선택하고, 2)연기하는 기간을
와이프님과 동일한 시기에 연금 수령을 시작할 수 있도록 조정하니

국민연금 알아보기

노령연금조회 **상세연금조회**

내연금 알아보기 (국민·개인·퇴직연금) | 종합재무 설계 | 간단재무 설계 | 목적자금 설계 | 자가 진단

고객님

고객님께서는 부양가족연금 대상, 지급희망 연령 등을 선택하시거나,
향후 납부할 소득액을 직접 입력한 뒤 예상연금액을 조회할 수 있습니다.

STEP01 조건설정 및 소득입력   **STEP02** 입력내용 확인   **STEP03** 결과 및 비교조회

· 지급희망연령 선택

고객님의 연금지급개시 연령은 만 65세입니다. 조기노령연금이나 연기연금 수령을 희망하시면 신청연령의 연월을 선택하십시오.
선택하신 연월의 다음 달부터 연금이 지급됩니다.
(조기노령연금은 감액지급, 연기연금은 증액)

가입기간 종료일자	2022년 05월 03일
○ 노령연금	최소가입기간(10년)이 부족하여 산정할 수 없습니다. (만 65세)
○ 조기노령연금 ?	2048 ∨ 3 ∨ 65 세
● 연기연금 ? ①	2048 ∨ 2 ∨ ② 2050 ∨ 10 ∨ 32 개월 연기비율 100 ∨ %

※ 법정 지급개시연령부터 5년 이내에 1회에 한하여 연기신청 가능하며
2015.7.29. 이후 신청자는 부분연기(50,60,70,80,90,100%)가능

· 향후 소득 및 가입기간 추가

▸ 예상연금월액표 보기

가입기간	소득월액
③ 2022 년 08 월 ~ 2043 년 02 월	1,000,000 원

＋ 입력추가   － 입력삭제

· 조회결과

▸ 연도별 누적액 비교

구분		수정전 현재가치	수정후 현재가치	
			부분지급 연금액	연기종료시 지급연금액
예상연금액	세전	매월 0원 (연 0원)	매월 0원 (연 0원)	매월 808,150원 (연 9,697,800원)
	세후	매월 0원 (연 0원)	매월 0원 (연 0원)	매월 799,440원 (연 9,593,280원)
연금수급개시연령		0년 0월 (만 0세)	2048 년 03 월 (만 65세)	2050 년 11 월 (만 67세)

다. 저는 현재 임의가입자로 국민연금을 납부하고 있기 때문에 3) 만 60세가 될 때까지의 기간에 소득월액은 100만 원이 되도록 입력합니다.

조회 결과는 앞의 그림과 같습니다. 저는 만 67세부터 연금을 수령하면, 매달 79만 9440원(연 959만 3280원)을 받을 수 있습니다.

이제 와이프님과 제 국민연금 예상 수령액을 더해 보겠습니다. 위의 그림에서 보시는 것처럼, 약 1950만 원이 나오는군요. 그렇다면 저는 '은퇴 플랜B 계산기'의 입력 항목 7번 '국민연금 예상 수령액(원)'에 1950만 원을, 8번 '국민연금 수령 나이(세)'에 67세를 입력하면 되겠습니다.

은퇴 계획 세부 조정하기

지금까지 '은퇴 플랜B 계산기'에서 9개의 빈칸을 채우는 방법과 국민연금 예상 수령액을 조회하는 방법을 알아보았습니다. 잘 따라 오고 있나요? 여러분이 국민연금을 포함해 9개의 숫자를 모두 입력 했다면, 다음과 같은 결과를 얻을 수 있습니다.

은퇴 조건 입력

순번	구분	입력값	비고
1	현재 나이(세)	40	
2	희망 은퇴 나이(세)	45	
3	은퇴 종료 나이(세)	99	
4	은퇴 후 생활비(원)	30,000,000	
5	기대수익률(%)	7%	
6	물가상승률(%)	2%	
7	국민연금 예상 수령액(원)	19,500,000	
8	국민연금 수령 나이(세)	67	
9	현재까지 준비된 은퇴 자산(원)	58,200,000	
	(자산1)	6,600,000	퇴직연금
	(자산2)	20,600,000	개인연금
	(자산3)	31,000,000	주식 투자
	(자산4)		기타 자산
	(자산5)		기타 자산

은퇴 자료 결과

순번	구분	결과값
1	은퇴 시점 은퇴 필요 자금(원)	₩530,203,511
2	현재 달성률(%)	15.40%
3	매년 저축 금액(원)	₩78,003,018

위의 결과를 해석하면, 여러분은 1) 은퇴 시점의 은퇴 필요 자금 으로 5억 3020만 3511원이 필요하고, 2) 은퇴를 위해 현재 15.4% 목표 달성을 기록하고 있으며, 3) 매년 추가로 7800만 3018원을 저 축한다면 해당 조건에 맞는 은퇴를 할 수 있습니다.

이처럼 은퇴 플랜B 계산기를 활용하면 원하는 은퇴 조건만 입력 해도 필요한 결과 값들을 쉽게 계산할 수 있습니다. 이는 은퇴 플랜B 계산기의 가장 큰 장점이죠.

이 계산기의 장점을 한 가지만 더 자랑하자면, 은퇴 조건을 조금 만 바꾸더라도 그 결과 값을 바로 확인할 수 있다는 것입니다. 즉, 은퇴 조건들을 조금씩 변경하면서 본인에게 가장 적합한 은퇴 계획을 세울 수 있습니다.

지금부터는 은퇴 조건들을 조정하면서 자신에게 딱 맞는 은퇴 계획을 찾는 방법을 예시를 통해 알아보겠습니다.

1) 은퇴 시기 조정하기

저는 5년 뒤에 은퇴하는 것을 목표로 하고 있습니다. 하지만 어떤 분들은 은퇴가 저만큼 급하지 않을 수도 있어요. 긴 안목으로 미리부터 은퇴 계획을 세워 두려고 하는 분들이 있을 수도 있잖아요. 이런 분들은 만약 자신이 10년 뒤에 은퇴하려면 지금부터 1년에 얼마나 저축해야 하는지 궁금할 것입니다.

이런 경우에는 은퇴 플랜B 계산기에서 희망 은퇴 나이를 조금만 조정하면, 다음의 그림처럼 그 결과를 바로 확인할 수 있습니다.

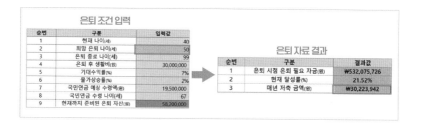

희망 은퇴 나이를 45세에서 50세로 조정하니 결과 값에 바로 반영되었습니다. 10년 뒤에 은퇴하기 위해서는 매년 3022만 원씩 저축

하면 되는군요.

반면, 어떤 분들은 은퇴 시기가 얼마 남지 않아서 내년에 당장 은퇴를 해야만 할 수도 있을 겁니다. 1년 후에 은퇴하기 위해 지금 당장 얼마의 은퇴 자금이 더 필요한지 계산하고 싶을 수도 있겠죠.

은퇴 조건 입력

순번	구분	입력값
1	현재 나이(세)	40
2	희망 은퇴 나이(세)	41
3	은퇴 종료 나이(세)	99
4	은퇴 후 생활비(원)	30,000,000
5	기대수익률(%)	7%
6	물가상승률(%)	2%
7	국민연금 예상 수령액(원)	19,500,000
8	국민연금 수령 나이(세)	67
9	현재까지 준비된 은퇴 자산(원)	58,200,000

은퇴 자료 결과

순번	구분	결과값
1	은퇴 시점 은퇴 필요 자금(원)	₩518,574,431
2	현재 달성률(%)	12.01%
3	매년 저축 금액(원)	₩456,300,431

이때는 희망 은퇴 나이를 45세에서 41세(1년 후)로 조정하여 결과 값을 확인할 수 있습니다. 내년에 은퇴하기 위해서는 4억 5630만 원이 추가로 필요하군요.

2) 은퇴 후 생활비 조정하기

저는 생활비로 많은 금액이 필요하지 않습니다. 자녀도 없을뿐더러 평소에 소비를 많이 하는 편도 아니기 때문입니다. 그래서 은퇴 후 생활비를 3000만 원으로 해도 부족함이 없을 것으로 예상됩니다.

하지만 모든 사람이 저와 같지는 않을 겁니다. 자녀가 있다면 지출은 당연히 더 많아질 것이고, 은퇴 후 원하는 생활수준에 따라 더 많은 생활비가 필요할 수도 있습니다. 이 장의 서두에서 보았던 와이프님의 친구처럼 말이죠. 만약 은퇴 후 생활비를 4500만 원으로 조정한다면 결과 값은 어떻게 바뀔까요?

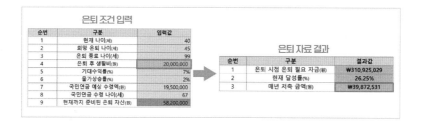

은퇴 조건 입력

순번	구분	입력값
1	현재 나이(세)	40
2	희망 은퇴 나이(세)	45
3	은퇴 종료 나이(세)	99
4	은퇴 후 생활비(원)	45,000,000
5	기대수익률(%)	7%
6	물가상승률(%)	2%
7	국민연금 예상 수령액(원)	19,500,000
8	국민연금 수령 나이(세)	67
9	현재까지 준비된 은퇴 자산(원)	58,200,000

은퇴 자료 결과

순번	구분	결과값
1	은퇴 시점 은퇴 필요 자금(원)	₩859,121,234
2	현재 달성률(%)	9.50%
3	매년 저축 금액(원)	₩135,198,750

은퇴 필요 자금으로 당연히 더 많은 돈이 필요하겠네요. 위의 그림에서처럼 매년 1억 3500만 원씩 저축한다면 5년 뒤에 성공적으로 은퇴할 수 있을 겁니다.

반면, 어떤 분들은 독신으로 살 계획이라서 혼자 생활하는 데 많은 금액이 필요하지 않을 수도 있습니다. 이런 경우를 위해 은퇴 후 생활비를 2000만 원으로 조정해 보겠습니다.

은퇴 조건 입력

순번	구분	입력값
1	현재 나이(세)	40
2	희망 은퇴 나이(세)	45
3	은퇴 종료 나이(세)	99
4	은퇴 후 생활비(원)	20,000,000
5	기대수익률(%)	7%
6	물가상승률(%)	2%
7	국민연금 예상 수령액(원)	19,500,000
8	국민연금 수령 나이(세)	67
9	현재까지 준비된 은퇴 자산(원)	58,200,000

은퇴 자료 결과

순번	구분	결과값
1	은퇴 시점 은퇴 필요 자금(원)	₩310,925,029
2	현재 달성률(%)	26.25%
3	매년 저축 금액(원)	₩39,872,531

이런 분들은 3987만 원씩 5년만 모아도 조기 은퇴를 하여 자유롭

게 살 수 있다는 결과 값이 나옵니다.

3) 기대수익률 조정하기

적절한 기대수익률을 정하는 일은 매우 어렵습니다. 저는 제가 투자하고 있는 자산군의 역사적 수익률과 몇 가지 포트폴리오 전략의 백테스팅 결과를 토대로 7%라는 기대수익률을 정해 두었지만, 모든 사람이 저와 똑같은 기대수익률을 목표로 하지는 않을 겁니다.

투자 경험이 많은 어떤 투자자는 10% 정도의 투자 성과를 앞으로도 계속 올릴 수 있을 거라고 자신할 수도 있습니다(하지만 투자 경험이 많다고 해서 투자 수익률이 무조건 높은 것은 아니죠). 반면, 어떤 분들은 안정적인 투자 방식을 선호하여 기대수익률을 5% 수준으로 설정할 수도 있습니다. 문제는 기대수익률에 따라 은퇴 필요 자금의 크기가 크

	은퇴 조건 입력	
순번	구분	입력값
1	현재 나이(세)	40
2	희망 은퇴 나이(세)	45
3	은퇴 종료 나이(세)	99
4	은퇴 후 생활비(원)	30,000,000
5	기대수익률(%)	10%
6	물가상승률(%)	2%
7	국민연금 예상 수령액(원)	19,500,000
8	국민연금 수령 나이(세)	67
9	현재까지 준비된 은퇴 자산(원)	58,200,000

	은퇴 자료 결과	
순번	구분	결과값
1	은퇴 시점 은퇴 필요 자금(원)	₩396,706,215
2	현재 달성률(%)	23.63%
3	매년 저축 금액(원)	₩49,626,465

	은퇴 조건 입력	
순번	구분	입력값
1	현재 나이(세)	40
2	희망 은퇴 나이(세)	45
3	은퇴 종료 나이(세)	99
4	은퇴 후 생활비(원)	30,000,000
5	기대수익률(%)	5%
6	물가상승률(%)	2%
7	국민연금 예상 수령액(원)	19,500,000
8	국민연금 수령 나이(세)	67
9	현재까지 준비된 은퇴 자산(원)	58,200,000

	은퇴 자료 결과	
순번	구분	결과값
1	은퇴 시점 은퇴 필요 자금(원)	₩678,660,301
2	현재 달성률(%)	10.95%
3	매년 저축 금액(원)	₩109,377,678

게 달라진다는 점입니다.

위의 그림에서 보는 것처럼, 기대수익률을 10%로 입력했을 때 은퇴 필요 자금은 약 3억 9600만 원입니다. 기대수익률을 5%로 조정한다면 은퇴 필요 자금은 약 6억 7800만 원으로 크게 높아지지요. 당연히 매년 저축해야 할 금액도 크게 늘어납니다.

이처럼 기대수익률에 따라 은퇴 전략은 크게 달라질 수 있기 때문에 본인에게 적절한 기대수익률을 찾는 것은 매우 중요합니다. 이제 여러 가지 숫자를 계산기에 직접 입력해 보면서 여러분에게 가장 알맞은 은퇴 계획을 찾아보시기 바랍니다.

은퇴 준비 따라 하기

은퇴 플랜B 계산기로 은퇴 계획 세우기

　이번 장에서는 은퇴 플랜B 계산기를 활용해 자기에게 필요한 은퇴 필요 자금과 매년 저축해야 할 금액을 계산하는 방법을 알아보았습니다. 마무리로 다시 한번 엑셀 파일을 열어서 여러분의 은퇴 조건을 입력하고 결과를 확인해 보겠습니다.

1.은퇴 조건 입력란의 9개 빈칸에 여러분의 은퇴 조건을 입력하세요.

18		**1. 은퇴 조건 입력**		
19		**순번**	**구분**	**입력값**
20		1	현재 나이(세)	
21		2	희망 은퇴 나이(세)	
22		3	은퇴 종료 나이(세)	
23		4	은퇴 후 생활비(원)	
24		5	기대수익률(%)	
25		6	물가상승률(%)	
26		7	국민연금 예상 수령액(원)	
27		8	국민연금 수령 나이(세)	
28		9	현재까지 준비된 은퇴 자산(원)	-

2.은퇴 자료 결과를 확인하세요.

    1) 은퇴 시점의 은퇴 필요 자금은 얼마인가요?

    .... 원

    2) 현재의 달성률은 몇 퍼센트인가요?

    .... %

    3) 매년 저축 금액은 얼마인가요?

    .... 원

3. 엑셀 파일에서 '플랜B 연도별 은퇴 시나리오' 시트를 클릭하여 각 연령대
에 얼마를 저축하고, 얼마를 생활비로 인출해야 하는지 확인하세요.

4. 희망 은퇴 나이, 은퇴 후 생활비, 기대수익률 등을 적절히 조정하여 여러분
에게 딱 맞는 은퇴 계획을 설계해 보세요.

PART 2

어떤 은퇴 상품이
인생의 무기가
될 것인가?

5장

주저하지 말고 걱정하지 않고, 국민연금

조기 은퇴 후에도 국민연금을 납부해야 돼?

저녁을 일찍 먹고 와이프님과 동네에 있는 호수공원으로 산책하러 나왔다. 공원 산책은 내가 가장 기다리는 하루 일과다. 여유롭게 길을 걸으며 와이프님과 담소를 나누는 시간은 언제나 즐겁기 때문이다. 물론 와이프님은 나와 함께 걷는 것보다는 공원에 있는 길고양이 사 형제의 재롱을 보는 걸 더 좋아하는 것 같지만 말이다.

걷기를 좋아하는 나는 조기 은퇴 이후에 산티아고 순례길을 다녀올 계획이다. 이미 순례길 코스까지 모두 봐두었다. '그래, 열심히 돈을 모아서 조기 은퇴에 성공한 뒤에는 배낭을 메고 산티아고로 떠나는 거야!'

호수를 크게 세 바퀴쯤 도니 등줄기에 땀이 조금씩 흐르기 시작했다. 옆을 돌아보니, 와이프님은 아까부터 깊은 생각에 잠겨 있는 듯했다. 이해가 안 되는 일이 있을 때에만 나오는 표정이었다. 나는 문득 와이프님이 무슨 생각을 하고 있는지 궁금해졌다.

나　　무슨 생각을 혼자 그렇게 심각하게 하고 있어?

와이프님 우리가 세운 은퇴 계획에 대해 생각하고 있었어. 궁금한 게 한 가지 있는데 물어봐도 돼?

나 당연하지.

와이프님 우리 은퇴 계획에 따르면, 조기 은퇴를 한 5년 후(45세)에도 60세가 될 때까지 매월 국민연금 보험료를 납부할 거라며? 이미 은퇴를 했는데 국민연금을 계속 내야만 해?"

나 왜? 국민연금을 내는 돈이 아까워?

와이프님 아니, 그런 게 아니라, 은퇴 후에는 고정적인 소득이 없어서 생활비가 모자랄지도 모르잖아. 국민연금 보험료를 계속 낼 거라고 하니까 꼭 내야 하는 건가 싶어서."

나 음…….

와이프님 뉴스를 보면 몇 년 후에는 국민연금 기금이 고갈된다고 하던데, 그럼 우리한테 연금을 줄 돈도 없어지는 거 아냐? 괜히 돈만 다 내고 나중에 연금을 못 받게 될까 봐 걱정이 돼. 그런 것까지 생각하면 은퇴 후에도 계속 국민연금을 내야 하나 싶은 거지.

나 우선, 은퇴를 해서 소득이 없으면 국민연금을 반드시 낼 필요는 없어. 한마디로, 조기 은퇴 후에 국민연금을 계속 낼지 말지는 각자의 선택이라는 거지.

와이프님 아, 그렇구나. 그럼 오빠는 왜 국민연금을 계속 내려고 하는 거야? 그냥 국민연금 낼 돈을 따로 잘 불려서 은퇴 자금으

로 사용해도 되잖아

나　왜냐하면 은퇴를 준비하는 모든 수단 가운데 국민연금만큼 강력한 게 없거든. 국민연금 기금이 고갈될 가능성까지 모두 고려하더라도 말이야.

와이프님　국민연금이 그렇게 대단한 거였어? 그럼 나도 국민연금에 대해 자세히 공부해 볼래!

지난 1부에서 우리는 조기 은퇴를 하기 위해 필요한 은퇴 자금이 얼마인지 계산해 보았습니다. 간단히 말해, '은퇴 필요 자금'이라는 목표를 세운 것이지요.

목표를 정했으니, 이제는 목표를 효율적으로 달성하는 데 도움이될 도구들에 대해 공부할 차례입니다. 은퇴를 위해 우리가 알아야 할 도구(은퇴 관련 금융 상품)에는 여러 가지가 있습니다. 여러분도 이름을 잘 알고 있는 국민연금이나 퇴직연금, 연금저축, 주식 투자(배당주 포함), 주택연금 등이 이에 해당하겠네요.

우리가 조기 은퇴라는 목표에 성공적으로 도달하려면 좋은 금융 상품을 선별하여 은퇴를 준비하되, 각각의 상품을 효율적으로 활용할 수 있어야 합니다. 예를 한번 들어 볼까요?

A라는 사람과 B라는 사람이 있습니다. 두 사람 모두 국민연금에 가입해 연금 수령 전까지 1000만 원씩 납부했습니다. 똑같은 금액을 납부했으니 두 사람이 연금으로 받는 금액도 동일할까요? 전혀 그렇지 않습니다. 똑같은 금액을 납부했더라도 연금으로 받는 금액은 매우 크게 차이가 날 수 있습니다. 그렇다면 우리는 똑같은 금액을 내고도 어떻게 하면 더 많은 연금을 돌려받을 수 있는지를 알아야겠죠. 그 방법이 궁금하신가요? 그렇다면, 2부의 내용도 재미있게 읽어 주시기 바랍니다.

이번 장에서는 가장 먼저 연금의 끝판왕이라고 할 수 있는 국민연금에 대해 알아보겠습니다. 사실 좋은 연금 상품을 구분하는 방법은 매우 단순합니다. 여러분이 낸 돈에 비해 연금으로 더 많은 돈을 돌려받을 수 있다면 좋은 연금 상품이라고 할 수 있겠죠? 이 기준으로 본다면 국민연금은 가히 최고의 연금 상품이라고 할 수 있습니다. 왜 그런지 이유를 알아볼까요?

국민연금이 강력한 3가지 이유

국민연금이 다른 연금 상품에 비해 뛰어나다고 말하는 데는 세 가지 이유를 꼽을 수 있습니다. 그중 첫 번째 이유는 연금액이 매년 물가상승률을 반영하여 상승한다는 점입니다.

알쏭달쏭한 물가상승률이 다시 등장했군요. 이해를 돕기 위해 일반적인 연금 상품과 비교해 보겠습니다.

제가 (물가상승률을 반영하지 않는) 보험회사의 연금보험 상품에 가입했다고 가정해 보겠습니다. 40세에 가입하여 65세부터 연금을 받는다고 했을 때, 제가 수령하는 연금액이 매달 30만 원이라고 한다면, 이는 말 그대로 제 통장에 매달 딱 30만 원이 들어온다는 뜻입니다.

하지만 국민연금에서 65세부터 현재 물가 기준으로 매달 30만 원을 준다고 했다면, 이는 물가상승률을 반영하여 30만 원보다 더 많은 금액을 수령할 수 있다는 것을 뜻합니다.

실제로 받는 연금액을 계산하려면 간단한 산수가 필요하겠네요. 매년 물가상승률이 2%라고 가정해 보겠습니다. 30만 원에 1년 치 물가상승률 2%를 반영하면 얼마일까요? 30만 원에 '1+물가상승률 2%'를 곱하면 됩니다. 30만 6000원(30만 원×1.02)이 나오는군요.

이러한 방식으로 물가상승률을 반영한다면, 2년 뒤에는 31만 2120원(30만 원×1.02^2), 3년 뒤에는 31만 8362원(30만 원×1.02^3)으로 계산이 됩니다.

연금 개시 연령인 65세(25년 후)에 우리의 30만 원은 과연 얼마가 되어 있을까요? 위의 계산 방식으로 계산해 보면 49만 2182원(30만 원×1.02^{25})이 됩니다. 물론 그 후로도 매년 물가상승률을 반영하여 연금액은 계속 늘어날 겁니다.

국민연금 vs 연금보험 수령액 차이

구분	연금수령액(매월)				
	65세	66세	67세	……	100세
연금보험	30만 원	30만 원	30만 원	……	30만 원
국민연금	49만 2182원 (=30만 원×1.02[25])	50만 2025원 (=30만 원×1.02[26])	51만 2065원 (=30만 원×1.02[27])	……	98만 4309원 (=30만 원×1.02[80])
금액 차이	19만 2182원	20만 2025원	21만 2065원		68만 4309원

실제로 받게 될 금액을 일반 연금과 비교해 보니, 물가상승률을 반영했을 때 연금액이 얼마나 많이 증가하는지 느낌이 오지 않나요?

어떤 분들은 이런 의문이 들 수도 있습니다. "하지만 물가가 매년 똑같이 2%씩 오르는 건 아니잖아. 연금을 많이 받는 것처럼 보이려고 일부러 물가상승률을 높게 잡은 거 아냐?"

국민연금 수령액 인상률

구분	2012년	2013년	2014년	2015년	2016년	2017년	2018년	2019년	2020년	2021년	2022년	2023년
전국 소비자 물가 변동률	4%	2.2%	1.3	1.3%	0.7%	1%	1.9%	1.5%	0.4%	0.5%	2.5%	5.1%

(출처: 국민연금공단 홈페이지)

위의 표는 최근 12년 동안 국민연금 수령액 인상률을 표시한 것입니다. 국민연금에서는 매년 소비자물가 변동률에 따라 실제로 연금액을 조정하고 있습니다. 많이 인상될 때는 1년에 5.1%(2023년)를 올리기도 했고, 조금 인상될 때는 0.4%(2020년)만 인상하기도 했네요.

위의 수치를 보면 평균적으로 매년 2% 안팎으로 인상했다고 보아도 큰 무리는 없을 듯합니다.

이처럼 국민연금에서는 연금의 실질 가치를 보전하기 위해 매년 물가상승률을 반영하고 있습니다. 중요한 점은 국민연금이 유일하게 물가상승률을 반영하는 연금 상품이라는 것입니다. 그 밖에는 물가에 따라 연금을 더 주는 상품이 단 하나도 없습니다. 이 한 가지 이유만으로도 국민연금은 독보적인 연금 상품이라고 할 수 있지요.

국민연금의 장점은 여기서 그치지 않습니다. 국민연금이 뛰어난 두 번째 이유는 종신연금이라는 점입니다. 죽을 때까지 연금을 계속 준다는 말이지요.

보통 다른 연금 상품들은 일정 기간을 정해서 연금을 받을 수 있습니다(퇴직연금, 손해보험회사의 연금보험, 연금저축펀드). 예를 들어, '55세부터 10년간'처럼 연금 지급 기간을 정하게 합니다. 연금 지급 기간은 10년, 20년, 30년 등 자유롭게 정할 수 있지만, 지급 기간이 길어질수록 연금 지급액이 줄어든다는 단점이 있습니다. 그리고 미리 정한 연금 지급 기간이 끝나면 (당연한 얘기지만) 연금은 더 이상 나오지 않습니다.

1부에서 은퇴 필요 자금을 구할 때 제 은퇴 종료 나이를 99세로 계산했던 사실을 기억하시나요? 제가 미리 정해 둔 그 나이에 죽을 수 있다면 참 좋겠지만(?), 예상은 항상 빗나가기 마련입니다. 만약 우리가 은퇴 종료 나이보다 오래 살게 된다면 우리는 그 이후의 생활비

마련에 큰 곤란을 겪게 될 겁니다. 이를 장수 위험으로 부른다고 1부에서도 살짝 말씀드렸지요.

하지만 국민연금과 같은 종신연금을 충분히 준비해 놓는다면 이런 장수 위험에 대비할 수 있습니다. 우리가 예상보다 오래 살게 되더라도 국민연금을 통해 최소한의 생활비는 마련할 수 있기 때문입니다.

종신연금을 받을 수 있는 금융 상품으로는 국민연금, 주택연금, 생명보험회사의 연금보험 등이 있습니다. 다른 연금보험에 대해서는 나중에 따로 설명해 드릴 테니, 지금은 종신연금의 종류로 이러한 상품이 있다는 정도만 기억해 두시기 바랍니다.

국민연금이 뛰어나다고 얘기하는 세 번째 이유는 연금 지급률이 높다는 점입니다. 이 부분을 설명하기 위해 다시 한번 일반 연금 상품과 비교해 보겠습니다.

올해로 50세가 된 나오십 씨는 은퇴를 준비하기 위해 연금 상품에 가입하기로 했습니다. 나오십 씨가 알아본 상품은 S생명보험사의 연금보험이었는데, 지금부터 10년 동안 보험료를 납입한 뒤 65세부터 연금을 받을 계획입니다. 물론 종신연금으로요. 연금을 조금이라도 더 많이 받기 위해 환급률이 높다는 인터넷 상품을 알아볼 정도로 꼼꼼하게 준비했습니다. 나오십 씨가 한 달에 25만 원씩 보험료를 낸다면 연금으로 받는 금액은 얼마일까요?

연금을 얼마나 받게 될지 알아보는 방법은 어렵지 않습니다. 해당 금융회사의 인터넷 홈페이지에 들어가서 직접 조건을 입력하고, 가입 설계를 해보면 됩니다. 제가 S보험회사 홈페이지에서 직접 조회해 보니, 65세부터 받게 될 연금액은 1년에 183만 원이라고 하는군요(2022년 7월 기준). 1년에 183만 원을 받는다면, 한 달에 받는 금액은 15만 2500원(183만 원÷12개월) 정도일 것입니다.

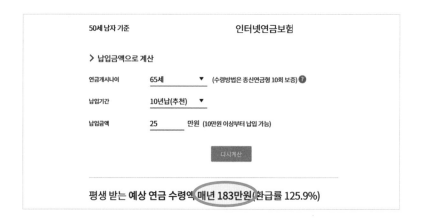

10년 동안 25만 원씩 내고, 65세부터 죽을 때까지 한 달에 15만

원씩을 받는군요. 낸 보험료보다 받는 한 달 연금액이 적다는 사실이 마음에 들지는 않지만, 그래도 조건은 나쁘지 않아 보입니다. 죽을 때까지 연금을 받을 수 있으니까요. 낸 보험료만큼 본전을 뽑으려면 건강하게 오래오래 살아서 연금을 최대한 많이 받아 내야겠습니다!

만약 국민연금에 똑같은 금액을 냈다면 얼마를 연금으로 받을 수 있을까요? 국민연금공단에서 제공하는 노령연금 예상월액표에 따르면, 25만 2000원씩 10년을 납부했을 때 65세 이후 받을 수 있는 연금액은 한 달에 28만 8360원이라고 합니다(2023년 1월 기준). 이 내용을 표로 정리해 보면 다음과 같습니다.

나오십 씨의 연금 가입 계획 2

구분	월 보험료	납입 기간	연금액(월)	실제 예상 지급액 (65세 기준)
연금보험	25만 원	10년	15만 2500원	15만 2500원
국민연금	25만 2000원	10년	28만 8360원	38만 8094원 (28만 8360×1.02^{15})

(출처: S생명보험, 국민연금공단 홈페이지)

일단, 단순 연금액만 비교해 봐도 국민연금은 28만 원인데, 연금보험은 15만 원입니다. 대략 2배 정도 차이가 나는군요. 하지만 잊지 말아야 할 것이 한 가지 더 있지요? 국민연금의 첫 번째 장점, 바로 물가상승률을 반영하여 연금을 지급한다는 것입니다.

물가상승률이 매년 2%라고 가정하면, 나오십 씨가 65세에 실제로 받게 될 국민연금 수령액은 약 39만 원(28만 8360×1.02^{15})입니다. 연금보험과 실제 수령액 차이가 상당히 많이 납니다. 물론 65세 이후로도 국민연금 수령액은 물가상승률을 반영하여 매년 오른다는 사실을 절대 잊지 말아야 하겠습니다.

국민연금이 강력한 세 가지 이유를 요약하면 다음과 같습니다. 이러한 장점들은 은퇴를 계획할 때 국민연금을 가장 먼저 준비해야 하는 이유이기도 합니다.

국민연금이 강력한 3가지 이유

1. 물가상승률만큼 매년 연금액 증가
2. 종신연금
3. 연금 지급률이 높음

국민연금은 고갈될까?

국민연금이 이처럼 좋은 상품이라면 너도 나도 국민연금에 돈을 더 넣지 못해서 안달이 나야 할 텐데, 실제로는 그렇지 않은 것 같습니다. 조기 은퇴 후에도 국민연금을 계속 넣어야 할지 고민하는 와이프님처럼요.

사람들이 국민연금 보험료를 내는 데 주저하는 한 가지 큰 이유는 아마 국민연금이 고갈될 거라고 우려하기 때문인 것 같습니다. 우리가 연금을 받아야 할 시기에 국민연금이 고갈되어 연금을 받지 못하게 된다면, 그만큼 아까운 일이 어디 있을까요! 보험료는 이미 실컷 다 냈는데 말입니다.

국민연금공단의 계산에 따르면, 국민연금 기금은 2057년에 고갈될 것이라고 합니다(2018년 제4차 재정 계산). 이러한 계산 결과는 현재의 보험료율(9%)이나 경제성장률, 평균수명, 출산율 등을 바탕으로 도출되었다고 합니다. 국민연금에서조차 그렇게 말하고 있으니 기금이 고갈될 거라는 이야기가 근거가 전혀 없는 것은 아닙니다.

국민연금이 고갈된다면, 그 이유는 딱 두 단어로 정리할 수 있을 겁니다. 바로 '저출산'과 '고령화'입니다.

국민연금 고갈 이유 - 저출산, 고령화

〈18 ~ 60세〉 보험료 납부 (저출산) → 국민연금 기금 → 〈65세 이상〉 연금 지급 (고령화)

국민연금은 18세부터 60세까지의 사람들에게 보험료를 받고, 65세 이상의 사람들에게 연금을 지급합니다. 상식적으로 '보험료로 거둬들이는 돈'이 '연금으로 지급되는 돈'보다 많다면, 앞으로도 기금이 고갈될 일은 절대 없겠지요.

문제는 우리나라의 저출산과 고령화가 점점 심각해지고 있다는 점입니다. 저출산 때문에 보험료를 납부해야 할 18~60세 인구가 점점 감소합니다. 당연히 보험료로 들어오는 돈도 줄어들겠지요. 반대로 고령화 때문에 연금을 받아가는 65세 이상의 인구는 증가합니다. 그러니 국민연금 기금에서 빠져나가는 돈은 계속 늘어나겠네요.

들어오는 돈은 줄어들고, 빠져나가는 돈은 늘어나니 별 재간이 있나요? 국민연금 기금은 점점 줄어들면서 제로(0)를 향해 달려가겠지요.

그렇다면 결국은 연금을 받지 못하게 될 테니, 국민연금을 납부하지 않는 것이 좋을까요? 저는 그렇게 생각하지 않습니다. 나라에서 연금이 고갈되는 것을 마냥 보고 있지만은 않을 테니까요. 어떤 방식으로든 국민연금 제도를 개편할 거라고 생각합니다.

연금제도 개편 방향은 다음의 세 가지 정도로 생각해 볼 수 있습니다. 우선, 국민연금 기금으로 들어오는 돈을 늘리기 위해 보험료를 올리는 방법이 있습니다. 현재 9%인 연금보험료율을 그 이상으로 올린다면, 들어오는 돈이 늘어나면서 연금 고갈 속도를 늦출 수 있을 겁니다.

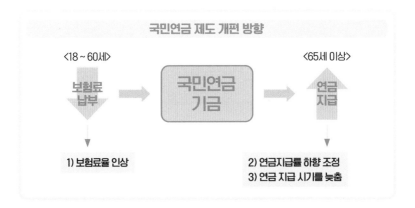

둘째, 기금에서 빠져나가는 돈을 줄이기 위해 연금 지급률을 낮추는 방법도 있습니다. 현재의 국민연금 지급액은 소득 대체율 40%를 기준으로 설계되어 있습니다. 만약 은퇴 전 소득이 100만 원이라면 은퇴 후에 연금으로 40만 원 정도를 받을 수 있도록 만들어졌다는 뜻입니다. 이 소득 대체율을 40% 미만으로 낮춘다면, 즉 연금으로 지급하는 돈을 줄인다면 연금 고갈 속도를 늦출 수 있습니다.

셋째, 연금 지급 연령을 조정하는 방법도 있습니다. 현재는 65세부터 연금을 개시할 수 있는데, 연금 지급 연령을 그 이상으로 높인다면 연금이 고갈되는 속도를 늦출 수 있을 겁니다.

그런데 위의 세 가지 방법을 적고 보니, 보험료를 내고 연금을 받아야 하는 국민의 입장에서는 썩 유쾌하지 않은 방법뿐입니다. 하지만 국민연금 제도를 유지하기 위해서는 반드시 검토되어야 할 내용이라고 생각합니다.

단, 이런 방식의 연금제도 개편으로도 기금 고갈을 완전히 막지는 못할 수 있습니다. 근본적인 문제인 저출산과 고령화를 해결하지 못하면 언젠가는 국민연금 재원이 모두 바닥나겠지요. 이에 대해 국민연금공단에서는 다음과 같이 말합니다.

국민연금은 국가가 최종적으로 지급을 보장하기 때문에 국가가 존속하는 한 반드시 지급됩니다. 설령 적립된 기금이 모두 소진된다 하더라도 그해 연금 지급에 필요한 재원을 그해에 걷어 지급하는 이른바 부과 방식으로 전환해서라도 연금을 지급합니다. 우리보다 먼저 국민연금과 같은 공적 연금 제도를 시행한 선진 복지국가들도 초기에는 기금을 적립하여 운영하다가 연금제도가 성숙되면서 부과 방식으로 변경했습니다.

                – 국민연금공단 홈페이지

간단히 말해, '기금이 고갈되어도 지급하기로 했던 연금은 계속 줄 테니 걱정하지 말라'고 하네요. 이 과정에서 부과 방식이라는 용어가 새로 등장합니다.

부과 방식이란 별도로 기금을 적립하지 않고, 그해에 지급할 연금액을 그해에 거둬들인 보험료로 충당하는 방식을 뜻합니다. 보험료를 받아서 그 돈으로 바로 연금을 지급하니 기금을 따로 적립할 필요가 없습니다. 물론 이 과정에서 보험료율이 현재보다 일정 수준 이상

인상될 수는 있겠습니다.

지금까지의 내용을 정리해 볼까요. 현재와 같은 조건이라면 국민연금은 고갈을 피할 수 없어 보입니다. 하지만 앞으로 국민연금 제도를 개편해 국민연금 고갈을 일정 기간 늦출 수 있을 겁니다. 또 국민연금공단에서는 기금이 고갈되더라도 부과 방식으로 변경하여 연금을 계속 주겠다고 합니다. 무려 '국가'가 최종적으로 지급을 보장한다잖아요. 그러니 '최소한' 여러분이나 제가 죽기 전까지는 국민연금 혜택을 받을 수 있지 않을까요?

국민연금 쉽게 이해하기

이제 국민연금을 준비해야 하는 이유에 대해 여러분과 어느 정도의 공감대가 형성되었을 거라고 믿습니다. 그렇다면 이제부터는 본격적으로 어떻게 국민연금을 준비해야 할지 얘기해야겠네요.

사실 국민연금 제도는 내용이 너무 많아서 전체를 자세하게 공부하려면 다소 복잡합니다. 그래서 저는 우리의 조기 은퇴에 도움이 될 내용 위주로 큰 틀에서 국민연금을 살펴보겠습니다. 우선 다음의 그림을 보시지요.

국민연금을 최대한 단순하게 도식화하면, 이 그림처럼 표현할 수 있습니다. 18~60세에는 국민연금 보험료를 내고, 65세 이후에 연금을 수령하는 것입니다. '내고! 받고!' 참 간단하지요?

내용이 이렇게 간단하기만 하다면 고민할 필요가 전혀 없을 것 같습니다. 여기서 문제의 핵심은 1) 어떤 사람이 2) 얼마의 보험료를 내고, 3) 어떤 사람이 4) 얼마의 연금을 받는지에 있습니다.

우선 어떤 사람이 보험료를 납부하는지부터 알아보겠습니다.

국민연금은 18세 이상 60세 미만이면서 소득이 있는 국민이라면 의무적으로 가입해야 합니다. '의무'라는 말은 우리에게 선택권이 없다는 뜻이지요. 보험료를 낼지 말지, 낸다면 얼마 정도를 낼지…… 우리에게는 선택권이 하나도 없습니다.

생각해 보세요. 회사가 내 월급에서 국민연금을 떼어 갈 때, 우리한테 단 한마디도 상의하지 않았잖아요! 이처럼 회사에 다니면서 국민연금에 의무적으로 가입된 사람을 '사업장가입자'라고 합니다.

하지만 모든 사람이 회사에 다니는 건 아니죠? 자영업자처럼 회사에 다니지는 않지만 소득이 있는 사람도 있습니다. 이런 분들은 '지역가입자'로서 의무적으로 국민연금에 가입합니다.

그렇다면 일정한 소득이 없는 사람은 어떨까요? 소득도 없는데 나라에서 국민연금 보험료를 강제적으로 떼어 갈 수는 없겠지요. 이런 경우에는 의무가 아니라 개인의 선택에 따라 국민연금에 가입할 수 있도록 합니다. 이런 분들을 '임의가입자'라고 부릅니다. 소득이 없는 가정주부가 국민연금에 자발적으로 가입했다면 이에 해당할 겁니다.

마지막으로 '임의계속가입자'라는 것도 있습니다. '임의계속가입'은 60세가 되어 더는 국민연금 가입 대상이 아닌데 더 많은 연금을 받기 위해 보험료를 계속 내려는 사람이 신청할 수 있습니다.

국민연금 가입자 종류

- 사업장가입자(의무) - 회사원
- 지역가입자(의무) - 자영업자
- 임의가입자(선택) - 가정주부 등
- 임의계속가입자(선택) - 60세 이상인 분

여기서 간단한 퀴즈를 내보겠습니다.

만약 제가 5년 뒤(45세)에 조기 은퇴를 하고, 그 후에도 국민연금 보험료를 계속 납부할 계획이라면, 저는 위의 네 가지 국민연금 가입자 중 어디에 해당하게 될까요?

국민연금 가입자의 종류를 이해하셨다면 그리 어렵지 않은 문제일 겁니다. 소득이 없는 상태에서 제 선택에 따라 국민연금을 납부하는 것이기 때문에, 정답은 '임의가입자'입니다(60세 미만이기 때문에 임의계속가입자는 아닙니다).

다음으로 국민연금 보험료를 얼마씩 내야 하는지 알아볼 차례입니다. 국민연금 보험료는 기본적으로 소득의 9%라고 생각하면 되는데, 가입자 종류에 따라 내용이 조금씩 다릅니다.

사업장가입자는 소득의 9%에 해당하는 금액을 본인과 회사에서 절반씩 부담합니다. 만약 소득이 100만 원이라면 본인이 내야 하는 보험료는 9만 원의 절반인 4만 5000원이 될 겁니다. 보험료의 절반을 회사에서 내주는 것은 생각보다 큰 이득입니다. 지역가입자를 생각하면 더 그렇지요. 지역가입자는 소득의 9%를 본인이 다 내야 하거든요. 즉, 소득이 100만 원이라면 본인이 내야 하는 보험료는 9만 원입니다.

사실 사업장가입자나 지역가입자와 같은 의무가입자는 국민연금 보험료를 얼마나 낼지 고민하지 않아도 됩니다. 어차피 나라에서 보험료를 계산해서 알아서 떼어 가니까요. 문제는 임의가입자입니다.

임의가입자는 내야 하는 보험료도 본인이 선택해야 합니다. 그렇다고 아무 금액이나 막 선택하는 것은 아니고, 9만 원에서 53만 1000원 사이에서 고를 수 있습니다(2023년 7월 기준).

조금 더 정확히 말하자면, 임의가입자를 신청할 때 기준소득월액도 본인이 정해야 하는데 만약 최저 금액인 100만 원을 선택하면 보험료는 9만 원(100만 원×9%)이 될 것이고, 상한액인 590만 원을 선택한다면 보험료는 53만 1000원(590만 원×9%)이 될 겁니다.

여기서 잠깐. 4장에서 국민연금 예상 수령액을 조회할 때, 상세 연금 조회에 가입 기간을 추가하여 소득 금액 칸에 '100만 원'을 입력했던 것을 기억하시나요? (130쪽 참고) 거기에 100만 원을 입력했다는 것은 은퇴하고 난 뒤에도 임의가입자로서 보험료를 9만 원씩 내겠다고 선택했다는 것을 뜻합니다.

가입자별 국민연금 보험료

- 사업장가입자 - 소득의 9% (본인 50%, 회사 50%)
- 지역가입자 - 소득의 9% (본인이 100% 부담)
- 임의가입자 - 9만~53만 1000원
- 임의계속가입자 - 상황에 따라 다름

어떤 사람이 얼마의 보험료를 내는지 알아보았으니, 이제는 어떤 사람이 얼마의 연금을 받는지 알아볼 차례입니다.

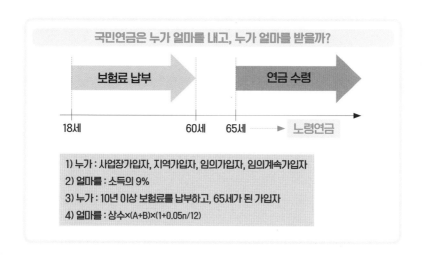

국민연금은 누가 얼마를 내고, 누가 얼마를 받을까?

보험료 납부 → 연금 수령 →

18세   60세   65세 → 노령연금

1) 누가 : 사업장가입자, 지역가입자, 임의가입자, 임의계속가입자
2) 얼마를 : 소득의 9%
3) 누가 : 10년 이상 보험료를 납부하고, 65세가 된 가입자
4) 얼마를 : 상수×(A+B)×(1+0.05n/12)

국민연금 보험료를 납부한 가입자는 65세가 되면 연금을 지급받습니다. 이때 매월 받는 연금의 이름을 '노령연금'이라고 합니다. 노령연금이라는 이름은 꼭 기억해 두세요. 국민연금에는 지급하는 연금의 종류가 많아서 이름을 정확히 기억해 두지 않으면 헷갈릴 수도 있거든요.

보험료를 낸 사람 모두에게 노령연금을 지급하는가 하면, 그건 또 아닙니다. 연금보험료를 10년 이상 납부한 가입자에게만 연금을 줍니다. 만약 가입 기간(보험료 납부 기간)이 10년 미만인데, 60세가 된 사람에게는 연금을 주는 대신 '반환일시금'이라는 것을 지급합니다. 내가 낸 보험료에다가 일정한 이자를 더해서 한꺼번에 일시불로 지급하지요.

여러분이 이른 나이에 조기 은퇴를 달성한다면 국민연금 가입 기

간이 10년이 안 될 수도 있습니다. 이런 경우라면 60세가 될 때까지 기다렸다가 반환일시금을 받을 수도 있고, 임의가입을 하여 보험료를 더 납부한 뒤 65세부터 노령연금을 받을 수도 있습니다. 여러분은 반환일시금과 노령연금, 둘 중 어떤 것을 선택하시겠어요?

내가 낸 보험료를 한꺼번에 돌려받는다는 점 때문에 반환일시금에 끌리는 분도 있겠지만, 저는 개인적으로 노령연금을 받는 것을 추천합니다. 보험료를 몇 년 치 더 내야 하더라도 말입니다. 반환일시금을 받는 것보다는 노령연금을 받는 것이 훨씬 더 유리하거든요. 기억하시죠? 국민연금의 장점 세 가지(물가상승률 반영, 종신연금, 높은 연금지급률)!

그렇다면 10년 이상 보험료를 냈을 때 우리가 받을 수 있는 노령연금액은 얼마일까요? 노령연금은 어떤 미지의 공식(?)에 따라 금액이 계산됩니다. 국민연금공단 홈페이지에서 그 계산식을 확인할 수 있습니다. 노령연금 계산식은 다음과 같습니다.

국민연금 지급액 계산식

$$[2.4(A+0.75B) \times P_1/P + 1.8(A+B) \times P_2/P + 1.5(A+B) \times P_3/P + 1.485(A+B) \times P_4/P +$$

1988~1998   1999~2007   2008   2009

$$1.47(A+B) \times P_5/P + 1.455(A+B) \times P_6/P + \cdots \cdots + 1.2(A+B) \times P_{21}/P +$$

2010   2011   2028

$$Y(A+A) \times C/P + X(A+\tfrac{1}{2}A) \times 6/P] \times (1+0.05n/12)$$

출산크레딧   군복무크레딧

(출처: 국민연금공단 홈페이지)

이 계산식이 이해되시나요? 아니면 여러분도 저와 마찬가지로 머리가 복잡해지시나요? 마치 암호처럼 생긴 이 공식으로 제가 뭔가를 계산할 수 있을 거라는 생각은 전혀 들지 않습니다.

사실 노령연금 계산식이 이처럼 복잡해진 데는 이유가 있습니다. 연금 지급 수준(소득대체율)을 70%에서 40%로 조정하는 과정에서 매년 이를 반영한 소득 대체 상수가 달라졌거든요. 연도마다 각각 다른 소득 대체 상수를 적용하려다 보니 계산식이 이처럼 길고 복잡해졌다는 정도만 이해하고 넘어가겠습니다(이것도 무슨 말이지 모르겠다면, 꼭 이해하시지 않아도 되니 무시하고 넘어가셔도 무방합니다).

위의 계산식은 너무 길고 복잡하기 때문에 조금 단순하게 다듬을 필요가 있어 보입니다. 다음과 같이 말이에요.

국민연금 지급액 (단순) 계산식

$$연금액 = 소득\ 대체\ 상수 \times (A + B) \times (1 + 0.05n/12)$$

이제야 계산식이 눈에 좀 들어오는군요. 계산식의 각 부분을 하나하나 뜯어 보겠습니다. 정확히 이해해야겠다고 생각하지 말고, 그냥 술술 읽어 내려가시기 바랍니다.

먼저, 소득 대체 상수란 연금의 소득대체율(40%)을 맞추기 위해 계산식에 곱해 주는 일정한 숫자(상수)입니다. A 값은 연금 수급 전

3년간 전체 가입자 평균소득월액의 평균액입니다. 한마디로 '가입자 전체 평균소득'입니다. B 값은 가입자 개인의 가입 기간 중 기준소득월액의 평균액입니다. 한마디로 '본인의 소득'이지요. n은 20년 초과 월수를 나타냅니다. 단순하게 '가입 기간'이라고 생각하면 쉽습니다.

국민연금에서는 이 계산식을 이용해 여러분이 65세 이후에 받게 될 연금액을 계산한다는 이야기인데…… 여러분은 혹시 이 공식을 이용해 본인의 연금을 직접 계산할 수 있을 것 같나요? 사실 이것도 불가능에 가깝습니다(솔직히 말씀드리면, 저도 못합니다). 그러니 본인의 예상 연금액을 알기 위해서는 이 공식을 통해 직접 계산하는 것보다는 그냥 국민연금 홈페이지에서 '국민연금 예상 수령액'을 조회하는 것이 정신 건강에 훨씬 이롭습니다(4장에서 함께 해봤죠?).

그럼에도 불구하고, 이 '국민연금 지급액 계산식'을 이해하는 것은 매우 중요합니다. 왜냐하면 이 계산식은 우리에게 '국민연금을 더 많이 받을 수 있는 방법'에 관한 힌트를 주기 때문입니다.

국민연금 기본 전략

우리가 국민연금을 남들보다 더 많이 받으려면 어떻게 해야 할까요? 다른 연금 상품(퇴직연금, 연금저축펀드)이라면, 내가 낸 보험료(적립금)로 주식이나 채권을 잘 운용해서 이익을 많이 낼수록 더 많은 연금을 받을 수 있을 겁니다.

하지만 국민연금은 조금 다릅니다. 여러분의 운용 수익률이 얼마나 되는지는 국민연금과 아무런 관련이 없습니다. 국민연금에서는 미리 주어진 계산식으로 우리에게 지급될 연금액이 결정되기 때문입니다. 아까 보았던 국민연금 계산식을 다시 한번 뜯어 보시죠.

국민연금 지급액 (단순) 계산식

$$연금액 = {}^{1)}소득\ 대체\ 상수 \times ({}^{2)}A + {}^{3)}B) \times (1 + 0.05^{4)}n/12)$$

연금액에 영향을 미치는 첫 번째 요소는 1) 소득 대체 상수입니다. 위의 식에서 보시는 것처럼 소득 대체 상수가 커질수록 이에 비례해서 연금액도 증가합니다. 하지만 소득 대체 상수는 우리가 결정할 수 있는 사항이 아니라는 점을 기억하시기 바랍니다.

다음으로 연금액에 영향을 미치는 요소는 2) A 값입니다. A 값은 '가입자 전체의 평균소득'인데, 이 값이 커질수록 연금액도 증가합니다. 하지만 이 역시도 우리가 결정할 수 있는 요소는 아닙니다. 국민연금에서 매년 집계한 수치를 A 값으로 적용하기 때문입니다.

세 번째 요소인 3) B 값은 '가입자 본인의 소득수준'입니다. 소득수준에 따라 내야 할 보험료도 달라지기 때문에 B 값을 단순히 보험료라고 생각하셔도 큰 무리는 없습니다. 즉, 보험료를 많이 낼수록 연금액도 커진다고 정리하시면 되겠습니다. 생각해 보면 보험료를 더 많이 낼수록 연금을 더 많이 받는다는 건 너무 당연한 얘기겠지요.

마지막으로 n은 가입 기간을 뜻하는데, 이 값이 커질수록 연금액도 커집니다. 즉, 보험료를 오랜 기간 납부할수록 연금액도 증가한다고 정리하시면 됩니다.

연금액을 결정하는 요소 가운데 소득 대체 상수와 A 값은 우리가 결정할 수 없는 요소입니다. 우리가 결정할 수 있는 것은 오직 B 값과 n 값뿐입니다(계산식에서 검은색으로 표시). 결국 국민연금을 더 많이 받기 위해 우리가 할 수 있는 일은 오로지 보험료를 더 많이 내거나(B 값) 혹은 보험료를 더 오랫동안 내는(n 값) 방법밖에는 없습니다.

그렇다면 보험료와 가입 기간에 따라서 우리가 받게 될 연금액은 어떻게 달라질까요? 다음의 표를 살펴보겠습니다.

노령연금 예상 월액표(2023년 1월 기준)

가입자 본인의 기준소득월액 평균액(B 값)	연금 보험료(9%)	가입 기간			
		10년	20년	30년	40년
1,000,000원	90,000원 ①	② 196,670원	389,720원	582,780원	775,830원
2,000,000원	180,000원	247,610원	490,660원	733,720원	976,770원
3,000,000원	270,000원	298,540원	591,600원	884,650원	1,177,710원
4,000,000원	360,000원	349,480원	692,540원	1,035,590원	1,378,650원

(출처 : 국민연금공단 홈페이지)

이 표는 연금 보험료와 가입 기간에 따른 국민연금 예상 지급액을 나타낸 것입니다. 만약 가입자 본인의 소득수준(B 값)이 100만 원이라면 연금 보험료는 소득의 9%인 9만 원이 될 겁니다. 보험료가 9만 원이고, 가입 기간이 10년이라면 이에 해당하는 연금액은 19만 6670원이 되겠네요. 표에서 이에 해당하는 숫자를 찾으셨나요? 그럼 계속 진행해 보겠습니다.

국민연금 지급액은 가입 기간이 늘어남에 따라 증가합니다. 연금 보험료가 9만 원일 때, 가입 기간에 따라 받게 되는 연금액은 19만 6670원(10년) → 38만 9720원(20년) → 58만 2780원(30년) → 77만 5830원(40년)으로 늘어납니다. 보험료 9만 원씩 40년을 납부한다면, 65세 이후부터 매월 77만 5830원씩 받게 된다는 뜻입니다. 역시 환급률이 굉장히 높군요.

국민연금 지급액은 보험료에 따라서도 증가합니다. 가입 기간을 10년이라고 했을 때, 보험료가 9만 원이라면 19만 6670원, 18만 원이라면 24만 7610원, 27만 원이라면 29만 8540원, 36만 원이라면 34만 9480원을 연금으로 돌려받습니다.

그런데 여기에는 약간 특이한 점이 한 가지 있군요. 혹시 눈치채신 분이 있나요? 보험료가 9만 원일 때의 연금액은 19만 6670원이라서 환급률이 219%나 됩니다. 하지만 보험료가 36만 원일 때의 연금액은 34만 9480원으로 환급률이 97%에 그칩니다. 즉, 보험료가 커질수록 연금액은 늘어나지만 환급률은 떨어지는군요.

보험료가 높아질수록 환급률이 오히려 떨어지는 이유는 국민연금의 '세대 내 소득 재분배' 기능과 관련이 있습니다. 이를 간단히 설명하면, 저소득 계층(보험료 9만 원)의 경우 전체 가입자의 평균소득이 자신의 소득보다 높기 때문에 자신이 낸 보험료에 비해 상대적으로 더 많은 연금을 받는 반면, 고소득 계층(보험료 36만 원)은 전체 가입자의 평균소득이 자신의 소득보다 낮기 때문에 상대적으로 연금 혜택이 적은 것입니다.

여기서 관심을 가져야 할 점은 국민연금의 이러한 특성 때문에 똑같은 금액을 보험료로 내고도 돌려받는 연금액이 달라질 수 있다는 것입니다. 무슨 뜻인지 바로 이해가 되진 않으시죠? 다음의 표를 다시 보시기 바랍니다.

노령연금 예상 월액표(2023년 1월 기준)

가입자 본인의 기준소득월액 평균액(B 값)	연금 보험료(9%)	가입 기간			
		10년	20년	30년	40년
1,000,000원	90,000원	196,670원	389,720원[1]	582,780원[3]	775,830원[5]
2,000,000원	180,000원	247,610원[2]	490,660원	733,720원	976,770원
3,000,000원	270,000원	298,540원[4]	591,600원	884,650원	1,177,710원
4,000,000원	360,000원	349,480원[6]	692,540원	1,035,590원	1,378,650원

(출처 : 국민연금공단 홈페이지)

예를 들어 보험료 9만 원씩 20년을 납부한다면, 보험료는 총 2160만 원입니다(9만 원×12개월×20년). 이 금액은 매월 보험료를 18만 원씩 10년 동안 납부한 금액과 동일합니다(18만 원×12개월×10년).

이 두 예에서 동일한 보험료를 냈는데도 돌려받는 연금액에는 차이가 납니다. 9만 원씩 20년을 냈을 때의 연금액은 38만 9720원[1]인데, 18만 원씩 10년을 냈을 때는 24만 7610원[2]밖에 받지 못합니다.

이와 마찬가지로 9만 원씩 30년을 냈을 때와 27만 원씩 10년을 냈을 때도 총보험료는 동일하지만 연금액은 약 2배 정도 차이가 나는군요(9만 원씩 30년 연금액은 58만 2780원[3], 27만 원씩 10년 연금액은 29만 8540원[4]).

9만 원씩 40년을 냈을 때는 어떤가요? 36만 원씩 10년을 내는 것과 동일한 보험료를 냈지만 받게 되는 연금액은 2.22배 차이 납니다(9만 원씩 40년 연금액은 77만 5830원[5], 36만 원씩 10년 연금액은 34만 9480원[6]).

이 말은 36만 원씩 10년 동안 국민연금 보험료를 내는 것보다 (똑같은 금액을 낼 거라면) 9만 원씩 40년 동안 보험료를 내는 것이 유리하다는 것을 뜻합니다. 동일한 보험료를 내고도 받게 되는 연금액이 이렇게나 많이 차이날 수 있다니 놀랍지 않은가요?

인생의 모토가 '짧고! 굵게!'인 분들도 있겠지만, 국민연금에 있어서만큼은 보험료를 짧고 굵게 내는 것보다 가늘더라도 길게 내는 것이 훨씬 유리하답니다. 이것이 국민연금을 설계할 때 가입 기간(보험료를 내는 기간)을 가능한 범위 내에서 최대한으로 늘려야만 하는 이유입니다.

이상의 내용을 바탕으로 국민연금 기본 전략을 정리해 보겠습니다. 연금을 많이 받기 위해서 가장 중요한 것은 단 한 가지, 가입 기간을 늘리는 것입니다. 보험료를 최저 수준(9만 원)으로만 내더라도 우선 가입 기간을 최대한으로 늘려야 합니다.

가입 기간을 최대한도로 늘려서 '국민연금 예상 수령액'을 조회했는데, 그런데도 연금액이 부족하다고 느껴질 수도 있겠죠? 그럴 때는 연금을 더 받기 위한 보조적인 수단으로 보험료를 늘리는 방법도 고려할 수 있습니다. 단, 보험료를 더 내고자 할 때는 반드시 생활비에 무리가 가지 않는 수준에서 결정하시기 바랍니다. 다시 한번 강조하지만, 국민연금에서 가장 중요한 전략은 가입 기간을 늘리는 것입니다.

국민연금 가입 기간을 늘리는 방법

그렇다면 국민연금 가입 기간은 어떤 방법으로 늘릴 수 있을까요? 사실 사업장가입자나 지역가입자는 국민연금 의무 가입이기 때문에 연금액을 늘리기 위해 할 수 있는 일이 딱히 없습니다. 관건은 조기 은퇴를 하고 난 이후입니다.

직장에서 은퇴하고 일정한 소득이 없다면, 여러분은 사업장가입자의 자격을 상실하게 됩니다. 이때부터 국민연금을 계속 납부할지 말지는 오로지 여러분의 선택이지요. 국민연금을 더 많이 받으려면 어떻게 해야 할까요? 네, 그렇습니다. 임의가입을 신청해서 국민연금을 계속 납부하면 됩니다.

1) 임의가입하기

'임의가입'은 사업장가입자나 지역가입자가 될 수 없는 사람도 국민연금에 가입하여 연금 혜택을 받을 수 있도록 하는 제도로, 18세 이상 60세 미만인 사람이 본인이 희망한다면 신청할 수 있습니다. 이때 납부할 보험료는 앞서 설명한 대로 9만 원부터 53만 1000원 사이에서 선택할 수 있습니다. 우리의 기본 전략은 보험료를 높이는 것보다 가입 기간을 늘리는 것이 우선이므로, 최저 금액인 9만 원을 최대한 오랫동안 납부하는 것으로 계획을 세워 보겠습니다.

이쯤에서 저의 이야기를 잠깐 해드려야겠네요. 저는 첫 직장에 27살에 취직했습니다. 중간중간 직장을 옮기면서 백수 생활을 한 적도 있지만, 직장에 다닐 때만큼은 국민연금을 꼬박꼬박 냈습니다(월급에서 국민연금을 떼고 주니 안 낼 도리가 있나요?). 현재 40살인 제가 5년 뒤에 조기 은퇴를 한다고 하면, 그 이후로 국민연금은 어떻게 하면 좋을까요?

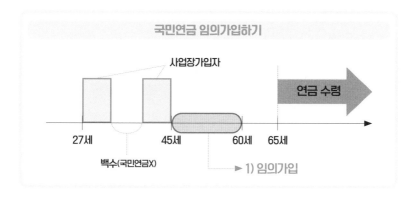

앞의 그림은 제 국민연금 로드맵입니다. 27세부터 45세까지는 사업장가입자로서 국민연금을 납부할 겁니다. 다만, 중간의 '백수' 기간에는 국민연금을 내지 못했을 겁니다.

여기서 눈여겨봐야 할 부분은 조기 은퇴를 한 45세 이후입니다. 45세부터 60세까지 임의가입을 신청하여 보험료를 계속 납부하는 것입니다. 앞의 그림에서 보시는 것처럼, 저는 임의가입을 함으로써 15년의 가입 기간을 추가할 수 있습니다.

2) 임의계속가입하기

임의계속가입은 임의가입과 이름이 비슷한 만큼, 내용도 거의 비슷합니다. 본인의 선택에 따라 납부할 수도, 하지 않을 수도 있습니다. 다른 점이 있다면 '나이' 정도겠네요.

임의계속가입은 60세에 도달하여 국민연금 가입자의 자격을 상실하였으나 가입 기간이 부족해 연금을 받지 못하거나 가입 기간을 연장하여 더 많은 연금을 받고자 할 때 65세에 달할 때까지 신청할 수 있습니다. 저의 사례를 그림으로 다시 그려 보겠습니다.

임의계속가입은 60세 이후에 신청할 수 있습니다. 제 경우에는 60세부터 5년간 임의계속가입을 하여 가입 기간을 늘릴 계획입니다. 이때 보험료는 임의가입과 마찬가지로 9만 원씩 납부하면 됩니다.

임의계속가입은 65세 이전에 신청만 한다면 5년 이상도 납입할 수 있습니다. 연금 수령을 뒤로 미루고(노령연금 연기제도는 잠시 뒤에 알

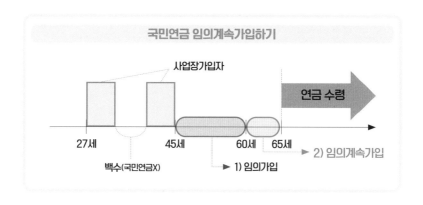

국민연금 임의계속가입하기

사업장가입자

연금 수령

27세　　　　　45세　　　60세　65세

백수(국민연금X)　　　1) 임의가입　　2) 임의계속가입

아볼 겁니다), 70세까지도 납입할 수 있습니다. 하지만 65세 이후로도 보험료를 계속 내는 것은 실익이 별로 없으므로, 저는 65세까지만 보험료를 내도록 하겠습니다.

3) 추납하기

국민연금 추납이란 추후 납부를 줄인 말입니다. 예전에 내지 못한 보험료를 추후에 납부한다는 뜻이죠. 조금 더 자세히 설명하면, 보험료를 1개월 이상 납부한 날(첫 가입날) 이후에 소득이 없어서 납부 예외가 되었다면(보험료를 내지 않았다면), 이 기간의 보험료를 추후에 낼 수 있다는 뜻입니다. 뭔가 아리송하죠?

다시 저의 사례로 돌아가 보겠습니다. 제 얘기를 조금 더 들려드리자면, 사실 27살이 저의 첫 국민연금 납부는 아니었습니다. 제 국민연금 가입 내역을 조회해 보니 그 이전에도 국민연금을 냈던 적이 있었더라고요. 군대를 제대하고 학교에 복학하기 전인 23살에 4개월 정도 마트에서 아르바이트를 한 적이 있는데, 이때가 저의 국민연금 첫 가입이었던 것입니다.

물론 복학하고 나서는 소득이 없었기 때문에 당연히 국민연금을 납부하지 않았지요. 그러므로 제가 보험료를 내지 않았던 4년 (23~27세)의 보험료를 추후에 납부할 수 있는 것입니다. 더불어 직장을 옮길 때 공백이 있었던 시절(백수)의 보험료도 추납할 수 있겠네요. 내용이 조금 복잡하니 그림으로 보겠습니다.

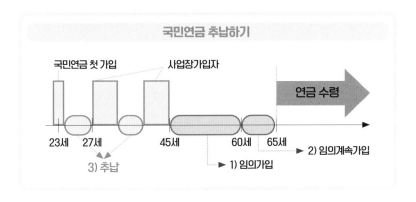

위의 그림에서 보시는 것처럼 추납을 하면, 23세부터 27세까지 기간의 보험료와 이직 공백이 있었던 기간의 보험료를 납부하여 가입 기간을 늘릴 수 있습니다. 전체적으로 저는 임의가입, 임의계속가입, 추납을 통해 전체 가입 기간을 총 42년까지 늘릴 수 있겠네요.

물론 추납도 임의가입, 임의계속가입과 마찬가지로 강제 사항은 아닙니다. 하지만 국민연금을 많이 받기 위해 가입 기간을 늘리려면 이 제도를 최대한으로 활용하는 것이 좋겠지요.

추납은 최대 10년 범위 안에서 신청할 수 있습니다. 만약 추납 가능한 기간이 12년이라고 하더라도 10년까지밖에 추납할 수 없습니다. 또 추납은 장기간의 보험료를 한꺼번에 내는 것이기 때문에 금액이 커질 수 있습니다. 이런 때는 최대 60개월까지 분납할 수도 있으니 참고하시기 바랍니다.

추납할 때 또 한 가지 유의해야 할 점은 보험료입니다. 추납 보험료는 추납을 신청한 달의 연금 보험료에 추납 기간을 곱하여 산정됩니다. 즉, 사업장가입자일 때 신청한다면 당시 소득의 9%를 기준으로 계산되고(단, 추납의 경우 사업장가입자의 연금 보험료처럼 4.5%를 직장에서 대신 내주지는 않습니다), 임의가입자일 때 신청한다면 임의가입자로서 내는 보험료를 기준으로 계산됩니다. 그러니 낮은 보험료로 가입 기간만 늘리고 싶다면 임의가입자일 때 추납을 신청하는 것이 유리할 것입니다.

임의가입과 임의계속가입, 추납은 국민연금공단 직접 방문, 전화, 홈페이지, 모바일앱('내 곁에 국민연금')을 통해 신청할 수 있습니다.

노령연금 연기제도

앞서 연금을 더 많이 받기 위해서는 1) 보험료를 높이거나 2) 가입 기간을 늘리는 두 가지 방법밖에 없다고 말씀드렸지만, 사실 연금을 더 많이 받는 방법이 한 가지 더 있습니다. 바로 노령연금 연기 제도를 이용하는 것입니다.

노령연금 수급자는 희망하는 경우에 최대 5년 동안 연금 지급을 연기할 수 있는데, 이를 노령연금 연기 제도라고 합니다. 이때 중요한 점은 지급 연기를 신청하면 연기된 매 1년당 7.2%씩 연금액을 가산해 준다는 것입니다. 만약 연금 수급을 5년 연기한다면 36%(7.2%×5년)의 금액이 가산되겠군요.

간단한 예를 들어 보겠습니다. 65세부터 매월 100만 원의 노령연금을 받는 사람(A)이 있다고 하겠습니다. A가 연금 지급을 1년 연기한다면 66세부터 매월 107만 2000원씩 연금을 받게 될 겁니다. 연금 지급을 5년 연기했다면 어떨까요? 70세부터 매월 136만 원씩 연금을 받게 됩니다.

노령연금 연기 제도와 반대로, 연금 수급 나이(65세) 이전에 연금을 개시할 수도 있습니다. 이를 조기 노령연금 제도라고 합니다.

조기 노령연금은 최대 5년까지 기간을 앞당겨 연금을 미리 받을 수 있는데, 이때 매 1년당 6%씩 연금이 감액됩니다. 만약 연금 수급을 5년 앞당긴다면 30%(6%×5년)를 감액한 금액을 받게 되겠네요. 위의 예시에서 A가 1년 앞당겨 연금을 받는다면 64세부터 매월 94만 원의 연금을 받을 겁니다. 연금 지급을 5년 앞당겼다면 어떨까요? 60세부터 매월 70만 원[100만 원×(1-0.06×5년)]의 연금을 받게 됩니다. 이를 그림으로 그려보면 다음과 같습니다.

조기 수령을 한다면 일찍부터 연금을 받을 수 있다는 장점이 있지만, 연금액의 크기는 작아집니다. 지급 연기를 한다면 매월 많은 연금을 받겠지만, 지급 시기는 뒤로 늦춰지겠네요.

그렇다면 과연 노령연금을 연기하여 연금을 많이 받는 쪽이 유리할까요, 조기 수령하여 일찍부터 받는 쪽이 유리할까요? 이는 전적으

사망 연령에 따른 총 연금 수령액 비교

연금 개시 시기	총 연금 수령액		
	73세 사망 시	80세 사망 시	90세 사망 시
노령연금 연기 (5년 지급 연기)	4896만 원 (=136만 원×12개월×3년)	1억 6320만 원 (=136만 원×12개월×10년)	3억 2640만 원 (=136만 원×12개월×20년)
원래대로 연금 개시	9600만 원 (=100만 원×12개월×8년)	1억 8000만 원 (=100만 원×12개월×15년)	3억 원 (=100만 원×12개월×25년)
조기 노령연금 (5년 조기 수령)	1억 920만 원 (=70만 원×12개월×13년)	1억 6800만 원 (=70만 원×12개월×20년)	2억 5200만 원 (=70만 원×12개월×30년)
	조기 수령이 유리	원래대로가 유리	지급 연기가 유리

로 언제까지 생존하느냐에 따라 결과가 달라집니다.

　앞의 표를 보시죠. 만약 73세에 사망할 것으로 예상한다면, 조기 수령을 하는 것이 가장 유리합니다. 일찍부터(60세) 연금을 받기 시작하기 때문에 가장 많은 총연금액을 받을 수 있거든요. 이때 받는 총연금액은 1억 920만 원(70만 원×12개월×13년)으로 계산됩니다.

　만약 80세에 사망할 것으로 예상한다면, 65세부터 연금을 받는 게 가장 유리합니다. 총연금액은 1억 8000만 원(100만 원×12개월×15년)으로, 지급 연기나 조기 수령을 할 때보다 많이 받을 수 있습니다.

　만약 90세에 사망할 것으로 예상한다면, 지급 연기를 신청하는 것이 가장 유리합니다. 이때의 총연금액은 3억 2640만 원(136만 원×12개월×20년)으로, 조기 수령할 때의 총연금액 2억 5200만 원보다 훨씬 많은 금액을 받습니다.

　이 사례를 살펴보면, 더 오래 생존할수록 조기 수령보다는 지급 연기를 하는 쪽이 총연금액을 더 많이 받을 수 있다는 결론이 나옵니다. 물론, 조기 수령을 할지 지급 연기를 할지 미리 결정할 필요는 없습니다. 연금을 받을 시기가 되면, 그때의 건강 상태를 보고 판단해도 늦지 않습니다. 다만, 저는 1부에서 은퇴 종료 나이를 99세로 미리 설정했기 때문에 저의 국민연금 로드맵에 지급 연기를 신청하는 시나리오로 그려 넣도록 하겠습니다.

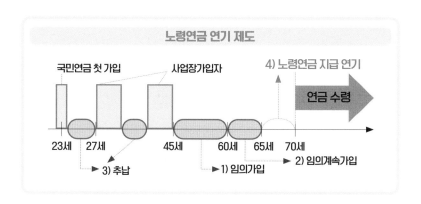

노령연금 연기 제도

국민연금 첫 가입　　사업장가입자　　4) 노령연금 지급 연기

연금 수령

23세　27세　　45세　60세　65세　70세

3) 추납　　　　1) 임의가입　　2) 임의계속가입

지금까지 국민연금을 더 많이 받기 위한 전략에 관해 알아보았습니다. 이와 더불어 저의 조기 은퇴 계획에 따라 국민연금 로드맵도 그려 보았고요. 이를 통해 여러분도 머릿속에 국민연금에 대한 틀이 조금은 잡히셨으리라 기대합니다.

이제는 제 것이 아니라 여러분의 국민연금 전략을 그림으로 그려 볼 차례입니다. 준비되셨나요?

은퇴 준비 따라 하기

국민연금 로드맵 그리기

국민연금공단 홈페이지에서 여러분의 국민연금 가입 현황을 조회하고, 이에 따라 국민연금 로드맵을 그려 본 뒤 여러분이 받게 될 국민연금 예상 수령액을 조회해 보겠습니다.

1. 국민연금공단 홈페이지에 로그인한 뒤 가입 내역을 조회하세요.

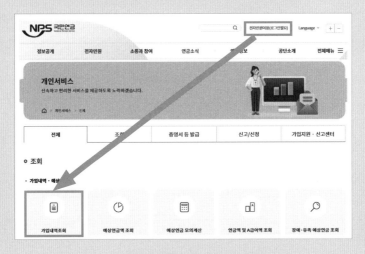

1) 지금까지 납부한 기간은 총 몇 개월인가요? 연금 지급 기준인 120개월을 넘기셨나요?

.... 개월

2) 국민연금에 처음 가입한 시기는 언제인가요?

....

3) 추납 가능 기간이 있나요? 있다면 몇 개월인가요?

.... 개월

2. 1의 내용을 바탕으로 여러분의 국민연금 로드맵을 그려 보세요. 예시 그림을 참고하여 다음의 빈 화살표를 채워 넣으시면 됩니다.

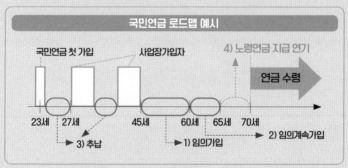

3. 2의 내용을 바탕으로 국민연금공단 홈페이지에서 '예상 연금액'을 조회해 보세요. 상세 연금 조회에서 세부 조건을 입력하여 조회하시면 됩니다(4장 내용 참고).

1) 국민연금 개시 연령은 언제인가요?

.... 세

2) 예상 수령액은 얼마인가요?

매월 .... 원

6장

아는 만큼 받는다,
퇴직연금

퇴직연금 뽑아 쓰지 말고 아껴 둘걸!

요즘 와이프님은 공부 삼매경에 빠졌다. 퇴근을 하면 저녁 식사를 마치기가 무섭게 책상에 앉아 공부를 시작한다(그래서 나랑 놀아 주는 시간이 부쩍 줄어들었다!). 오늘도 어김없이 와이프님은 공부방에 자리를 잡고, 세법 교재를 펼쳤다.

세무사 사무실 직원 5년차인 와이프님은 '세금 신고' 분야의 전문가다. 지금 다니는 회사로 옮긴 지는 2년이 지났는데, 이곳에서 업무 파악을 마치자마자 와이프님은 새로운 목표를 향해 나아가기 시작했다. 새로운 목표란 바로 세무사 시험에 합격하는 것이다. 이 목표를 위해 와이프님은 오늘도 '열공' 중이다.

와이프님은 지금 하고 있는 일을 좋아하는 것이 분명하다. 우리가 5년 뒤에 조기 은퇴를 하게 되더라도 와이프님은 자신의 커리어를 완전히 끝낼 생각이 없다고 말했다. 그래서 세계 곳곳을 여행하면서도 자신의 일을 계속 이어 갈 수 있는 방법을 연구하고 있다. 흔히 말하는 디지털노마드(디지털과 유목민의 합성어로 인터넷 디바이스를 활용하여 장소와 시간에 제약을 받지 않고 자유로운 근무를 하는 사람)의 삶을 꿈꾼다.

그리고 그 계획의 일부로 우선 세무사 자격증을 따겠다고 선언했다. 이렇게 와이프님과 나는 각자의 방식으로 조기 은퇴를 향해 열심히 나아가고 있다.

오늘도 어김없이 서재에서 세법 공부를 하고 있던 와이프님이 갑자기 나를 급하게 불렀다. 부엌에서 설거지를 하던 나는 부랴부랴 손을 헹구고 와이프님에게로 달려갔다.

나　　왜 그래? 무슨 일이야?

와이프님　지금 세법을 공부하면서 알게 된 게 있는데……. 나 2년 전에 이직하면서 퇴직연금 받았던 거 있잖아. 그거 일시금으로 받지 말고 IRP 계좌에 그냥 놔둘 걸 그랬나 봐.

나　　왜? 그때 받았던 돈은 우리가 알뜰하게 잘 썼잖아. 맛있는 것도 많이 사 먹고, 해외여행도 다녀오고 말이야. 그때 퇴직 연금으로 1000만 원쯤 받았나? (그런데 그게 나를 그렇게 급하게 부를 일이야?)

와이프님　응. 1000만 원 정도 받았어. 그런데 지금 공부하면서 보니까, 그 돈을 연금으로 받게 되면 세금 혜택이 엄청 많다지 뭐야. 그 얘길 들으니까 괜히 일시금으로 찾아 썼나 싶은 거지.

나　　음…… 퇴직급여를 연금으로 수령하면 퇴직소득세를 할인해 준다고 했던가?

와이프님　응 맞아. 오빠 말처럼 퇴직소득세를 싸게 해주는 건 물론이고, 과세이연도 해주니까 그것도 장점이래. 막연히 설명만 들을 때는 몰랐는데, 직접 금액을 계산해 보니까 혜택이 생각보다 큰 것 같아!

와이프님과 대화를 마치고 설거지를 마무리하러 가면서 나는 생각했다.

'조기 은퇴에서 퇴직연금을 어떻게 활용하는 게 가장 합리적인지, 이번 기회에 퇴직연금 전략도 한번 정리해 봐야겠군!'

본격적으로 퇴직연금을 논하기에 앞서, 어떤 특정한 상황에 대한 여러분의 선택을 테스트해 보겠습니다.

상황은 대충 이러합니다. 여러분은 오늘 몇 년 동안 일했던 회사에 사표를 냈습니다. 조기 은퇴를 위해 직장을 그만두는 것일 수도 있고, 단순히 이직을 위해 사표를 냈을 수도 있습니다. 회사에서는 그동안 고생이 많았다며 여러분의 계좌에 퇴직연금으로 1000만 원을 입금해 줍니다.

여러분은 지금 당장 이 계좌에서 1000만 원을 꺼내 쓸 수도 있고, 퇴직연금이라는 이름에 걸맞게 일정한 기간이 흐른 뒤부터 연금처럼 인출해서 쓸 수도 있습니다. 이런 상황이라면 여러분은 어떤 선택을 하시겠어요? 지금 당장 일시금인가요? 한참 후의 연금인가요?

퇴직급여 연금 수령 vs 일시금 수령

95.7% 일시금 수령

4.3% 연금 수령

출처: 고용노동부, 2021년도 퇴직연금 적립금 운용현황 통계

결론부터 말씀드리면, 여러분은 일시금을 선택할 확률이 매우 높습니다. 위의 통계자료를 보면, 퇴직연금 가입자 중 무려 95.7%나 되는 사람이 연금 수령 대신 일시금 수령을 선택했다고 하는군요.

사람들이 연금보다 일시금을 받고 싶어 하는 이유는 무엇일까요? 우선, 지금 당장 급하게 목돈을 쓸 일이 있다면 일시금을 선호할 수 있습니다. 지금까지 고생한 자신을 위해 재충전 해외여행을 떠날 계획을 세웠을 수도 있겠네요. 투자를 위한 종잣돈으로 이 돈을 활용해야겠다고 생각한 사람도 있을 테지요. 아니면 은퇴는 어차피 한참 후의 일이니까 벌써부터 연금을 준비해야 한다는 필요성을 느끼지 못했을 수도 있습니다. 이유가 무엇이든 사람들이 연금보다 일시금을 좋아한다는 통계는 사실인 듯합니다.

하지만 연금 대신 일시금으로 받는 것이 옳은 선택일까요? 퇴직연금을 최대한 효율적으로 활용하기 위해 우리는 어떤 선택을 해야 할까요? 이런 질문들에 대답하기 위해서는 우선 퇴직연금을 정확히 이해할 필요가 있습니다.

퇴직연금은 왜 생겨났을까?

효과적으로 퇴직연금을 활용하는 방법을 알기 위해서는 먼저 퇴직연금 제도가 왜 생겨났는지 알아야 합니다. 퇴직연금은 왜 생겨났을까요? 전설(?)에 따르면, '퇴직연금'이 제도화되기 전에는 '퇴직금'이라는 것이 있었다고 하죠!

여러분도 잘 알다시피 퇴직금이란 회사가 퇴직하는 근로자에게 지급하는 돈(급여)을 말합니다. 회사는 1년 이상 근무한 직원에게 의무적으로 일정한 금액 이상을 퇴직금으로 지급해야 합니다. 그리고 퇴직한 근로자는 이 퇴직금을 알뜰살뜰 잘 활용해서 노후를 풍족하게 보낼 수 있도록 해야겠지요.

하지만 이 퇴직금 제도에는 두 가지 큰 문제가 있었습니다. 첫 번째 문제는 회사가 망해 버리면 퇴직금을 받을 수 없다는 것이었습니다. 생각해 보세요. 청춘을 갈아 넣어가며 20년이 넘도록 회사를 위해 열심히 일했는데, 회사가 한순간에 홀랑 망해 버려서 문을 닫아 버리면 얼마나 억울하겠어요. 실업자가 되는 건 둘째 치더라도, 지금까지 일한 대가인 퇴직금을 한 푼도 받을 수가 없잖아요.

퇴직금 제도의 두 번째 문제는 퇴직금을 일시금으로밖에 받을 수 없다는 점입니다. 퇴직금을 잘 배분해서 노후 생활비로 적절히 활용한다면 참 좋을 텐데, 그렇게 할 수 있는 사람이 어디 흔하겠어요? 어떤 사람들은 퇴직금으로 사업(대표적인 예로 치킨집)을 시작했다가 쫄 딱 망하기도 하고, 또 어떤 사람들은 사기를 당해서 퇴직금을 홀라당 까먹기도 합니다. 그러다 보니 노후 생활을 위해 써야 할 퇴직금이 통장에 하나도 남아나지 못하곤 합니다.

퇴직금 제도의 이 두 가지 문제점을 해결하기 위해 나온 것이 바로 퇴직연금입니다.

우선 첫 번째 문제(회사가 망하면 퇴직금을 못 받는다)를 해결하기 위해 퇴직연금은 그 재원을 '사외'에 적립합니다. 즉, 퇴직연금으로 지급할 돈을 회사에서 껴안고 있지 말고, 은행이나 증권사, 보험사 등 금융회사에 맡기라는 것이지요. 그 결과, 다니던 회사가 도산하더라도 직원들은 안전하게 퇴직급여를 받을 수 있게 되었습니다. 금융기관에 맡겨 둔 퇴직급여를 그냥 찾아가면 되니까요.

퇴직금의 두 번째 문제(일시금으로만 수령할 수 있다)를 해결하기 위해 퇴직연금은 일시금 외에 연금으로도 지급받을 수 있도록 합니다. 퇴직급여를 노후 생활비로 쓸 수 있도록 말이죠. 그리고 웬만하면 일시금보다 연금으로 퇴직급여를 수령하도록 강력한 세금 혜택을 제공

합니다. 퇴직소득세 할인이나 과세이연, 세액공제 등이 이러한 세금 혜택에 해당합니다.

이제 퇴직연금이 왜 생겨나게 됐는지 대충 이해가 되시죠? 지금부터 공부할 퇴직연금을 효율적으로 활용하는 방법은 하나도 어렵지 않습니다. 앞서 살펴본 퇴직연금의 특징(1. 사외 적립, 2. 연금 수령 시 세제 혜택)만 제대로 이해하고 있으면 됩니다.

우선 사외 적립을 한다는 말은 퇴직연금 적립액이 금융회사에 맡겨져 있다는 뜻입니다. 이 말인즉, 적립된 돈을 내가 어떻게 투자하고 운용하느냐에 따라 나중에 받게 될 돈의 크기도 달라진다는 것입니다(DC, IRP). 결론적으로, 퇴직연금을 효율적으로 활용하려면 퇴직연금 계좌를 잘 운용하는 방법을 알아야겠습니다.

세제 혜택을 아는 것도 중요합니다. 이걸 제대로 알아야 퇴직연금을 일시금으로 받을지 연금으로 받을지 선택할 수 있거든요. 그리고 만약 연금으로 받기로 결정했다면, 세액공제를 더 받기 위해 퇴직 계좌에 내 돈을 추가로 넣는 방법도 고려해 볼 수 있습니다. 세금 문제는 조금 복잡하니까 일단은 이 정도로 넘어가겠습니다.

이번 장에서는 ① 퇴직연금을 운용하는 방법과 ② 세금 혜택을 활용하는 방법에 관해 주로 이야기하겠습니다. 하지만 그전에 반드시 정리하고 넘어가야 할 것이 있습니다. 바로 퇴직연금의 종류입니다.

퇴직연금의 종류 (DB형, DC형)

박 사원은 이번 달로 회사에 입사한 지 1년이 되는 신입사원입니다. 하루는 인사과에 근무하는 한 대리가 박 사원을 회의실로 불러냈습니다. 중요한 결정을 할 때가 되었다면서 말이죠.

"박 사원도 우리 회사에 들어온 지 벌써 1년이 되었군요. 그래서 이제 퇴직연금에 가입해야 하거든요. 퇴직연금을 DB로 가입할래요, DC로 가입할래요?"

박 사원은 무척 당황했습니다. 퇴직연금에 대해서는 하나도 알지 못했거든요. 그래서 기어들어 가는 목소리로 한 대리에게 조심스럽게 물어봅니다.

"둘 중 어떤 게 더 좋은 거예요?"

새로운 문제가 등장했군요! "도대체 DB형은 뭐고, DC형은 또 뭐람?" 이 용어들을 처음 접했다면 다소 생소하게 느껴지겠지만, 이 선택은 우리에게 매우 중요합니다. 어떤 걸 선택하느냐에 따라 우리 퇴직연금의 운명이 백팔십도 달라지거든요. 그럼 DB형과 DC형이 무엇을 의미하는지 그 내용부터 살펴보겠습니다.

우선, DB형 퇴직연금입니다. DB^{Defined Benefit}형 퇴직연금을 우리말로 바꾸면 '확정급여형' 퇴직연금이라고 합니다. 급여(퇴직급여)가 이미 확정되어 있다는 뜻입니다.

DB형의 경우 퇴직연금이 어떻게 운용되는지는 우리에게 전혀 중요하지 않습니다. 어떻게 운용되든지 간에 받을 금액은 이미 정해져 있거든요. 우리의 '퇴직급여'는 다음의 산식에 따라 '확정'됩니다(그래서 '확정급여형'입니다).

퇴직연금(DB) = 근속 연수 × 퇴직 직전 3개월 평균임금의 30일분

DB형 퇴직연금은 '퇴직 직전 3개월 평균임금의 30일분'(말이 조금 복잡한데, 단순히 퇴직 당시의 '한 달 치 월급'이라고 생각하면 쉽습니다)에 근속 연수를 곱하여 계산합니다. 간단하죠?

예를 들어보겠습니다. A라는 사람이 있는데, 10년 동안 근속했고 퇴직할 당시의 평균임금은 300만 원이라고 해보죠. A가 DB형 퇴직연금을 선택했다면, 퇴직할 때 얼마를 받게 될까요? 정답은 3000만 원(10년×300만 원)입니다. 역시 간단하군요!

DB형 퇴직연금은 (운용 성과와 관계없이) 퇴직 시에 받을 금액이 미리 정해져 있다는 측면에서 퇴직금 제도와 비슷합니다. 하지만 퇴직급여의 재원을 회사에서 보관하지 않고 사외 금융기관(은행, 증권사, 보험사)에 적립한다는 점이 퇴직금 제도와 다릅니다.

다음은 DC형 퇴직연금입니다. DC^{Defined Contribution}형 퇴직연금을 우리말로 바꾸면 '확정기여형' 퇴직연금이라고 합니다. 기여액(퇴직연금

부담금)이 확정되어 있다는 뜻입니다.

DC형 퇴직연금의 기본 구조는 이렇습니다. 회사는 직원들에게 개별 퇴직연금 계좌를 부여하고, 그 계좌에 일정한 퇴직연금 부담금을 정기적으로 입금합니다.

직원들은 이 계좌를 어떤 방식으로 운용할지 직접 지시할 수 있습니다. 따라서 만약 운용 성과가 좋다면 퇴직연금도 불어날 것이고, 운용 성과가 형편없다면 퇴직연금도 줄어듭니다.

회사가 각 직원의 계좌에 입금하는 퇴직연금 부담금은 다음의 산식과 같이 계산할 수 있습니다.

퇴직연금(DC) 부담금 = 연간 임금 총액 / 12

DC형 퇴직연금의 부담금은 연간 임금 총액의 12분의 1로 계산합니다. 1년을 근무했을 때, 한 달 치 월급 정도를 적립해 준다고 생각하면 간단합니다. 이해를 돕기 위해 간단한 예시를 들어보겠습니다.

B과장은 15년을 근무한 뒤 퇴사했습니다. 사원으로 5년, 대리로 5년, 과장으로 5년을 근무했는데, 연도별 급여 수준은 다음의 그림과 같습니다. 계산의 편의를 위해 각 직급에서 받은 급여는 연도별로 변동이 없었다고 가정하겠습니다.

복습하는 차원에서 간단한 계산부터 먼저 해보겠습니다. 만약 B

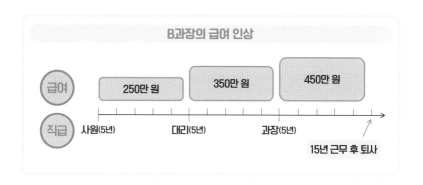

과장의 퇴직연금이 DB형이었다면, B과장은 퇴직연금으로 얼마를 받게 될까요?

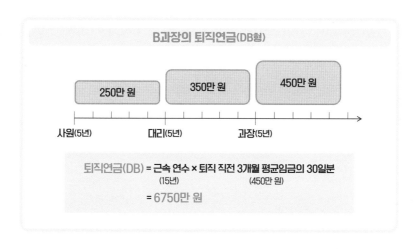

DB형 퇴직연금은 B과장의 운용 성과와는 전혀 상관이 없다고 말씀드렸죠? 근속 연수와 퇴직 직전의 평균임금 수준만 알면 퇴직급여를 계산할 수 있습니다. 근속 연수는 15년이고, 퇴직 직전의 급여는

450만 원이기 때문에 B과장이 받아갈 퇴직급여는 6750만 원(15년×450만 원)입니다.

문제는 DC형입니다. DC형 퇴직연금은 어떻게 계산할까요?

DC형은 회사에서 매년 B과장의 퇴직연금 계좌에 '연간 임금 총액의 1/12'씩 입금해 준다고 했습니다. 그리고 이 금액은 대략 한 달치 급여 정도가 된다고 말씀드렸죠. 따라서 사원일 때 5년간은 매년 250만 원씩, 대리일 때 5년간은 매년 350만 원씩, 과장일 때 5년간은 매년 450만 원씩 B과장의 퇴직연금 계좌에 입금되었을 겁니다. 즉, 회사에서 B과장의 계좌에 입금한 금액은 총 5250만 원[(250만 원×5년)+(350만 원×5년)+(450만 원×5년)]입니다.

하지만 이것이 전부는 아닙니다. DC형 퇴직연금은 직원의 운용 성과에 따라 최종 금액이 달라진다고 했습니다. B과장이 DC형 퇴직연금을 선택하고 매년 4%의 수익을 얻었다면, 15년 후의 퇴직연금은

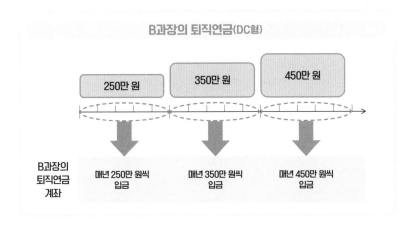

B과장의 퇴직연금(DC형)

| 250만 원 | 350만 원 | 450만 원 |

B과장의 퇴직연금 계좌

| 매년 250만 원씩 입금 | 매년 350만 원씩 입금 | 매년 450만 원씩 입금 |

얼마가 될까요? DB형을 선택했을 때(6750만 원)보다 더 많은 금액을 받을 수 있을까요? 다음의 표를 보겠습니다.

구분	1년	2년	3년	4년	5년	6년	7년	8년
기초 잔액	-	2,500,000	5,100,000	7,804,000	10,616,160	13,540,806	17,582,439	21,785,736
운용 수익 (4%)	-	2,600,000	5,304,000	8,116,160	11,040,806	14,082,439	18,285,736	22,657,166
추가 부담금	2,500,000	2,500,000	2,500,000	2,500,000	2,500,000	3,500,000	3,500,000	3,500,000
기말 잔액	2,500,000	5,100,000	7,804,000	10,616,160	13,540,806	17,582,439	21,785,736	26,157,166

구분	9년	10년	11년	12년	13년	14년	15년
기초 잔액	26,157,166	30,703,452	35,431,590	41,348,854	47,502,808	53,902,920	60,559,037
운용 수익 (4%)	27,203,452	31,931,590	36,848,854	43,002,808	49,402,920	56,059,037	62,981,399
추가 부담금	3,500,000	3,500,000	4,500,000	4,500,000	4,500,000	4,500,000	4,500,000
기말 잔액	30,703,452	35,431,590	41,348,854	47,502,808	53,902,920	60,559,037	**67,481,399**

먼저, 1년차에 입금되는 금액(추가 부담금)은 250만 원입니다. 2년 차에는 1년차에서 넘어온 금액(250만 원)에 4% 운용 수익이 붙겠죠. 그래서 잔액은 260만 원(250만 원×1.04)으로 늘어납니다. 거기에 250만 원이 새로 입금되어 기말 잔액은 510만 원이 됩니다.

3년차에는 2년차에서 넘어온 금액(510만 원)에 4%의 운용 수익이 붙고, 여기에 추가로 250만 원이 입금됩니다. 이런 방식으로 15년 동안 DC형 퇴직연금이 운용됩니다. 그럼 15년차의 퇴직연금 기말 잔액은 얼마인가요? 표에서 보시는 것처럼, 6748만 1399원이 됩니다.

DB형(6750만 원)을 선택했을 때와 거의 비슷한 수준이군요.

그럼 이제 다시 박 사원에게 처음 주어졌던 질문으로 돌아가 보겠습니다. 과연 박 사원은 DB형을 선택하는 것이 좋을까요, DC형을 선택하는 것이 좋을까요?

정답은 간단합니다. 만약 박 사원의 임금 상승률이 예시에 나온 B과장의 임금 상승률보다 높을 것으로 예상된다면, DB형을 선택하는 것이 좋겠죠.

B과장의 임금은 15년 동안 250만 원에서 450만 원으로 80%[(450만 원-250만 원)/(250만 원)] 상승했습니다. 이를 연평균 상승률로 환산해 보면, 대략 연 4%[$(1+0.8)^{1/15}-1$] 정도입니다. 따라서 임금 상승률이 매년 4% 이상이라면, 즉 임금 상승률이 운용 수익률(4%)보다 크다면 DB형 퇴직연금을 선택하는 것이 현명합니다.

하지만 반대로 퇴직연금 운용 수익률이 임금 상승률(4%)보다 크다면, DC형 퇴직연금을 선택하는 것이 더 합리적이겠네요. 운용 수익률이 높아질수록 DC형 퇴직연금 수령액도 늘어나게 될 테니까요.

어떤 퇴직연금을 선택할까?

임금 상승률이 크다면 ⇒ **DB형**

운용 수익률이 크다면 ⇒ **DC형**

지금까지 DB형 퇴직연금과 DC형 퇴직연금이 어떤 것인지 알아

보고, 직장인 입장에서 어떤 제도를 선택하는 것이 유리한지 비교해 보았습니다.

그런데 지금 와서 하는 얘기이지만, 모든 직장인에게 선택의 기회가 생기는 건 아닙니다. 만약 회사가 DB형이나 DC형 중 하나의 제도만 도입하고 있다면, 여러분은 선택의 여지 없이 회사에서 운영 중인 퇴직연금 제도를 따를 수밖에 없거든요. 반면, 여러분의 직장이 두 제도를 모두 도입하고 있는 회사라면, 박 사원에게 질문했던 것처럼 퇴직연금 선택의 기회를 줄 것입니다.

퇴직연금의 종류(IRP 계좌)

박 사원이 업계에서 제법 경력을 쌓았을 때, 좋은 조건의 이직 기회가 찾아왔습니다. 이제는 새로운 직장에서 더 많은 능력을 발휘할 때가 온 것이죠. 박 사원은 한 대리를 찾아가 이러한 사정을 얘기합니다.

"대리님, 이번에 제가 다른 회사로 이직을 하게 됐어요. 지금까지 잘 챙겨 주셔서 감사했습니다."

"축하드려요. 박 사원님은 일을 항상 열심히 하니까 어디서든 잘 적응할 거에요! 그런데 퇴사하면 회사에서 퇴직연금을 보내드려야 하니까 IRP 계좌를 하나 만들어 오세요."

박 사원은 또다시 당황했습니다. '퇴직연금은 퇴사하면 그냥 주는 거 아냐? IRP 계좌는 또 뭐람?'

새로운 용어가 다시 등장했습니다. 바로 IRP라는 것인데요. 이것 또한 퇴직연금 계좌의 일종입니다. IRP Individual Retire Pension를 우리말로 바꾸면 '개인형 퇴직연금'인데, 개인이 따로 가입하는 퇴직연금 계좌라고 생각하면 되겠습니다.

IRP 계좌는 개인이 이직하거나 퇴직할 때 퇴직급여를 이전하여 나중에 연금으로 받을 수 있도록 만들어진 상품입니다. 그러니 박 사원이 이직하려고 할 때, 기존 회사에서 발생한 퇴직급여를 수령하기 위해 IRP 계좌를 만들어야 하는 것이죠.

언뜻 생각해 보면, 퇴직연금을 받을 때 굳이 새로운 계좌(IRP)에 옮겨서 받아야 하나 의문이 생길 수도 있습니다. 하지만 요즘은 한 회사만 평생 다니는 직장인이 거의 없잖아요. IRP처럼 퇴직급여를 통합적으로 관리할 계좌가 없다면 직장을 여러 차례 옮겨 다닐 경우, 나중에 퇴직급여를 연금으로 활용하고자 할 때 어려움이 생길 겁니다. IRP 계좌가 존재하는 이유가 바로 이것입니다.

IRP 계좌는 다음 그림과 같이 활용할 수 있습니다. 직장1, 직장2, 직장3에서 이직하거나 퇴직할 때 각각 발생하는 퇴직급여는 IRP 계좌로 받게 됩니다. 그리고 IRP 계좌로 통합된 퇴직급여는 여러분이 개인적으로 자유롭게 운용하다가 55세 이후부터 연금으로 수령할 수

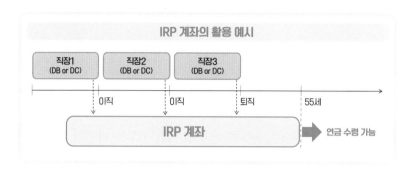

있습니다.

물론 여러분 가운데는 퇴직급여를 연금으로 활용하지 않고, 곧바로 일시금으로 받고 싶은 사람도 있을 겁니다. 이때는 IRP에 퇴직급여가 입금되자마자 IRP 계좌를 해지하여 일시금으로 수령하면 그뿐입니다. 이때 일부 금액만 인출하는 것은 불가능하고, IRP 계좌를 해지하여 전액을 출금하는 것만 가능하다는 점을 유의하시기 바랍니다.

나의 퇴직연금 알아보기

지금까지 DB형, DC형, IRP 계좌 등 퇴직연금의 기본적인 개념을 알아보았습니다. 이제 중요한 것은 퇴직연금을 어떻게 효율적으로 활용할 수 있을지 그 방법을 익히는 것이겠네요. 퇴직연금을 제대로 활용하기 위해 가장 먼저 해야 할 일은 여러분의 퇴직연금이 지금 현재 어떤 상태인지 체크하는 것입니다.

1) 나의 퇴직연금은 DB형? DC형?

첫 번째로 체크할 것은 퇴직연금 종류입니다. 여러분의 퇴직연금이 DB형인지, DC형인지부터 확실히 알아야겠지요.

'스마트한' 여러분은 이런 생각을 하실 수도 있습니다. "아니, 본인의 퇴직연금이 DB인지, DC인지 모르는 사람이 어디 있어?" 하지만 장담하건대, 본인의 퇴직연금이 어떤 종류인지 헷갈리는 분들이 분명히 있습니다. 저 역시 그랬거든요. '퇴직연금쯤이야 회사에서 알아서 잘 해주겠지'라고 안일하게 생각했던 것 같습니다.

퇴직연금의 종류를 조회하는 방법은 매우 간단합니다. 금융감독원 홈페이지에 들어가면 손쉽게 조회할 수 있습니다. 로그인한 뒤 '금융소비자보호 〉 통합연금포털 〉 내 연금조회·재무설계' 메뉴로 이동하여 조회하시면 됩니다. 그럼 본인이 가입하고 있는 연금의 목록을 확인할 수 있습니다.

다음의 그림은 와이프님의 퇴직연금을 조회한 내용입니다. 퇴직연금(DB) 칸에는 '가입된 내용이 없다'고 표시되어 있고, 퇴직연금(DC, IRP) 칸에는 DC 계좌 1개가 조회되는군요. 네! 그렇습니다. 이것은 와이프님이 현재의 회사에서 DC형으로 퇴직연금이 가입되어 있다는 뜻입니다.

여러분도 잠깐 시간을 내어 금융감독원 홈페이지에서 여러분의 퇴직연금 종류를 조회해 보시기 바랍니다. 스마트폰으로도 조회할 수 있으니 지금 바로 확인해 보세요. 여러분의 퇴직연금은 아마도 DB 형일 확률이 더 높을 겁니다. 통계에 그렇게 나와 있거든요.

통계에 따르면, DC형 가입자 (77조 6000억 원)보다 DB형 가입자 (171조 5000억 원)의 비율이 적립금을 기준으로 2배 이상 높다는 사실을 알 수 있습니다.

2) 운용 기관, 운용 유형, 현재 수익률

만약 여러분의 퇴직연금이 DB형이라면, 퇴직연금의 운용 기관이 어디든, 어떤 방식으로 운용하든, 현재의 수익률이 몇 퍼센트이든, 이런 내용들은 크게 중요하지 않습니다. 운용 수익률과는 상관없이 퇴직급여의 금액이 정해질 테니 말이죠.

하지만 여러분의 퇴직연금이 DC형이라면, 적립금이 어떤 방식으로 운용되는지가 매우 중요합니다. 수익률에 따라 여러분이 받게 될 퇴직급여가 크게 달라지니까요. 지금부터는 DC형 퇴직연금을 가진 분들을 위해 이와 관련된 내용을 확인해 보겠습니다.

첫 번째로 알아볼 것은 운용 기관입니다. 운용 기관은 크게 은행·증권회사·보험회사(생명보험회사, 손해보험회사)로 구분되는데, 앞서 조회했던 금융감독원의 홈페이지에서 확인할 수 있습니다. 와이프님은 하나은행에 DC형 퇴직연금을 맡기고 있었군요(211쪽 참고).

운용 기관을 알아야 하는 이유는 분명합니다. 운용 기관이 어디인지 정확히 알아야 운용 방식을 바꾸고 싶을 때 이에 대한 요청을 할 수 있기 때문입니다. 생각해 보세요, 하나은행에 퇴직연금을 가입하고 있는데, 삼성증권에다 운용 방식을 바꿔 달라고 요청할 수는 없잖아요.

여러분도 퇴직연금 운용 기관을 확인하셨나요? 그럼 다음으로 넘어가겠습니다.

두 번째로 알아볼 것은 운용 방식입니다. 운용 방식은 크게 두 가지로 나눠 볼 수 있습니다. 수익성은 높지 않지만 원금과 일정 수준의 이자를 보장해 주는 원리금 보장형과 성과에 따라서 손실을 볼 위험도 있지만 평균적으로는 수익률이 더 높은 실적 배당형입니다.

원리금 보장형 상품으로 가장 대표적인 것은 예금입니다. 더불어 금리 연동형 보험 상품이나 ELB(주가 연계 파생결합사채)도 원리금 보장형에 속합니다. 반대로 실적 배당형으로 가장 대표적인 상품은 펀드겠죠. 이와 함께 실적 배당형 보험(변액보험)이나 ETF(상장지수펀드) 등이 실적 배당형에 포함됩니다.

여러분의 퇴직연금은 과연 어떤 방식으로 운용되고 있을까요? 이를 확인하기 위해서는 '퇴직연금 운용보고서'를 읽어 보면 됩니다. 아마 퇴직연금을 관리하는 금융기관에서 적어도 1년에 한 번씩은 여러분에게 운용보고서를 보내 주었을 겁니다. 하지만 운용보고서를 받아본 기억이 없다면(혹은 받긴 받았는데 찾기 힘들다면), 해당 금융기관의 홈페이지에서도 쉽게 조회할 수 있습니다.

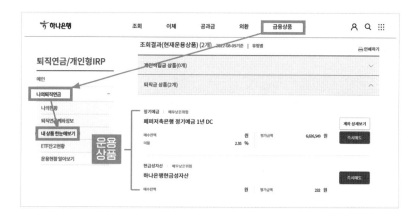

와이프님의 퇴직연금 운용 기관인 하나은행의 홈페이지에 들어가서 조회해 보았습니다. 퇴직연금 조회 화면은 금융회사별로 약간 차이가 있긴 하지만 크게 다르지는 않으니, 여러분도 조회하는 데 어려움은 없을 겁니다. 이 화면을 보면, 와이프님의 퇴직연금은 1년짜리 정기예금으로 운용되고 있었군요(아래의 현금성 자산은 소액이라 신경 쓰지 않으셔도 됩니다).

적극적으로 운용하지 않았다면, 여러분의 퇴직연금 역시 와이프님과 마찬가지로 예금 상품(원리금 보장형)으로 운용되고 있을 확률이 매우 높습니다. 다음의 통계자료만 봐도 그렇습니다.

일단, DC형 퇴직연금은 실적 배당형보다 원리금 보장형으로 운용되고 있을 확률이 3배 이상 높습니다. 게다가 원리금 보장형 중에서 75% 이상은 예금으로 운용되고 있으니, 여러분의 DC형 퇴직연금이 예금으로 운용되고 있다고 해서 크게 놀랄 일은 아닙니다.

DC형 퇴직연금 운용 현황

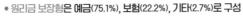

| 74.5% 원리금 보장형 | 20.9% 실적 배당형 | |

* 원리금 보장형은 예금(75.1%), 보험(22.2%), 기타(2.7%)로 구성
* 실적 배당형은 펀드(91.7%), 직접 투자(4.6%), 보험(3.7%)으로 구성

4.6% 대기성 자금

(출처: 고용노동부, 2021년도 퇴직연금 적립금 운용 현황 통계)

그런데 여기서 생각해 볼 문제가 하나 있습니다. 여러분이 원래

안정적인 것을 좋아하는 성격이라서 의도적으로 원리금 보장형, 그 중에서도 예금 상품으로 퇴직연금을 운용한다면 아무런 문제가 없습니다. 그런데 만약 여러분이 노후를 대비해 조금 더 높은 수익을 얻고 싶은데 퇴직연금을 어떻게 운용할지 몰라서 그저 '방치'해 놓고 있는 상황이라면, 그건 그다지 바람직하지 않겠지요.

퇴직연금을 그대로 둘지, 아니면 조금 더 적극적으로 운용할지 판단하기 위해 세 번째로 수익률을 알아보겠습니다. 수익률도 금융회사 홈페이지의 퇴직연금 현황 화면에서 조회할 수 있습니다.

수익률은 전체 기간의 누적 수익률과 1년 단위로 환산하여 계산한 연평균 수익률로 구분해서 표시되어 있습니다. 앞서 박 사원이 DB형과 DC형 중 어떤 것을 고를지 고민하던 예시에서는 매년 4%의 수익을 올리는 것을 가정하여 계산했습니다. 여러분의 퇴직연금은 연평균 수익률이 4%보다 높은가요, 아니면 낮은가요? 와이프님은 퇴직연금 연평균 수익률이 겨우 2.35%밖에 되지 않습니다. 퇴직연금을 조금 적극적으로 운용할 필요가 있어 보입니다.

퇴직연금을 효과적으로 활용하는 방법:
1. 적극적으로 운용하기

지금까지 퇴직연금에 대해 알아본 내용은 모두 한 가지 목표를 위한 것이었습니다. 바로 '퇴직연금을 효과적으로 활용하는 방법'을 설명하기 위한 기본 지식이었죠. 이제부터는 우리의 궁극적인 목표인 '퇴직연금을 효과적으로 활용하는 방법'에 관해 이야기해 보겠습니다.

퇴직연금을 활용하는 방법은 크게 두 가지로 나뉩니다. 첫째는 '적극적으로 운용하기'고, 둘째는 '연금으로 수령하여 절세하기'입니다. 우선 '적극적으로 운용'하는 방법부터 살펴보겠습니다.

먼저, 분명히 알고 넘어가셔야 할 부분은 어떻게 운용하느냐에 따라 여러분이 받게 될 퇴직연금의 크기가 달라진다는 점입니다. 이것은 너무 당연한 이야기이지만, 말로만 들으면 크게 감이 오지 않을 수도 있습니다. 이렇게 예시를 한번 들어 보겠습니다.

혹시 B과장을 아직 기억하시나요? DC형 퇴직연금을 설명할 때 등장했던 인물이었죠. 15년 근속했고, 급여는 250만 원에서 450만 원까지 올랐던 바로 그 사람입니다. 만약 B과장이 DC형 퇴직연금을 선택했다면, 운용 수익률에 따라서 퇴직급여액이 어떻게 변하는지 표로 정리해 보았습니다.

회사에서 퇴직연금 계좌에 입금해 주는 적립금 총액은 5250만 원으로 모두 동일합니다. 다만, 어떻게 운용하느냐에 따라(운용 수익률에 따라) 15년 후의 최종 퇴직급여액은 차이가 나는군요. 만약 2%로 운용했다면, 퇴직급여액은 5938만 7303원입니다. 2%대의 원리금 보장형으로 운용했다면 이 정도 결과를 얻을 수 있을 겁니다. 15년 동안 약 690만 원의 수익을 얻었군요.

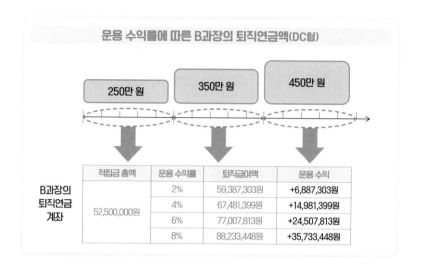

운용 수익률에 따른 B과장의 퇴직연금액(DC형)

250만 원	350만 원	450만 원

	적립금 총액	운용 수익률	퇴직급여액	운용 수익
B과장의 퇴직연금 계좌	52,500,000원	2%	59,387,303원	+6,887,303원
		4%	67,481,399원	+14,981,399원
		6%	77,007,813원	+24,507,813원
		8%	88,233,448원	+35,733,448원

만약 4%로 운용했다면, 퇴직급여액은 6748만 1399원입니다. 2%일 때보다 약 800만 원 더 많은 수익을 얻을 수 있습니다.

이와 마찬가지로 6%일 때는 7700만 7813원, 8%일 때는 8823만 3448원의 퇴직급여를 받을 수 있습니다. 결과적으로, 2%로 운용했을 때보다 8%로 운용했을 때 2900만 원 정도 더 많은 수익을 올릴 수 있었네요.

퇴직연금을 어떻게 운용하느냐에 따라서 여러분의 퇴직급여액은 5000만 원이 될 수도 있고, 9000만 원이 될 수도 있습니다. 어떤가요? 퇴직연금을 적극적으로 운용해서 더 많은 퇴직급여를 받아야겠다는 생각이 드시나요?

DB형 퇴직연금을 가지고 있는 분들에게는 상관없는 이야기처럼 들릴 수도 있습니다. 하지만 그런 분들도 이직하거나 퇴직할 때 퇴직급여를 IRP 계좌로 옮기게 되잖아요. IRP 계좌를 유지해서 퇴직급여를 연금으로 받고 싶다면, IRP 계좌도 DC형처럼 본인이 직접 운용해서 수익률을 높일 수 있습니다. 그러니 DB형 퇴직연금을 가지고 있는 분들도 운용에 관한 기본적인 내용 정도는 알고 있는 편이 좋습니다.

IRP나 DC를 운용할 때 우리가 꼭 기억해야 할 기본 규칙이 딱 한 가지 있습니다. '위험 자산으로 분류되는 상품에는 70% 이상 투자할 수 없다'는 규칙입니다. 규칙이 한 가지밖에 없으니 외우기가 어렵지는 않으실 거라고 믿습니다.

이 규칙만 어기지 않는다면, 어떤 상품에 투자해도 상관없습니다. 펀드에 투자해도 되고, ETF나 TDF에 투자해도 되고, 그냥 예금 상품에 돈을 넣어 두어도 됩니다. (와이프님처럼) 은행에 퇴직연금이 가입되어 있다고 해서 예금만 골라야 하는 건 아닙니다. 증권사에 가입되어 있다고 해서 펀드만 골라야 한다거나 하는 제약은 전혀 없습니다. 단, 주식이나 채권에 직접 투자는 할 수 없습니다.

말로만 하는 것보다는 역시 직접 보여드리는 것이 낫겠죠? 와이프님의 퇴직연금 계좌로 실습을 한번 해보겠습니다. 와이프님의 DC 계좌는 현재 예금 상품(원리금 보장형)에 돈이 들어 있었죠? 이제부터 퇴직연금의 적극적인 운용을 위해 예금을 해지하고 새로운 상품을 매수해 보겠습니다.

우선, 기존 예금을 해지하겠습니다. 금융기관 홈페이지에 로그인

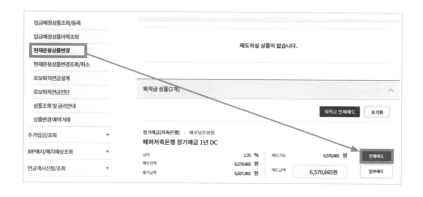

한 뒤, 퇴직연금 메뉴의 '현재 운용 상품 변경' 화면으로 이동합니다. 금융기관마다 메뉴가 다소 다를 수 있습니다. 다음의 화면은 하나은행의 퇴직연금 메뉴입니다. 현재 보유하고 있는 상품을 조회하여 '전체 매도'를 클릭합니다.

정기예금처럼 만기가 있는 상품은 만기 이전에 매도하면 중도 해지 이율이 적용되기 때문에 이자가 줄어들 수 있다는 점을 주의하셔야 합니다.

퇴직연금에서 예금을 매도했으니, 이제 새로 채워 넣을 상품을 골라 볼까요?

새로 매수할 상품은 ETF, TDF, 일반 펀드, 정기예금, 현금성 자산 중에서 자유롭게 선택할 수 있습니다. 금융기관에 따라서 매수할 수 있는 상품의 종류가 다소 다를 수 있습니다. 저는 이 상품군들 가운데 운용 보수가 거의 들지 않는 ETF 상품을 골라 보겠습니다.

세계적인 투자자 워런 버핏Warren Buffett은 아내에게 이렇게 얘기했

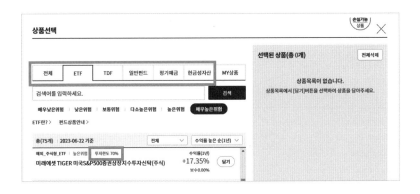

다고 하죠. "내가 죽으면 재산의 90%는 S&P500을 추종하는 인덱스 펀드에 투자하고, 나머지는 채권을 사세요."

갑자기 무슨 얘기냐고요? 저도 워런 버핏의 조언을 귀담아들어, S&P500을 추종하는 ETF를 선택해 보겠다는 얘기입니다. 제가 고른 종목은 '미래에셋 TIGER 미국S&P500증권상장지수투자신탁'입니다. 단, 이 상품은 위험 자산이기 때문에 버핏의 말처럼 90% 비중까지는 투자할 수 없고, 투자 한도 70%까지 매수할 수 있습니다. 퇴직연금을 운용할 때 외워야 할 '유일한 투자 규칙' 기억나지요?

그리고 나머지 30%는 채권 ETF를 매수하는 데 할당했습니다. 얼렁뚱땅 ETF 2개로 이루어진 포트폴리오가 완성되었네요.

지금 보여드린 실습 과정은 단지 이런 방식으로 퇴직연금을 운용할 수 있다는 예시를 보여드리기 위한 것입니다. 저와 똑같은 상품으로 퇴직연금을 운용할 필요는 절대 없어요! (연금 자산 포트폴리오 구성에 관한 내용은 8장에서 좀 더 자세히 다루겠습니다.)

퇴직연금을 효과적으로 활용하는 방법:
2. 연금 수령으로 절세하기

퇴직연금을 효과적으로 활용하는 두 번째 방법은 '연금으로 수령하여' 세금을 줄이는 것입니다. 퇴직급여는 일시금으로 수령하는 대신 연금으로 수령한다면 여러 가지 세제 혜택을 받을 수 있습니다. 퇴직소득세를 할인해 주고, 과세이연을 해주기도 합니다. 그리고 세액공제 혜택도 주지요.

세금에 대한 사전 지식이 없다면, 이런 내용이 조금 복잡하게 느껴질 수도 있습니다. 그러니 지금부터 하나씩 차근차근 설명해 드릴 겁니다. 여러분은 설명을 모두 들은 뒤, 나중에 퇴직연금을 일시불로 받을지 아니면 연금으로 받을지 생각해 보시기 바랍니다.

1) 퇴직소득세 할인

첫 번째 세금 혜택은 퇴직소득세를 할인해 준다는 것입니다. 우리가 회사를 그만두고 퇴직급여를 받으면 일정 수준의 세금을 내야 하는데, 이를 퇴직소득세라고 합니다. 그런데 퇴직급여를 일시금으로 받지 않고 연금으로 받으면, 이 퇴직소득세를 무려 30~40%나 할인해 줍니다. 정확히 말하자면, 10년차 이내에 받는 연금에 대해서는 30%를 할인해 주고, 11년차 이후에 받는 연금에 대해서는 40%를 할인해 줍니다. 오래오래 연금을 받을수록 더 많이 할인해 준다는 뜻이겠네요.

백화점에서 쇼핑할 때, 30~40% 할인을 해주는 물건을 만나면 괜히 사고 싶어지잖아요. 마찬가지로 퇴직소득세도 30~40%나 할인해 준다면, 이것 역시 굉장한 혜택이 아닐까요? 그런데 저는 이 혜택이 얼마나 큰 이득인지 머릿속에 퍼뜩 와 닿지 않습니다. 왜냐하면 '원래의 가격'을 모르기 때문입니다.

100만 원짜리 물건을 살 때 30% 할인을 받으면 30만 원만큼 이득이라는 것은 누구나 압니다. 하지만 퇴직소득세를 30% 할인받으면 얼마의 이득인지 누가 알겠어요? 퇴직소득세가 얼마인지 모른다면 말이에요. 그래서 우리는 일단 퇴직소득세를 얼마나 내야 하는지부터 알아야 합니다.

퇴직소득세를 계산하는 방법은 조금 복잡합니다. 그래서 저는 퇴직소득세 계산법을 구구절절하게 설명하지는 않을 겁니다. 우리 모두가 세금 전문가가 되어야 하는 건 아니잖아요. 그 대신 특정한 상황에서 퇴직소득세가 얼마나 나오는지만 간단하게 설명하겠습니다.

퇴직소득세는 퇴직급여 액수와 근무 연수에 따라서 달라집니다. 같은 금액일 때는 근무 연수가 길수록 세금이 적어지고, 근무 연수가 같을 때는 금액이 낮을수록 세금이 적어집니다.

여러분이 퇴직소득세에 대한 감을 잡을 수 있도록, 퇴직급여 액수와 근무 연수에 따른 퇴직소득세를 다음의 표로 정리해 보았습니다.

퇴직급여액과 근속 연수에 따른 퇴직소득세

퇴직급여액	5년 근무	10년 근무	15년 근무
3000만 원	77만 5000원 (2.5%)	20만 원 (0.67%)	0원 (0%)
5000만 원	214만 3750원 (4.29%)	68만 원 (1.36%)	30만 원 (0.6%)
1억 원	941만 8750원 (9.42%)	387만 5000원 (3.88%)	217만 5000원 (2.18%)

여러분이 회사에서 10년을 근무하고 퇴직급여로 5000만 원을 받게 되었다면, 퇴직소득세는 얼마일까요? 위의 표에서 10년/5000만 원에 해당하는 수치를 찾아보면, 정답은 68만 원입니다. 세율로 따지면 퇴직급여의 1.36%를 퇴직소득세로 내야 하는군요.

만약 똑같은 퇴직급여를 받는데 근속 연수가 5년이라면 어떤가요? 이때의 세율은 4.29%로, 10년 근무했을 때보다 더 많은 세금을 내야 합니다.

근무 연수는 10년으로 동일한데, 퇴직급여액만 차이가 난다면 세금은 어떻게 변할까요? 퇴직급여가 3000만 원일 때는 0.67%, 5000만 원일 때는 1.36%, 1억 원일 때는 3.88%로 금액이 늘어날수록 퇴직소득세도 늘어난다는 사실을 알 수 있습니다. 퇴직소득세가 어느 정도로 책정되는지 대충 느낌이 오시나요?

　퇴직소득세가 얼마 정도 나오는지 알았으니, 이제는 퇴직급여를 연금으로 받으면 얼마나 절약할 수 있는지 알아볼 차례입니다.

　45세에 퇴직하게 된 C씨가 있습니다. 퇴직급여는 5000만 원이었는데, 퇴직소득세를 계산해 보았더니 퇴직급여의 3%인 150만 원을 세금으로 내야 했습니다. 즉, 일시금으로 받는다면 C씨의 손에 들어오게 될 돈은 세금을 공제하고 난 금액인 4850만 원입니다. 만약 C씨가 퇴직 후 돈을 바로 찾지 않고 연금으로 수령한다면 어떻게 될까요?

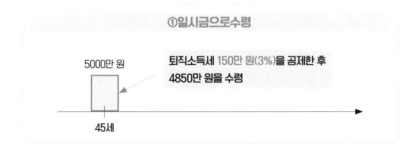

　C씨는 IRP에 돈을 넣어 두고, 연금을 받을 수 있는 나이인 55세까

지 기다립니다(계산의 편의를 위해 이 기간에 운용 수익은 하나도 없는 것으로 가정하겠습니다). 그리고 이 5000만 원을 55세부터 10년에 걸쳐서 연금으로 나눠 받습니다. 1년에 500만 원씩 수령하면 되겠네요.

연금을 받을 때의 세금은 퇴직소득세율이었던 3%에서 30%를 할인한 금액으로 적용됩니다. 즉, 10만 5000원(500만 원×3%×70%)입니다. 그리고 세금을 공제한 실수령액은 489만 5000원입니다. 1년차부터 10년차까지 모두 이 금액이 적용됩니다.

10년에 걸쳐 연금을 받고 난 뒤의 합계액은 어떤가요? 연금액의 합계는 5000만 원이고, 세금의 합계는 105만 원입니다. 일시금으로 수령했을 때 150만 원을 세금으로 냈던 것에 비해 45만 원(30%) 덜 내도 됩니다. 연금으로 수령할 때의 퇴직소득세 할인은 이런 방식으로 적용됩니다.

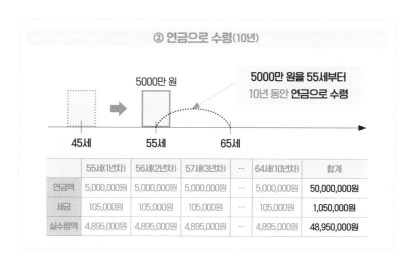

② 연금으로 수령(10년)

5000만 원을 55세부터 10년 동안 연금으로 수령

	55세(1년차)	56세(2년차)	57세(3년차)	…	64세(10년차)	합계
연금액	5,000,000원	5,000,000원	5,000,000원	…	5,000,000원	50,000,000원
세금	105,000원	105,000원	105,000원	…	105,000원	1,050,000원
실수령액	4,895,000원	4,895,000원	4,895,000원	…	4,895,000원	48,950,000원

퇴직급여를 20년에 걸쳐서 연금으로 수령하면 어떻게 될까요? 퇴직소득세 할인은 10년차까지는 30%, 11년차부터는 40%가 적용된다고 했습니다. 그러니 10년에 나눠서 할인받을 때보다 더 많은 할인을 받을 수 있겠네요.

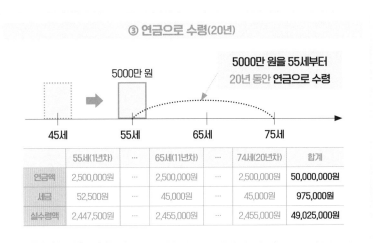

③ 연금으로 수령(20년)

5000만 원

5000만 원을 55세부터
20년 동안 **연금으로 수령**

45세   55세   65세   75세

	55세(1년차)	...	65세(11년차)	...	74세(20년차)	합계
연금액	2,500,000원	...	2,500,000원	...	2,500,000원	**50,000,000원**
세금	52,500원	...	45,000원	...	45,000원	**975,000원**
실수령액	2,447,500원	...	2,455,000원	...	2,455,000원	**49,025,000원**

우선 20년에 걸쳐 나눠서 연금을 받으면, 1년치 연금액은 250만 원(5000만 원/20년)입니다. 1~10년차까지의 세금은 30%를 감면받은 5만 2500원(250만 원×3%×70%)이에요. 그리고 11~20년차까지의 세금은 40%를 감면받은 4만 5000원(250만 원×3%×60%)이고요. 그 결과 퇴직소득세의 합계액은 97만 5000원(5만 2500원×10회+4만 5000원×10회)입니다. 일시금으로 받을 때의 세금인 150만 원이나 10년 동안 연금을 나눠 받을 때의 세금 합계인 105만 원보다 세금을

더 줄일 수 있었습니다.

그런데 지금까지의 내용을 쭉 보면서 곰곰이 생각해 보니, 이런 의문이 생깁니다. "겨우(?) 30%만 할인해 주는 10년까지는 연금을 조금씩만 수령하고, 40%씩이나 할인해 주는 11년부터 연금을 많이 받는다면 세금을 더 적게 낼 수 있지 않을까?"

퇴직연금은 매년 똑같은 금액을 받을 필요가 없기 때문에 이와 같이 연금을 극대화하는 방법도 충분히 생각해 볼 수 있습니다. 예를 들어, 10년차까지는 연금의 최소 금액인 1만 원씩만 받고, 11년차부터 10년 동안 나머지 금액을 나눠서 받는 것입니다. 그럼 아래의 그림과 같은 결과가 나옵니다.

④ 연금으로 수령(극대화)

5000만 원

1~10년차: 1만 원씩 수령
11~20년차: 499만 원씩 수령

45세　55세　65세　75세

	55세(1년차)	…	65세(11년차)	…	74세(20년차)	합계
연금액	10,000원	…	4,990,000원	…	4,990,000원	50,000,000원
세금	210원	…	89,820원	…	89,820원	900,300원
실수령액	9,790원	…	4,900,180원	…	4,900,180원	49,099,700원

이때 퇴직소득세의 합계액은 90만 300원으로, 일시금으로 퇴직

급여를 수령했을 때(150만 원)보다 약 60만 원(40%)을 절세할 수 있습니다.

지금까지 다양한 사례를 비교함으로써 '퇴직소득세 할인'에 대해 살펴보았습니다. 여러분의 머릿속에 퇴직소득세에 대한 개념이 어느 정도 자리를 잡았으면 좋겠습니다.

그런데 퇴직소득세를 설명하면서, 제가 말도 안 되는 얘기를 해버렸지 뭐예요! 계산의 편의를 위해 퇴직 후부터(45세) 연금 수령 시까지(55세) 운용 수익이 하나도 없는 것으로 가정했던 것입니다. 아니, 원리금 보장형인 예금으로만 운용해도 1년에 1~2%의 수익이 날 텐데, 운용 수익이 하나도 없다니요. 이건 말이 되지 않죠. 그림은 이런 식으로 바뀌어야 할 겁니다.

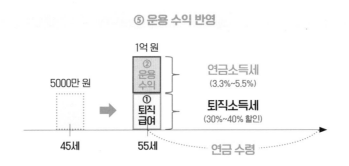

⑤ 운용 수익 반영

그림에서 보시다시피, 직장을 그만둘 때의 퇴직급여는 5000만 원입니다. 이 5000만 원을 10년 동안 운용한 결과 5000만 원의 수익을 추가로 올릴 수 있었습니다.

① 퇴직급여(5000만 원)에 대해서는 연금을 받을 때 30~40% 할인된 퇴직소득세를 부과한다고 앞서 설명해 드렸습니다. 그렇다면 ② 운용 수익(5000만 원)에 대해서는 어떤 세금을 매길까요? 퇴직 이후에 생긴 수익이니만큼 퇴직소득세를 거두기에는 왠지 부적절해 보입니다. 이때 떼어 가는 세금이 바로 연금소득세입니다. 운용 수익에 대해서는 연금으로 수령할 때 3.3~5.5%(70세 미만은 5.5%, 70세 이상 80세 미만은 4.4%, 80세 이상은 3.3%)의 연금소득세를 떼어 갑니다.

참고로, 연금을 인출하는 순서는 ① 퇴직급여 → ② 운용 수익입니다. 퇴직급여에 쌓인 돈(5000만 원)을 연금으로 모두 인출하고 난 다음에 운용 수익에 쌓인 돈(5000만 원)을 인출한다는 뜻입니다. 어떤 돈이냐에 따라 세금의 종류가 달라지기 때문에 인출되는 순서도 알고 있어야 합니다.

세금의 종류나 연금 인출 순서 등은 다소 어렵고 복잡한 내용이지만, 다음에 등장할 과세이연을 이해하려면 꼭 필요한 내용이어서 기본적인 사항만 짚어 보았습니다.

2) 과세이연

퇴직급여를 연금으로 받을 때의 두 번째 세금 혜택은 과세이연입니다. 과세이연이란 내야 할 세금을 '지금' 내지 않고 '나중에(연금을 지급받을 때)' 내는 것을 뜻합니다. 말이 좀 어려운가요?

예를 들어 회사를 그만두고 퇴직급여를 지급받을 때, 우리는 퇴직소득세를 내야 합니다. 그런데 일시금으로 인출하지만 않는다면 세금을 바로 떼어 가지 않습니다. 우리가 연금을 받을 때까지 기다려 줍니다. 연금을 받을 때가 되어서야(나중에) 세금을 내는 것이지요.

또 다른 예를 들어 보겠습니다. 우리가 은행에 가서 1년짜리 예금 상품에 가입한다고 생각해 보겠습니다. 1년이 지나 만기가 되면 은행은 이자를 주겠죠. 그런데 이자 전액을 주는 것이 아니라 이자소득세 15.4%를 떼고 나머지 금액을 줍니다.

반면에 IRP 계좌를 만들어서 1년짜리 예금 상품으로 운용한다면 어떨까요? IRP에서 운용한다면 1년이 지나고 만기가 되었을 때, 이자소득세를 떼지 않은 이자 전액을 넣어 줍니다. 그리고 이때 받아 가지 않은 세금은 나중에 IRP 계좌에서 연금을 인출할 때 연금소득세로 내게 됩니다. 연금소득세는 얼마라고 했죠? 3.3~5.5%라고 했습니다.

이처럼 예금 만기가 되었을 때 내야 할 세금을 그때 내지 않고 '나중에' 내는 것도 과세이연이라고 합니다. 과세이연이 어떤 것인지 이해가 좀 되시나요?

어떤 분들은 이렇게 생각할 수도 있습니다. "아니, 세금을 내지 않게 해주는 것도 아니고, 나중에 내라고 하는 것이 무슨 혜택이야?" 하지만 과세이연은 생각보다 아주 막강한 세금 혜택입니다.

5000만 원의 퇴직급여를 받는 사람이 일시금으로 돈을 찾아서 10년 동안 운용했다고 가정해 보겠습니다. 5000만 원에서 150만 원의 퇴직소득세를 떼고, 나머지 4850만 원으로 돈을 굴릴 수 있겠죠? 10년 동안 100%의 수익을 얻었다면, 10년 후에 이 사람이 보유한 금액은 9700만 원이 될 겁니다(그림①).

반면, 퇴직한 뒤에 일시금으로 돈을 찾지 않고 퇴직 계좌에서 돈을 운용했다면 어떨까요? 세금은 '나중에' 내면 되니까(과세이연) 5000만 원 전체를 운용할 수 있습니다. 10년 동안 100%의 수익을 얻었다면, 1억 원이 되겠네요. 이때 세액공제를 반영한다면 퇴직 계좌에 남아 있는 잔액은 9850만 원(1억 원-150만 원)이 됩니다(그림②).

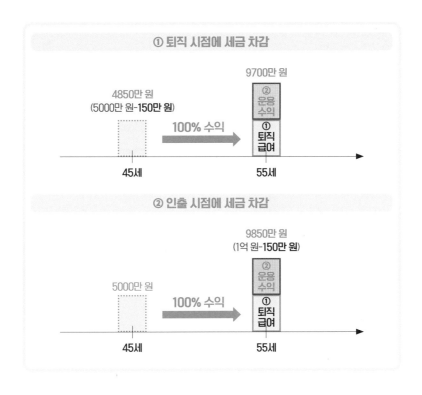

단순히 세금을 내는 시점만 바뀌었을 뿐인데, 결과에 차이가 있네요. 최종 잔액만 비교해 봐도 퇴직소득세 과세이연을 통해 150만 원의 추가 수익이 생겼습니다. 여기에 운용 수익에 대해 발생하는 세금(이자소득세, 배당소득세 등)의 과세이연 효과까지 반영한다면 그 차이는 더 커지겠지요. 과세이연의 효과가 실감되시나요?

3) 세액공제

퇴직급여를 연금으로 받을 때의 세 번째 세금 혜택은 세액공제입니다. 퇴직연금 계좌(DC, IRP)에 개인적으로 추가 납입을 하면, 연말정산을 할 때 세액공제 혜택을 받을 수 있습니다. 최대 한도인 900만 원을 추가 납입할 경우, 무려 148만 5000원(16.5%)까지 돌려받을 수 있습니다. 900만 원을 투자해서 148만 5000원을 돌려받게 된다면, 상당히 남는 장사 아닌가요? (2023년 1월부터 900만 원 한도가 적용되었습니다. 이전까지는 700만 원이었습니다).

세액공제를 받는 금액은 소득수준에 따라 조금 다릅니다.

여러분의 1년간 총급여가 5500만 원 이하라면, 매년 추가 납입한 보험료 중 900만 원까지 세액공제를 받을 수 있습니다. 이때의 세액공제율은 16.5%입니다. 따라서 900만 원의 16.5%인 148만 5000원까지 세액공제를 받을 수 있겠네요.

만약 총급여가 5500만 원을 초과한다면, 이때의 세액공제율은 13.2%입니다. 900만 원을 추가 납입했다면 118만 8000원을 돌려받

소득수준에 따른 세액공제 혜택

	소득수준	납입보험료 최대 한도	세액공제율	최대 세액공제액
DC, IRP 연금저축	총급여 5500만 원 이하 직장인 →	900만 원	16.5%	148만 5000원 (=900만 원 × 16.5%)
	총급여 5500만 원 초과 직장인 →	900만 원	13.2%	118만 8000원 (=900만 원 × 13.2%)

을 수 있습니다.

세액공제 혜택이 워낙 막강하다 보니, 다른 금융 상품에 새로 가입하는 것보다 퇴직연금 계좌에 추가 납입을 하는 편이 훨씬 유리할 수 있습니다. 생각해 보세요. 투자를 통해 1년에 4~5%의 수익을 얻는 것도 쉽지 않은데, 추가 납입을 하면 낸 금액의 16.5%는 따고 시작하는 거잖아요!

하지만 추가 납입을 할 때는 주의해야 할 점이 있습니다. 추가 납입한 금액을 반드시 연금으로 인출해야 한다는 점입니다. 세액공제를 받으려고 추가 납입을 했는데, 연금으로 인출하지 않고 일시금으로 돈을 찾는다면 기타소득세 16.5%를 부과해 오히려 더 손해를 보게 될 수도 있습니다.

은퇴 준비 따라 하기

나의 퇴직연금 알아보기

금융감독원 홈페이지와 퇴직연금이 가입된 금융회사의 홈페이지에 들어가서 여러분의 퇴직연금계좌에 대해 알아보겠습니다.

1. 금융감독원 홈페이지에 로그인한 뒤 가입 내역을 조회하세요.

　　1) 여러분의 퇴직연금은 DB형인가요? DC형인가요?

　　_____ 형

　　2) 퇴직연금이 가입된 금융회사는 어디인가요?

　　_____

2. 여러분의 퇴직연금이 가입된 금융회사 홈페이지에 로그인한 뒤 퇴직연금을 조회하세요.

　　1) 현재 여러분의 퇴직연금은 원리금 보장형과 실적 배당형 중 어떤 방식으로 운용되고 있나요?

2) 퇴직연금은 어떤 금융 상품으로 운용되고 있나요?

3) 퇴직연금 운용 수익률은 몇 퍼센트인가요?

누적 _____ %, 연평균 _____ %

3. 퇴직연금을 어떤 금융상품으로 운용할 수 있는지 조회해 보겠습니다. 여러분의 퇴직연금이 가입된 금융회사 홈페이지에서 매수할 수 있는 상품 목록을 확인해 보세요.

  1) 여러분은 ETF, TDF, 펀드, 정기예금, 기타 금융 상품 가운데 어떤 금융 상품들로 퇴직연금을 운용할 계획인가요?

  2) 퇴직연금에서는 적립금의 최대 70%까지 위험자산에 투자할 수 있습니다. 여러분은 적립금의 몇 퍼센트를 위험자산에 편입할 계획인가요?

4. 퇴직급여 수령 방법을 선택해 보세요.

  1) 여러분은 은퇴 후 퇴직급여를 일시금으로 받으시겠어요? 연금으로 받으시겠어요?

  2) 앞선 답변에 따라 다음 표의 빈칸을 채워보세요.

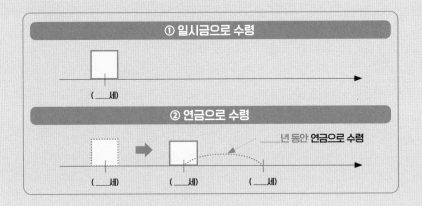

① 일시금으로 수령

(___세)

② 연금으로 수령

___년 동안 **연금으로 수령**

(___세)   (___세)   (___세)

7장

무엇이
최고의 선택인가,
개인연금

연금저축보험, 그대로 놔둬도 괜찮을까?

와이프님의 표정이 사뭇 진지하다. 스마트폰 화면을 뚫어져라 쳐다 본 지 벌써 10분째다. 그러고는 무언가 마음에 들지 않는 듯 고개를 절레절레 휘저었다. 뭔가 불만스러운 일이 발생한 게 틀림없다. 나는 조심스럽게 물었다.

나   아까부터 심각한 표정으로 뭘 그렇게 열심히 보고 있는 거 야?

와이프님   우리가 결혼할 무렵에 가입했던 연금저축보험 있잖아? 내 가 매달 20만 원씩 꼬박꼬박 넣던 거 말이야. 그게 좀 이상 한 거 같아.

나   도대체 뭐가 문젠데?

와이프님의 말을 간단히 정리하면 이렇다. 8년 전 연금저축보험에 가입해 매달 20만 원씩 납부했는데, 오랜만에 조회해 봤더니 생각보 다 이자가 너무 적어서 실망스럽다는 것이다.

와이프님 이 돈을 은행에 넣어서 매년 2%씩만 이자를 받았어도 이것보다는 훨씬 나았겠어! 더군다나 지금 해지해 버리면 원금도 받을 수 없다는 거잖아. 내가 바보같이 속아서 가입했던 걸까?

나는 와이프님이 뚫어져라 쳐다보던 스마트폰을 넘겨받아 해당 상품의 가입 내역을 찬찬히 살펴보았다. 와이프님 연금저축보험 계좌의 현재 상황은 다음과 같았다.

총납입보험료: 2000만 원(100회차 납입)
해지환급금: 2110만 3990원(+110만 원)
실지급액: 1785만 2858원(기타소득세 325만 원 차감)

한때 보험회사에서 근무했던 경력자로서 나는 와이프님에게 이렇게 변명(?)하고 싶었다. '이자가 많지 않아 보이지만, 엄밀히 따지고 보면 절대 그렇지 않아! 왜냐하면 연금저축에 보험료를 냄으로써 당신은 매년 세액공제를 받았을 거거든. 1년에 240만 원의 보험료를 냈다고 가정했을 때, 당신은 매년 39만 6000원(240만 원×16.5%)의 추가적인 이득이 생겼다고 볼 수 있지. 물론 연말정산 받은 돈을 그때마다 홀랑 다 써버려서 머릿속에는 전혀 남아 있지 않겠지만 말이야.'

또한 이제 막 재테크에 관심을 갖기 시작한 와이프님의 자상한 남편으로서 나는 이런 위로의 말을 건네고 싶기도 했다. '괜찮아. 보험회사 상품의 특성상 7년차까지는 사업비를 많이 떼어 가서 이자가 별로 발생하지 않는데, 이제부터는 사업비가 줄어들면서 이자가 많이 늘어날 거야. 너무 걱정할 필요는 없어.'

하지만 재테크 책의 작가로서 나는 와이프님에게 '변명'이나 '위로'를 하는 대신 이렇게 설명하기로 했다.

나   우리에게는 세 가지 선택지가 있어. 첫째, 지금 당장 연금저축보험을 해지하거나 둘째, 연금저축보험을 지금처럼 계속 유지하거나 아니면 셋째, 연금저축보험에 있는 돈을 연금저축펀드로 이전하거나. 이 중 어떤 방법이 제일 좋을지는 지금부터 설명해 줄게!

지난 5장과 6장에서는 각각 국민연금과 퇴직연금에 대한 계획을 세워 보았습니다. 그런데 우리가 은퇴를 준비하는 데 국민연금과 퇴직연금만으로 충분할까요? 절대 그렇지 않습니다. 여러분도 이 사실을 이미 알고 있을 거라고 생각합니다.

노후 준비를 위해 국민(퇴직)연금 이외에 추가로 준비해야 할 금융 상품이 바로 '개인연금'입니다. 하지만 제가 막연하게 "은퇴를 준비하려면 개인연금이 필수입니다. 빨리 가입할수록 유리하니 서두르세요!"라고 얘기한다면, 여러분은 지금 당장 뭘 어떻게 하라는 건지 몰라서 막막하시겠죠? 그래서 이번 장에서는 이 주제에 관해 조금 더 구체적으로 가이드라인을 제시하려고 합니다.

사실 우리가 고려해야 할 개인연금 상품은 딱 세 종류밖에 없습니다. 첫째는 증권사에서 가입할 수 있는 연금저축펀드입니다. 둘째는 보험사에서 가입할 수 있는 연금저축보험(이 장의 시작 부분에서 언급한, 와이프님이 가입한 상품)입니다. 셋째는 마찬가지로 보험사에서 가입할 수 있는 연금보험(변액연금보험 포함)입니다. 예전에는 은행의 연금저 축신탁이라는 상품도 있었는데, 지금은 신규로 가입할 수 없으니 따로 다루지는 않겠습니다.

우리가 가입할 수 있는 개인연금 상품의 종류를 알았으니, 지금부 터 해야 할 일이 분명해졌군요. 우선 이 세 가지 상품 가운데 어떤 상 품이 여러분에게 최선인지 판단해야 합니다. 그리고 최선의 상품을 추려냈다면, 이 상품에 매년(혹은 매월) 얼마씩 넣어서 은퇴를 준비할 지 계획을 세워야 합니다. 간단하죠?

ROUND 0
: 세액공제 완벽 해부

연말이 되면 사람들이 유독 많이 가입하는 금융 상품이 있습니다. 바로 연금저축(① 연금저축펀드, ② 연금저축보험)입니다. 연말정산 시즌 이 다가오면 사람들은 세금을 절약할 수 있는 금융 상품에 대해 알아 보는데, 그중에서도 세액공제를 받을 수 있는 대표적인 상품인 연금 저축에 관심을 갖게 되는 것이죠.

정부도 여러분이나 제가 알고 있는 사실(국민연금이나 퇴직연금만으로 은퇴 준비를 하기에는 부족하다는 사실)을 알고 있나 봅니다. 개인연금 상품에 세액공제와 같은 강력한 세금 혜택을 주는 걸 보면 말입니다. 특별한 혜택을 줌으로써 사람들이 개인연금에 가입할 수 있도록 유도하고, 스스로 은퇴를 준비할 수 있도록 하는 것이죠.

　　그런데 '세액공제' 하면 떠오르는 상품이 또 있지 않나요? 앞 장에서 보았던 '퇴직연금(그중에서도 DC와 IRP)'이 곧바로 생각나셨다면, 이 책의 내용을 아주 훌륭하게 따라오고 있는 것입니다. 6장에서 '퇴직연금 계좌(DC, IRP)에 개인적으로 추가 납입을 하면, 연말정산을 할 때 세액공제 혜택을 받을 수 있다'고 이미 말씀드린 바가 있었지요.

　　연금저축도 DC형 퇴직연금이나 IRP와 마찬가지로 세액공제를 받을 수 있습니다. 1년간 총급여가 5500만 원 이하라면 납입금의 16.5%를 세액공제 해주고, 1년간 총급여가 5500만 원을 초과한다면 납입금의 13.2%를 세액공제 해줍니다. 이 부분은 6장의 내용과 동일하니 더 설명하지는 않겠습니다.

　　하지만 이런 막강한 세액공제 혜택을 무한정으로 제공할 수는 없습니다. 생각해 보세요. 1년에 100만 원을 내면 16만 5000원을 '캐시백(?)'해 주는 혜택을 사람들에게 무한정으로 제공한다면, 누가 바보같이 세금(소득세)을 내겠어요! 그래서 연금저축에는 세액공제 한도 금액이 정해져 있습니다. 그 한도 금액은 '1년에 600만 원'입니다. (2023년 1월부터 적용되었습니다. 그전에는 400만 원이었습니다.)

> ### 연금저축 한도 금액
> ⇒ 600만 원

혹시 퇴직연금(DC, IRP)에도 세액공제 한도가 있다고 했던 거 기억 나시나요? 네, 맞습니다. 퇴직연금은 1년에 900만 원까지 세액공제를 받을 수 있다고 앞 장에서 말씀드렸지요. 그럼 연금저축에 600만 원을 납입하고, IRP에 900만 원을 납입하면 1년에 총 1500만 원을 세액공제 받을 수 있을까요? 그렇지 않습니다.

이제야 고백하지만, 퇴직연금의 세액공제 한도가 900만 원이라고 했던 것은 정확하지 않은 표현이었습니다. 정확하게 말하자면, '퇴직연금+연금저축'의 통합 한도가 900만 원입니다(233쪽의 그림을 다시한 번 자세히 보시면, DC와 IRP 밑에 연금저축이라고 적어 놓은 것을 확인할 수 있을 겁니다).

세액공제 한도 금액2

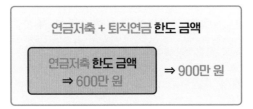

그래서 연금저축에 600만 원을 납입했다면, 퇴직연금에서 세액공제를 더 받을 수 있는 금액은 300만 원까지입니다. 연금저축과 퇴직연금을 합해 900만 원까지만 세액공제를 받을 수 있기 때문입니다.

간단한 예시를 들어보겠습니다. A씨가 있습니다. A씨의 목표는 연금저축과 IRP에 투자하여 연말정산 때 세액공제를 최대한 많이 받는 것입니다. A씨는 2023년 한 해 동안 총 900만 원의 금액을 연금저축과 IRP에 나눠서 내기로 마음먹었습니다.

다음의 표는 A씨가 연금저축과 IRP에 각각 납입한 금액에 따라 받을 수 있는 세액공제액을 정리한 것입니다. 단, A씨의 총급여액은 5500만 원 이하라고 가정하겠습니다.

900만 원을 어떻게 나눠서 납입할까?				
구분	연금저축 납입액	IRP 납입액	세액공제 대상 금액	세액공제액(16.5%)
①	900만 원	0원	600만 원	99만 원
②	600만 원	300만 원	900만 원	148만 5000원
③	300만 원	600만 원	900만 원	148만 5000원
④	0원	900만 원	900만 원	148만 5000원

900만 원을 ①과 같이 연금저축에만 납입한다면, 세액공제를 받을 수 있는 금액은 600만 원입니다. 그 이유는 연금저축의 세액공제 한도액이 600만 원이기 때문입니다. 연금저축에 600만 원을 초과하는 금액을 납입했더라도 600만 원까지만 세액공제를 받을 수 있습니다.

②와 같이 연금저축에 600만 원, IRP에 300만 원을 납입한다면

어떨까요? 우선 연금저축은 세액공제 한도 금액(600만 원)을 초과하지 않았기 때문에 600만 원 전액을 세액공제 받을 수 있습니다. 이때 IRP에 남아 있는 세액공제 한도는 300만 원[900만 원(총한도) − 600만 원(연금저축 세액공제 금액)]이 됩니다. 남은 한도인 300만 원만큼을 IRP에 납입하여 전체 금액인 900만 원을 모두 세액공제 받을 수 있습니다.

③도 마찬가지입니다. 연금저축에 납입한 300만 원은 세액공제 한도 금액을 초과하지 않기 때문에 전부 세액공제를 받을 수 있습니다. 이때 IRP에 남아 있는 세액공제 한도는 600만 원[900만 원(총한도)− 300만 원(연금저축 세액공제액)]이 되겠군요. 따라서 IRP에 600만 원을 입금하면 전체 금액인 900만 원을 모두 세액공제 받을 수 있습니다.

④처럼 900만 원을 모두 IRP에 납입한다면 어떻게 될까요? 이 경우에도 900만 원에 대한 세액공제를 모두 받을 수 있습니다. IRP 계좌의 세액공제 한도가 900만 원[900만 원(총한도)−0원(연금저축 세액공제액)] 남아 있기 때문입니다.

연금저축과 IRP 계좌의 세액공제 금액이 어떻게 적용되는지 이해하셨나요? 잘 이해하셨는지 점검하는 차원에서 간단한 응용문제를 하나 내보겠습니다.

A씨가 만약 연금저축에 700만 원, IRP에 200만 원을 납입했다면 세액공제 대상 금액은 얼마일까요? 잠깐 멈춰서 고민해 보시기 바랍니다. 정답을 생각하셨나요? 그럼 계속해서 진도를 나가 보겠습니다.

정답은 800만 원입니다. 우선, 한도를 초과하여 700만 원을 납입한 연금저축에서는 600만 원까지만 세액공제를 받을 수 있습니다. 이때 IRP 계좌의 세액공제 한도는 300만 원[900만 원(총한도) - 600만 원(연금저축 세액공제액)]이 남아 있으므로, IRP에 납입한 200만 원은 모두 세액공제를 받을 수 있습니다. 따라서 600만 원+200만 원, 총 800만 원에 대하여 세액공제를 받게 됩니다.

이 문제를 스스로 풀었다면, 여러분은 연금저축과 퇴직연금의 세액공제 한도에 관해 전부 이해하셨다고 보아도 무방합니다(축하드립니다!). 그런데 세액공제 한도를 공부하다 보니 의문점이 한 가지 생기는군요. 위의 표에서 ②번처럼 연금저축에 600만 원, IRP에 300만 원을 납입해도 총 900만 원에 대한 세액공제를 받을 수 있고, ④번처럼 IRP에만 900만 원을 납입해도 총 900만 원에 대한 세액공제를 받을 수 있다면, 둘 중 과연 어느 쪽이 우리에게 더 유리할까요? 연금저축에 돈을 넣으나 IRP에 돈을 넣으나 별다른 차이가 없다면 굳이 ②번처럼 돈을 복잡하게 나눠서 넣을 필요가 있을까요?

이 질문을 쉽게 바꾸자면, 이렇게 고칠 수도 있겠습니다. 연금저축이 더 좋은 건가요, IRP가 더 좋은 건가요? 이 질문은 중요한 문제이

Round 1 예고

연금저축　　　　IRP

니 꼭 기억해 두시기 바랍니다. 정답은 잠시 후에 알려드리겠습니다.

연금저축과 IRP의 대결(?)을 지켜보기에 앞서, 세액공제에 관해 추가로 알아야 할 중요한 내용을 두 가지만 더 짚어 보겠습니다.

첫 번째로 알아야 할 사실은 여러분이 연금저축(퇴직연금)에 돈을 넣는다고 해서 무조건 세액공제를 받을 수 있는 건 아니라는 점입니다. 만약 연말정산에서 내야 할 세금이 없다면 세액공제도 받을 수 없습니다. 말이 조금 알쏭달쏭한가요?

세액공제란 쉽게 말해, 연말정산을 할 때 여러분이 내야 하는 소득세를 깎아 주는 개념입니다. 그런데 여러분이 내야 하는 소득세가 0원이라면 어떨까요? 깎아 줄(세액공제) 것도 없겠죠?

A씨가 연말정산을 해보니 내야 할 세금(결정세액)이 20만 원으로 나왔다고 가정해 보겠습니다. 그런데 A씨가 세액공제를 무조건 많이 받겠다는 욕심으로 연금저축과 IRP에 한도 금액인 900만 원을 꽉꽉 채워서 납입한 거예요. 900만 원의 16.5%인 148만 5000원을 세액공제 받겠다는 생각으로 말입니다.

하지만 정작 A씨는 20만 원밖에 세액공제를 받지 못했습니다. 당연하죠! 애초에 내야 할 세금이 20만 원뿐이었으니까요. 900만 원이 아니라, 연금저축에 140만 원(한 달에 약 11만 원)만 넣었어도 20만 원(140만 원×16.5%=23만 1000원)을 세액공제 받기에는 충분했을 겁니다.

그렇다면 여러분의 경우에는 연금저축에 얼마씩 납입하면 세액공제를 받기에 충분할까요? 그 금액을 산출하기 위해서는 여러분의 소득세(결정세액)가 얼마나 나올지 미리 알아야 합니다. 그런데 소득세를 계산하는 과정은 굉장히 어렵고 복잡합니다(그리고 여러분 모두가 세금 전문가가 될 필요는 없죠!). 저는 소득세를 복잡하게 계산하지 않고 간단하게 유추할 수 있는 방법을 여러분에게 알려드리고자 합니다.

여러분의 올해 급여 수준이 작년에 비해 크게 달라지지 않았고, 부양가족 수 등에 특별한 변경 사항이 없다면, 여러분이 올해 내야 할 소득세는 작년과 크게 달라지지 않을 가능성이 높습니다. 따라서 작년 연말정산 내용을 보면, 올해의 소득세 수준을 대략 예측해 볼 수 있습니다. 2023년도에 소득세가 얼마나 나올지 예측하기 위해 2022년도의 연말정산 결과를 확인하면 된다는 것이지요.

작년의 연말정산 결과는 '원천징수영수증'을 보면 확인할 수 있습니다. 원천징수영수증은 현재 다니고 있는 직장의 급여 담당자에게 부탁해도 되고, 홈택스 홈페이지에서 직접 출력할 수도 있습니다.

원천징수영수증을 출력하면 여러 쪽이 나오는데, 그중 우리에게 필요한 것은 2쪽의 내용입니다.

가장 먼저 확인할 것은 ① 총급여액입니다. 총급여액에 따라 세액공제율이 달라지기 때문입니다. 다시 한번 복습하자면, 총급여액 5500만 원 이하는 16.5%, 5500만 원 초과는 13.2%의 세액공제를 받을 수 있습니다.

② 연금계좌 납입액도 중요합니다. 작년에 냈던 퇴직연금 추가 납입액과 연금계좌 납입액을 구분하여 확인할 수 있습니다. 와이프님의

와이프님의 원천징수영수증

①							⑯종합소득과세표준				
㉒총 급 여(⑯다만 외국인단일세율 적용시에는 연간 근로소득)							⑯산 출 세 액			1,933,531	
㉓근로소득공제						세	⑱「소득세법」			0	
㉔근로소득금액						액	⑲「조세특례제한법」(⑳제외)			0	
기 본 공 제	㉕본 인					감	㉑「조세특례제한법」 제30조			0	
	㉖배 우 자					면	㉒조세조약			0	
	㉗부양가족(0 명)			0			㉓세액감면계			0	
추 가 공 제	㉘경로우대(0 명)			0			㉔근로소득			664,296	
	㉙장 애 인(0 명)			0			㉕자녀	공제대상자녀(0 명)		0	
	㉚부 녀 자			0				출산·입양자(0 명)		0	
	㉛한 부 모 가족			0			㉗「과학기술인공제회 법」에 따른 퇴직연금	공제대상금액		0
연 금 보 험 료 공 제	㉜국민연금보험료		대상금액					세액공제액		0
			공제금액			②	㉘「근로자퇴직급여 보장법」에 따른 퇴직연금	공제대상금액		
	㉝공적연금보험료공제	㉮공무원연금	대상금액	0		금		세액공제액		
			공제금액	0		계	연금저축	공제대상금액		2,400,000
		㉯군인연금	대상금액	0		좌		세액공제액		360,000
			공제금액	0			㉙-1 ISA 만기시 연금계좌 납입액	공제대상금액		0
		㉰사립학교교직원연금	대상금액	0				세액공제액		0
IV			공제금액	0			㉚보험료	보장성	공제대상금액	0
정 산 명 세		㉱별정우체국연금	대상금액	0					세액공제액	0
			공제금액	0				장애인전용 보장성	공제대상금액	0
	㉞특별소득공제	㉲건강보험료(노인장기요양 보험료포함)	대상금액			특			세액공제액	0
			공제금액			별	㉛의료비		공제대상금액	0
		㉳고용보험료	대상금액			세			세액공제액	0
			공제금액			액	㉜교육비		공제대상금액	0
		㉴주택임차 차입금원리 금상환액	대출기관			공			세액공제액	0
			거주자	0		제	㉝기부금	㉮정치 자금 기부금	10만원 이하	공제대상금액	0
		㉵장기 주택저 당차입 금이자 상환액	2011년이전 차입분	15년미만	0					세액공제액	0
				15년~29년	0				10만원 초과	공제대상금액	0
				30년이상	0					세액공제액	0
			2012년이후 차입분 (15년이상)	고정금리이거나 비거치상환대출	0			㉯「소득세법」 제34조제2항제1호에 따른 기부금		공제대상금액	0
				그밖의 대출	0					세액공제액	0
			2015년 이후 차입분	15년 이상	고정금리이면서 비거치상환대출	0		㉰우리사주조합 기부금		공제대상금액	0
					고정금리이거나 비거치상환대출	0				세액공제액	0
					그밖의 대출	0		㉱「소득세법」 제34조 제3항제1호의 기부금 (종교단체 외)		공제대상금액	0
				10년 이상	고정금리이거나 비거치상환대출	0				세액공제액	0
		㉶기부금 (이월분)			0		㉲「소득세법」 제34조 제3항제1호의 기부금 (종교단체)		공제대상금액	0
		㉷계			0				세액공제액	0
	㉟차감소득금액			0		㉳계				
	그 밖 의 소 득 공 제	㊱개인연금저축			0		㉴표준세액공제			0
		㊲소기업·소상공인 공제부금			0		㉟납세조합공제			0
		㊳주택 마련저축 소득공제	㉮청약저축		0		㊱주택차입금			0
			㉯주택청약종합저축		0		㊲외국납부			0
			㉰근로자주택마련저축		0		㊳월세액	공제대상금액		0
		㊴투자조합출자 등			0			세액공제액		0
		㊵신용카드 등 사용액			0		㊴세액공제 계			1,044,602
		㊶우리사주조합 출연금			0	③	㊵결정세액(⑯- ㉔- ㉝)			888,929
		㊷고용유지 중소기업 근로자			0		㊶실효세율(%) (㊵/ ㉒×100)			2.1%
		㊸장기집합투자증권저축			0					
		㊹그밖의 소득공제 계			0					
	㊺소득공제 종합한도 초과액			0					

경우, 퇴직연금 추가 납입액은 0원이고, 연금저축에는 240만 원을 납입하여 36만 원을 세액공제 받았습니다. 원천징수영수증에는 240만 원의 15%인 36만 원만 세액공제 받은 것으로 표시되는데, 지방소득세(소득세의 10%)를 합하면 총 16.5%의 세액공제 효과가 있습니다.

연금저축에 얼마를 넣을지 계산하기 위해 가장 중요한 것은 ③ 결정세액입니다. 결정세액이 세액공제를 받을 수 있는 한도 금액이기 때문입니다. 와이프님의 경우, 결정세액은 대략 88만 원입니다. 바꿔 말하면, 88만 원까지 추가로 세액공제를 받는 것이 가능하다는 뜻이죠. 88만 원을 세액공제 받기 위해 연금저축(퇴직연금)에 얼마를 추가로 넣으면 될까요? 88만 원을 15%(총급여 5500만 원 초과자는 12%)로 나눈 금액인 586만 7000원을 작년보다 더 넣으면 됩니다. 그 이상의 금액을 납입한다고 해도 세액공제 효과를 더 얻지는 못하겠군요.

세금과 관련된 내용은 항상 머리를 복잡하게 합니다. 하지만 여러분이 1년에 내는 소득세는 대략 얼마 정도인지, 또 세액공제를 통해 돌려받을 수 있는 금액은 얼마나 되는지를 확인하기 위해 여러분의 원천징수영수증을 꼭 한번 출력하여 확인해 보시기 바랍니다.

세액공제에 대해 두 번째로 알아야 할 사실은 세액공제를 받은 금액을 연금으로 받지 않고 일시금으로 인출하면 패널티를 받게 된다는 점입니다. 여기서 말하는 '패널티'란 세금을 많이 뱉어내야 한다는 것을 뜻합니다.

이것도 어찌 보면 당연한 얘기입니다. 정부에서는 국민들의 '연금 수령'을 장려하기 위해 세액공제라는 '혜택'을 주는 것입니다. 그런데 세액공제 혜택만 챙겨 먹고, 정작 연금 수령은 하지 않으면 안 되겠죠? 그래서 연금 대신 일시금으로 인출하면 이에 대한 패널티로 더 많은 세금을 부과하는 것입니다.

이 장의 서두에서 다뤘던 와이프님의 연금저축보험 계좌 내역을 다시 살펴보겠습니다.

와이프님의 연금저축보험		
총납입 보험료	2000만 원	(20만 원×100회 납입)
해지환급금	2110만 3990원	(약 110만 원 수익)
해지 시 실지급액	1785만 2858원	**(기타소득세 325만 원 차감)**

▶ 패널티

와이프님이 지금까지 낸 납입보험료는 총 2000만 원입니다. 20만 원씩 100회차를 납입한 금액입니다. 그리고 이 계좌의 해지환급금은 2110만 3990원입니다. 8년 동안 운용하여 약 110만 원의 수익을 얻었군요.

그런데 지금 당장 이 상품을 해지하여 일시금으로 돈을 인출한다면, 와이프님이 받을 수 있는 금액은 '해지환급금' 금액이 아닙니다. 실지급액은 기타소득세(패널티)인 약 325만 원을 차감한 1785만 2858원입니다. 이때 기타소득세는 세액공제를 받은 원금과 운용 수익금을 합한 금액에 16.5%를 부과한 금액입니다.

기타소득세 325만 원을 내지 않으려면 어떻게 해야 할까요? 간단합니다. 연금으로 인출하면 됩니다. 즉, 와이프님이 55세 이후에 이 계좌의 돈을 10년 이상에 걸쳐서 연금으로 인출한다면, 기타소득세는 내지 않아도 될 돈이라는 뜻입니다. 만약 여러분이 세액공제를 받기 위해 연금저축에 가입했다면, 연금으로 인출해야 패널티를 받지 않을 수 있다는 점을 반드시 기억하고 있어야 합니다.

세액공제 체크 포인트 2가지

1. **세액공제 가능 금액**(결정세액)을 확인할 것! (feat. 원천징수영수증)
2. **연금으로 인출**하여 패널티(기타소득세 16.5%)를 피할 것!

ROUND 1
: 연금저축 vs IRP

이제부터는 아까 잠시 미뤄 두었던 대결의 결과를 알아보겠습니다. 무슨 대결인지 벌써 잊으신 건 아니죠? 연금저축과 IRP 중에서 어떤 것이 더 좋은지 알아보기로 했잖아요. 만약 IRP가 더 좋은 거라면 IRP에 통째로 900만 원을 납입하고, 연금저축이 더 좋은 거라면 연금저축에 600만 원, IRP에 300만 원을 납입할 겁니다.

결론부터 얘기하자면, 저는 연금저축에 우선순위를 두는 것을 추천하고 싶습니다. 그 이유는 무려 세 가지나 됩니다. 이해를 돕기 위해 IRP를 운용 구조가 비슷한 연금저축 '펀드'와 비교해 보겠습니다.

연금저축이 좋은 첫 번째 이유는 자산 운용이 IRP에 비해 자유롭다는 점입니다. 6장에서 여러분이 꼭 외워야 할 퇴직연금 투자 규칙이 있다고 말씀드렸죠? 바로 총자산의 70%를 초과하여 위험 자산에 투자할 수 없다는 규칙이었습니다. 그런데 연금저축에는 이러한 제약이 없습니다. 투자금액 전체를 위험 자산에 배분하여 공격적으로 운용할 수도 있다는 뜻입니다.

무조건 위험 자산에 투자하라는 뜻은 아닙니다. 하지만 여러 가지 투자 전략에 따른 포트폴리오를 구성할 때(8장에서 다룰 주제입니다), 퇴직연금과 같은 제약이 있으면 불리한 측면이 있습니다. 그 예로 퇴직연금에서는 앞 장에서 살짝 보여드렸던 기본 전략(워런 버핏 포트폴리오 S&P500 90%, 채권 10%로 구성)도 '70% 규칙' 때문에 제대로 만들어내지 못했잖아요.

운용할 수 있는 펀드의 종류에서도 차이가 납니다. 연금저축에서 운용할 수 있는 펀드의 종류가 훨씬 더 많습니다. 펀드슈퍼마켓(한국포스증권)에서 조회해 보면, 현재 연금저축으로 편입 가능한 펀드의 종류는 968개인 데 비해, IRP로 편입 가능한 펀드의 종류는 절반 수준인 417개에 불과합니다. 연금저축의 '선택의 폭'이 IRP에 비해 2배 이상 넓다고 생각하시면 될 듯합니다.

연금저축이 좋은 두 번째 이유는 부분 인출이 가능하다는 점입니다. 사람이 살다 보면 뜻하지 않게 급한 돈이 필요할 때가 있습니다. 그런 긴급 상황이 발생했을 때, IRP 계좌에서는 필요한 금액만큼만 부분적으로 돈을 인출하는 것이 매우 어렵습니다(예외적으로 부분 인출이 가능한 경우도 있긴 합니다). 결국 계좌를 해지하여 전액을 인출해야 하는 상황이 발생할 수도 있습니다. 급하게 1000만 원만 필요한데 IRP 계좌에 1억 원이 들어 있다면, 안타깝게도 1억 원 전체를 해지해야 한다는 뜻이죠. 물론 그 과정에서 세액공제를 받은 만큼 패널티(기타소득세 16.5%)도 내야 합니다.

반면 연금저축에서는 필요한 금액만 인출하는 것이 가능합니다. 급하게 1000만 원이 필요하다면 1억 원이 들어 있는 연금저축 자체를 해지할 필요 없이 1000만 원만 인출할 수 있다는 뜻입니다. 물론 세액공제를 받았다면 인출한 금액(1000만 원)에 해당하는 만큼 패널티(기타소득세 16.5%)를 내야 하긴 합니다. 그래도 IRP 계좌처럼 1억 원 전체에 대해 패널티를 내지 않아도 되는 것이 어디인가요.

연금저축이 좋은 세 번째 이유는 비용 측면에서 유리하다는 점입니다. IRP 계좌는 연금저축에 없는 수수료가 추가로 발생합니다. 바로 자산 관리 수수료와 운용 관리 수수료입니다. 즉, IRP와 연금저축에 각각 똑같은 펀드를 편입하여 운용하더라도 IRP에서는 이 두 가지 수수료만큼 비용이 더 빠져나간다는 뜻입니다.

자산 관리 수수료와 운용 관리 수수료의 합계는 평균적으로 연

0.2~0.5% 수준입니다. 만약 IRP 계좌에 1억 원이 들어 있다면 매년 20~50만 원 정도가 수수료로 빠져나간다는 것을 의미합니다. 무시하지 못할 수준이지요.

최근에는 이들 수수료를 받지 않는 금융회사도 조금씩 생겨나고 있으니, 만약 IRP 계좌를 신규로 가입할 계획이라면 수수료도 꼼꼼히 체크해 보시기 바랍니다.

Round1 결과

WIN
연금저축   IRP

→ 연금저축에 우선 600만 원을 넣고, 그 후 IRP에 300만 원을 넣는다.

이러한 이유로 연금저축과 IRP의 대결은 연금저축의 압승이라고 할 수 있습니다. 하지만 IRP가 항상 불리하기만 한 것은 아닙니다. 예금처럼 안정적인 금융 상품으로 연금 계좌를 운용하고 싶은 분들은 오히려 IRP를 선호하실 수도 있거든요. 물론 저나 이 책을 읽으시는 여러분에게 해당되는 얘기는 아닐 거라고 생각합니다.

ROUND 2

: 연금저축보험 vs 연금보험

연금저축과 IRP의 서열 정리가 끝났으니, 이제 본격적으로 개인연금 상품 간의 비교를 해보겠습니다. 개인연금 상품에는 증권사의 연금저축펀드와 보험사의 연금저축보험, 연금보험이 있습니다. 이 세 가지 상품 가운데 먼저 연금저축보험과 연금보험의 우열을 가려 보겠습니다. 여러분도 이 대결의 승자가 누구일지 미리 예측해 보세요. 그럼 좀 더 흥미롭게 결과를 지켜볼 수 있으리라 기대가 되네요.

연금저축보험과 연금보험은 태생이 같은 만큼(보험사) 이름도 상당히 비슷합니다. 그래서 이 두 상품을 서로 헷갈리는 분들도 꽤 많습니다. 물론 이름이 비슷한 만큼 상품의 성격도 유사합니다. 노후 자금을 모으기 위한 상품이라는 점이나 공시이율로 계산된 이자를 적립해 준다는 점이 비슷합니다.

그런데 이 두 상품 사이에는 결정적인 차이가 하나 있습니다. 바로 세금을 어떻게 매기느냐는 것입니다(또 세금이야?).

우선 연금저축보험은 세액공제 혜택을 받을 수 있다는 장점이 있습니다. 하지만 연금을 받을 때는 연금소득세(3.3~5.5%)를 내야 합니다. 반면 연금보험은 세액공제 혜택을 받을 수 없습니다. 하지만 연금을 받을 때 (일정한 요건만 충족한다면) 연금소득세를 낼 필요가 없습니다. 즉, 비과세입니다. 한마디로 연금저축보험과 연금보험의 대결은 세액공제와 비과세의 싸움이라고 봐도 무방하겠군요.

개인연금에 가입하는 이유는 소득이 있는 시기에 보험료를 내고, 은퇴 이후에 연금으로 돌려받기 위해서입니다. 그렇다면 어떤 개인연금 상품이 더 좋은 상품이라고 할 수 있을까요? 간단합니다. 똑같은 보험료를 내고, 더 많은 돈을 돌려받을 수 있다면 좋은 상품이겠지요! 연금저축보험과 연금보험의 비교에서도 마찬가지입니다.

가장 단순한 예시를 한번 들어 보겠습니다. 45세의 B씨는 앞으로 10년 동안 개인연금 상품에 가입하여 55세부터 연금을 수령할 생각입니다. 한 달에 저축할 수 있는 돈은 50만 원(1년에 600만 원)입니다. B씨는 이 돈을 연금저축보험에 넣을지, 연금보험에 넣을지 무척 고민입니다. 과연 어떤 상품에 가입하는 것이 B씨에게 유리할까요? (두 상품 모두 1년마다 2%씩 수익이 발생한다고 가정하겠습니다.)

계산이 쉬운 연금보험부터 살펴보겠습니다. 매년 600만 원씩 납입했을 때, 10년이 지난 뒤 적립액은 약 6701만 원(연 2% 가정) 정도

B씨의 연금보험①

연금
보험

1년에 600만 원씩 **납입**

45세   55세   ▶ **적립액**
: 6701만 원

입니다. 이 금액을 연금으로 나눠 받으면 됩니다. 연금보험은 비과세이기 때문에 6701만 원 전체를 돌려받는다고 생각하면 되겠습니다.

다음으로 연금저축보험입니다. 기본적으로 납입액이나 적립액은 연금보험과 동일합니다. 이율이 같다고 가정했기 때문입니다. 차이점이 있다면, 연금저축보험은 납입 기간에는 세액공제를 받고, 연금 수령 기간에는 연금소득세를 내야 한다는 것이지요.

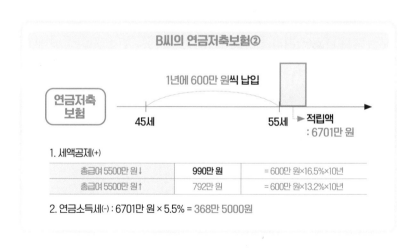

B씨의 연금저축보험②

연금저축
보험

1년에 600만 원씩 **납입**

45세   55세   ▶ **적립액**
: 6701만 원

1. 세액공제(+)

총급여 5500만 원↓	**990만 원**	= 600만 원×16.5%×10년
총급여 5500만 원↑	792만 원	= 600만 원×13.2%×10년

2. 연금소득세(-) : 6701만 원 × 5.5% = 368만 5000원

우선 세액공제로 돌려받는 금액부터 계산해 보겠습니다. 총급여가 5500만 원 이하일 때 세액공제율은 16.5%이므로, 1년에 세액공제로 돌려받는 금액은 99만 원(600만 원×16.5%)입니다. 이 금액을 10년 동안 받는다면, 총 990만 원을 돌려받게 되겠군요.

같은 계산법으로, 총급여가 5500만 원을 초과할 때는 세액공제율이 13.2%이므로 10년 동안 돌려받는 금액은 총 792만 원이 됩니다.

그렇다면 연금소득세는 얼마나 나올까요? 최고 세율인 5.5%를 적용했을 때, 적립액(6701만 원)의 5.5%인 368만 5000원 정도를 연금소득세로 내야 한다고 단순히 계산해 볼 수 있겠네요.

정리하자면 연금저축보험은 납입 기간 중에는 총 990만 원을 세액공제로 돌려받고, 연금 수령 기간에는 368만 5000원을 연금소득세로 내야 합니다. 단순하게 생각해 봐도 돌려받는 금액(990만 원)이 내야 하는 금액(368만 5000원)보다 크니까 연금저축보험이 연금보험보다 유리하다는 결론을 내릴 수 있습니다.

그런데 간혹 이러한 결론에 반대하는 분들도 있습니다. 그런 분들이 주장하는 논리는 다음과 같습니다.

"은퇴를 하면 다른 소득이 없기 때문에 연금을 조금이라도 더 많이 받아야 해. 그런데 연금소득세를 내면 연금액이 줄어들지 않겠어? 소득 시기에는 세액공제를 받지 않아도 충분히 생활할 수 있지만, 은퇴 후에는 세금 한 푼이 무척 아깝단 말이야. 그러니 세액공제를 받는 것보다 연금을 비과세로 받는 것이 훨씬 나은 선택이지."

이런 주장에도 일리가 없는 것은 아닙니다. 그런데 연금액을 최대로 늘리기 위해 가장 좋은 방법은 따로 있습니다. 바로 연금저축보험에 가입한 뒤, 매년 세액공제 받은 금액도 추가로 적립하는 것입니다.

이 방법은 정말 단순합니다. 연말정산에서 세액공제로 돌려받은 금액을 그대로 연금저축보험에 추가로 적립하기만 하면 됩니다. 이렇게 매년 99만 원씩 추가로 적립한다면 10년 후의 적립액은 약 7785만 원입니다. 여기에서 연금소득세 428만 2000원(7785만 원×5.5%)를 차감한다고 해도 7356만 8000원으로 연금보험의 6701만 원보다 더 많은 금액을 연금으로 받을 수 있습니다. 어떤가요? 연금 수령액만 놓고 비교하더라도 연금저축보험이 더 매력적이지 않나요?

이런 이유로 연금저축보험과 연금보험의 대결은 연금저축보험의 판정승으로 결론짓도록 하겠습니다. 여러분의 승부 예측이 적중하셨을지 궁금하네요.

Round2 결과

2. 연금저축보험
(보험사 소속)

1. 연금저축펀드   2. 연금저축보험   3. 연금보험
(증권사 소속)   (보험사 소속)   (보험사 소속)

ROUND 3

: 연금저축펀드 vs 연금저축보험

다음 대결은 연금저축펀드와 연금저축보험입니다. 연금저축펀드는 증권사 대표 선수고, 연금저축보험은 (연금보험을 이기고 올라온) 보험사 대표 선수입니다.

이름에서부터 알 수 있듯이, 둘 다 '연금저축' 상품입니다. 즉, 세액공제 혜택을 받을 수 있는 상품이라는 뜻이죠. 하지만 이 둘은 본질적으로 결이 완전히 다른 상품입니다.

연금저축 '펀드'는 (DC형 퇴직연금이나 IRP와 마찬가지로) 본인이 스스로 운용해야 하는 상품입니다. 비유적으로 표현하면, 연금저축펀드라는 그릇 안에 펀드나 ETF와 같은 재료를 넣고 스스로 요리(운용)를 해야 합니다. 어떤 재료로 어떻게 요리하느냐에 따라서 수익률을 적극적으로 높일 수도 있고, 원금에 손실이 발생할 수도 있습니다.

반면, 연금저축 '보험'은 보험사에서 알아서 공시이율로 운용해 주는 상품입니다. 공시이율은 보험사에서 한 달에 한 번씩 발표하는 변동금리라고 생각하면 이해하기가 쉽습니다. 연금저축보험은 정해진 금리대로 이자가 붙기 때문에 안정적이라는 장점이 있습니다.

결국 연금저축펀드와 연금저축보험의 대결은 수익성와 안정성의 싸움이라고 정리할 수 있겠네요.

여기까지만 읽는다면, 여러분은 이렇게 생각할 수도 있습니다. "아하! 위험을 조금 감수하고서라도 수익성을 높이고 싶은 사람은 연금저축펀드에 가입하고, 안정적으로 운용하고 싶은 사람은 연금저축보험에 가입하면 되겠구나."

하지만 이야기는 여기서 끝나지 않습니다. 스토리를 이어 나가기 위해 보험사의 공시이율을 은행의 적금 금리와 비교해 보았습니다.

공시이율 비교(2023년 5월 기준)			
보험사의 공시이율		은행의 적금 금리	
삼성생명	2.4%	우리은행	2.75%
교보생명	2.5%	신한은행	3%
한화생명	2.45%	국민은행	2.75%

(출처: 금융감독원 금융상품통합비교공시)

보험사의 공시이율 현황을 보면, 현재 연 2.4~2.5% 수준으로 은행의 적금 금리인 2.75~3%보다 낮은 수준입니다. 금리만 놓고 본다면, 연금저축보험은 그리 매력적으로 보이지 않습니다.

수익률 차이는 연금저축펀드와 비교해 보면 좀 더 충격적으로 다가옵니다. 다음의 표는 연금저축 종류별 수익률에 대한 금융감독원의 통계자료입니다.

연금저축 종류별 수익률 비교					
구분	생명보험	손해보험	신탁	펀드	전체
2020년	1.77%	1.65%	1.72%	17.25%	4.18%
2021년	1.83%	1.63%	-0.01%	13.45%	4.36%

(출처: 금융감독원 '2021년 연금저축 현황 및 시사점')

연금저축보험(생명보험, 손해보험)의 수익률이 1%대에 불과한 데 비해, 연금저축펀드의 수익률은 10%를 훌쩍 뛰어넘는군요. 2020년과 2021년에 투자 열풍으로 주가지수가 많이 상승했다는 점을 감안하더라도, 보험과 펀드 간 수익률 차이는 너무 큽니다. 수익률만 따진다면 단연 연금저축펀드가 유리해 보입니다.

그런데 앞의 통계를 보면 조금 의문스러운 부분이 있습니다. 여러분도 혹시 느끼셨나요? 공시이율은 분명히 2%가 넘는다고 했는데, 연금저축보험의 수익률은 왜 2%에 미치지 못하는 걸까요?

그 해답을 찾기 위해 연금저축보험에 관한 얘기를 이어 나가겠습니다. 저는 아까 연금저축보험이 보험사에서 '알아서' 공시이율로 운용해 주는 상품이라고 말씀드렸습니다. 그런데 보험사는 여러분이 따로 신경을 쓸 필요 없이 '알아서' 운용해 주는 대신, 반드시 그 대가를 가져갑니다. 바로 '사업비'라는 명목으로 말이에요.

연금저축보험의 사업비 ①

1. 기본 비용 및 수수료
(기준: 기본 보험료 30만 원, 가입 나이 40세, 남자, 60세 연금 개시, 10년 월납)

구분	목적	시기	비용
보험 관계 비용	계약 체결 비용	매월	7년 이내: 기본 보험료의 3.69% (1만 1070원) 7년 초과~10년 이내: 기본 보험료의 1.9% (5700원) 10년 초과~20년 이내: 없음
	계약 관리 비용	매월	10년 이내: 기본 보험료의 4.8% (1만 4400원) 10년 초과: 기본 보험료의 1% (3000원)
	위험 보험료	매월	없음
	합계	매월	7년 이내: 기본 보험료의 8.49% 7년 초과~10년 이내: 기본 보험료의 6.7% 10년 초과~20년 이내: 기본 보험료의 1%
연금 수령 기간 중 비용	연금 수령 기간 중 관리 비용	매월 (연금 수령 시)	종신연금형: 연금연액의 0.8% 확정기간연금형: 연금연액의 0.5%

연금저축보험에 가입한 사람들은 보험사의 사업비라는 것을 대부분은 잘 모르거나, 혹은 알더라도 '얼마씩 가져가는지'까지는 정확

히 모르는 경우가 많습니다. 연금저축보험의 사업비는 과연 얼마나 될까요? 앞의 표는 와이프님이 가입한 연금저축보험의 상품요약서에서 수수료와 관련된 부분만 발췌한 것입니다.

내용이 좀 복잡해 보이죠? 하나씩 읽어 보자면, 연금저축보험은 여러분이 낸 보험료에 대해 계약 체결 비용이라는 것도 떼어 가고, 계약 관리 비용이라는 것도 떼어 간다고 합니다. 심지어 연금 수령 기간 중에는 여러분이 받아 갈 연금에 대해서도 수수료를 떼어 간다고 하네요. 이것을 기간별로 간단히 정리하면 다음의 그림과 같습니다.

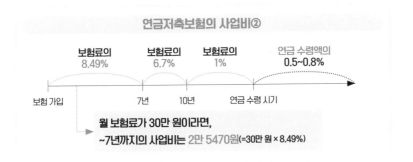

이 보험회사는 여러분이 연금저축보험에 가입하고 7년 후까지 보험료의 8.49%를 사업비로 떼어 갑니다. 7~10년의 기간 중에는 6.7%를 떼어 가고요. 10년 이후에도 보험료의 1%씩을 계속 떼어 가네요. 연금을 개시하고 난 이후에는 연금 수령액의 0.5~0.8%씩 잊지 않고 가져갑니다. 보험사마다 수수료율에 약간의 차이는 있겠지만, 거의 비슷한 구조로 사업비를 가져간다고 생각해도 큰 무리는 없습니다.

책에 이런 말을 써도 괜찮을지 모르겠지만, '완전 날강도'가 따로 없네요.

보험료의 8.49%라면 얼마나 될까요? 만약 보험료가 30만 원이라면 그 금액은 2만 5470원입니다. 여러분의 계좌에 매달 저축되는 금액은 30만 원이 아니라 27만 4530원(30만 원-2만 5470원)밖에 되지 않는다는 얘기입니다. 실제로 저축되는 금액이 적으니, 실제로 얻게 되는 수익률도 공시이율보다 한참 낮을 수밖에 없겠군요. 연금저축보험에 가입한 뒤 7년이 경과하기 전에 계좌를 해지하면 원금조차 돌려받지 못하는 이유도 여기에 있습니다.

그렇다면 연금저축펀드는 어떨까요? 연금저축보험과 연금저축펀드는 수수료를 계산하는 구조 자체가 다릅니다. 연금저축보험이 매월 납입하는 '보험료'에서 일정 비율의 수수료(사업비)를 미리 떼어 가는 선취수수료의 구조라면, 연금저축펀드는 적립되어 있는 '운용 자산'에서 매년 일정 비율의 보수(운용 보수)를 받아 가는 구조입니다.

연금저축펀드의 운용 보수는 대략 0.5~1.5% 수준이라고 보면 됩니다. 운용하는 펀드의 종류에 따라 보수가 다른데, 위험이 낮은 채권형 펀드에 투자하면 상대적으로 보수가 적고, 기대수익률이 높은 주식형 펀드에 투자하면 상대적으로 보수가 높다고 생각하면 됩니다.

펀드의 운용보수율이 보험의 사업비율보다 수치상으로 낮기 때문에 펀드가 유리하다고 생각할 수도 있지만, 꼭 그런 것만은 아닙니다. 시간이 경과하여 운용 자산이 많이 쌓일수록 이에 비례하여 연금저축펀드의 운용 보수도 늘어나기 때문입니다.

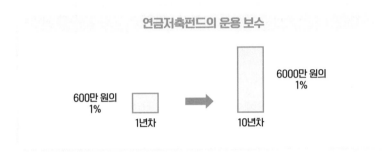

연금저축펀드의 운용 보수

600만 원의
1%
1년차

6000만 원의
1%
10년차

　　예를 들어 보겠습니다. 만약 연금저축펀드에 1년에 600만 원씩 납입하는데, 운용 보수는 1%라고 가정해 보겠습니다. 처음 1년 동안의 운용 보수는 600만 원의 1%이므로 6만 원만 지급하면 됩니다. 하지만 10년차의 운용 보수는 같은 1%라고 해도 금액이 다를 겁니다. 왜냐하면 10년 동안 적립된 운용 자산이 늘어났을 테니까요. 원금만 계산해도 6000만 원(600만 원×10년)인데, 여기에 1%를 곱하면 60만 원의 운용 보수를 지불해야 합니다. 즉, 시간이 지나고 운용 자산이 쌓일수록 이에 비례해 운용 보수가 늘어난다는 뜻입니다.

　　그래서 연금저축펀드와 연금저축보험 중 비용 측면에서 어느 쪽이 유리한지 딱 잘라서 말하기는 어렵습니다. 구조가 다른 만큼 장단점이 명확하거든요. 단기적으로는 보험에서 발생하는 비용이 크고, 장기적으로는 펀드에서 발생하는 비용이 크다고 정리하면 됩니다.

　　하지만 연금저축펀드에는 획기적으로 비용을 줄일 수 있는 방법이 있습니다. 바로 ETF를 통해 자산을 운용하는 방법입니다. ETF에 투자하면 펀드에 투자할 때보다 운용 보수를 10분의 1 수준으로 줄일 수 있거든요.

6장에서 와이프님의 DC형 퇴직연금에 포트폴리오를 만들었던 것을 떠올려 보세요. 그때도 운용 보수 부담이 크지 않도록 ETF를 활용해 운용했던 것을 기억하실 겁니다. 편입한 종목은 2개였습니다. 'TIGER 미국S&P500 ETF'와 'KODEX 국고채3년 ETF'였지요. 이들의 운용 보수는 각각 0.07%와 0.15%입니다. 펀드의 운용 보수와 비교했을 때는 물론이고, 연금저축보험의 사업비와 비교해도 가장 우수한 경쟁력을 지니고 있습니다.

이상의 내용을 정리하면 다음과 같은 결론을 내릴 수 있습니다. 수익률과 비용을 고려했을 때, 연금저축펀드의 판정승!

7장 • 무엇이 최고의 선택인가, 개인연금

269

나의 개인연금 알아보기

　지금까지 개인연금 상품들을 대략 소개하고 우선순위를 알아보았으니, 이제부터는 여러분의 개인연금에 대한 얘기로 넘어가 보겠습니다. 여러분 중에는 은퇴 후를 대비하여 개인연금 준비를 이미 시작하신 분도 있고, 아니면 여러 가지 재정 상황 때문에 아직 준비를 시작하지 못한 분도 있을 겁니다.

　여러분이 은퇴 준비를 이미 시작했다면, 어떤 개인연금에 가입한 상태인지 (퇴직연금과 마찬가지로) 금융감독원 홈페이지(내 연금 조회 메뉴)에서 확인할 수 있습니다. 하지만 굳이 번거롭게 확인하지 않더라도 본인이 가입한 상품 내역은 이미 잘 알고 있을 거라고 생각합니다. 스스로 가입한 상품인데, 모르는 게 더 이상한 일이죠!

　그렇다면 여러분 말고 다른 사람들은 개인연금을 얼마나, 또 어떻게 준비하고 있을까요?

연금 저축 가입자 연령별 분포

구분	20~29세	30~39세	40~49세	50~59세
인구수	665만 6000명	672만 3000명	816만 7000명	863만 5000명
연금저축 가입자 수 (2020년)	36만 7000명	102만 3000명	162만 3000명	180만 8000명
연금저축 가입자 수 (2021년)	62만 3000명	124만 7000명	179만 1000명	198만 명
증가율 (2020년→2021년)	70%	21.9%	10.3%	9.5%

(참고: 행전안전부 인구통계, 금융감독원 '2021년 연금저축 현황 및 시사점')

앞의 표를 보면, 전체 인구 대비 연금저축(① 연금저축펀드, ② 연금저축보험)의 가입자 수는 아직까지 그렇게 많아 보이지 않습니다. 30~39세 기준으로 전체 인구 672만 3000명 가운데 연금저축 가입자는 124만 7000명밖에 되지 않으니 말입니다. 5명 중 1명이 연금저축에 가입한 상태로군요.

다만, 주목할 점은 20~30대를 중심으로 연금저축 가입자 수가 크게 증가하는 추세라는 것입니다. 이십 대는 2020년에 비해 2021년에 연금저축 가입자 수가 무려 70%나 증가했습니다. 삼십 대도 21.9%나 증가했고요. 이는 젊은 세대의 은퇴 준비가 예전보다 크게 늘어나고 있는 추세임을 의미합니다.

개인연금에 대해 제가 설명해 드린 대로라면 가장 매력적인 상품은 ① 연금저축펀드 > ② 연금저축보험 > ③ 연금보험의 순서입니다. 그렇다면 사람들이 많이 가입한 상품의 순서도 동일하겠지요? 연금저축펀드의 가입 금액이 가장 많고, 그다음이 연금저축보험, 마지막이 연금보험일 거라고 쉽게 유추할 수 있겠네요.

하지만 통계의 결과는 이와 정확히 반대였습니다. 즉 연금보험이 가장 많았고, 그다음이 연금저축보험, 마지막이 연금저축펀드였던 것이죠!

개인연금상품 적립액 비교

구분	연금보험	연금저축보험	연금저축펀드
적립액 합계 (2020년)	207조 2000억 원	109조 7000억 원	18조 9000억 원
적립액 합계 (2021년)	208조 6000억 원	112조 원	24조 3000억 원
증가율	0.7%	2.1%	28.8%

(출처: 금융감독원)

개인연금 시장의 규모를 비교해 보면, 연금보험의 규모가 208조 6000억 원으로 가장 크고, 그다음이 연금저축보험(112조 원), 연금저축펀드(24조 3000억 원)의 순서입니다. 연금저축펀드는 연금보험에 비하면 아직 햇병아리 수준밖에 되지 않는군요.

아니, 좀 전까지만 하더라도 연금저축펀드가 개인연금 가운데 가장 경쟁력 있는 상품이라고 하지 않았나요? 왜 이런 결과가 나오게 된 것이죠?

그 이유는 매우 단순합니다. 지금까지 보험회사가 증권회사보다 연금에 대한 영업 활동을 더 열심히 해왔기 때문입니다. 보험회사는 보험 상품을 판매하는 설계사들에게 수당을 지급합니다. 우리가 내는 보험료(사업비)에서 일정 부분을 떼어 설계사들에게 수당으로 지급하는 것이죠. 그러니 보험설계사들이 고객들을 찾아다니며 얼마나 열심히 영업을 해왔겠어요! (여러분도 위의 표를 보고 예상하다시피, 연금보험의 수당이 연금저축보험의 수당보다 더 세답니다.)

반면에 증권회사 직원들이 고객을 찾아가서 적극적으로 연금저축펀드에 가입해 달라고 하는 모습을 본 적이 있나요? 아마 없을 겁니다. 어쨌든 그런 이유로 지금까지 연금보험이나 연금저축보험의 가입자 수가 연금저축펀드에 비해 월등히 많았답니다.

그런데 앞의 통계자료에서 눈여겨볼 부분이 있습니다. 2020년 대비 2021년의 연금저축펀드 증가율입니다. 연금보험이나 연금저축보험의 증가세는 기껏해야 0.7%, 2.1%인 데 비해 연금저축펀드는 무려 28.8%나 증가했습니다. 그전에 보여드린 통계자료와 연결 지어 분석해 본다면, 20대와 30대를 중심으로 연금저축펀드 가입자 수가 크게 늘어나고 있다고 결론 내릴 수 있겠네요. 당연하죠? 연금저축펀드가 개인연금 가운데 가장 경쟁력 있는 상품이니까요!

연금저축 응용문제 풀이

마지막으로, 여러분이 개인연금 상품에 대해 잘 이해하고 있는지 확인하기 위해 응용문제를 풀어 보겠습니다. 이 장의 도입부에서 다뤘던 '와이프님의 연금저축보험'은 어떻게 처리하면 좋을까요? 와이프님은 8년 전에 가입했던 연금저축보험의 수익률이 생각보다 저조해서 고민을 하고 있었죠!

만약 와이프님이 노후 준비를 이제 막 시작해서 어떤 연금 상품에 가입할지 고르는 상황이라면 큰 고민 없이 '연금저축펀드'를 선택하면 됩니다. 앞서 충분히 설명해 드린 것처럼, 연금저축펀드가 개인연금 상품 중에서 가장 유리하니까요.

그런데 벌써 연금저축보험에 8년 동안이나 보험료를 낸 상황이라면 생각이 조금 복잡해집니다. 와이프님이 직면한 시험문제는 다음과 같은 3지선다 객관식 문제입니다. 어떤 것이 정답인지 함께 풀어보겠습니다.

Q. 와이프님은 본인이 가입한 연금저축보험을 어떻게 하면 좋을까요?

① '내가 바보였지'라고 자책하며, 당장 연금저축보험을 콱 해지해 버린다.
② 8년 동안 유지해 온 정이 있으니, 지금처럼 계속 유지한다.
③ 수익률이 연금저축보험보다 높다고 알려진 연금저축펀드로 냉큼 옮긴다.

우선, 1번 보기는 정답과 거리가 가장 멉니다. 연금저축보험을 그냥 해지해 버리면 지금까지 세액공제를 받은 금액에 대하여 16.5%의 기타소득세를 패널티로 내야 한다고 이미 설명해 드린 바가 있습니다.

와이프님의 연금저축보험

총납입보험료	2000만 원	(20만 원×100회 납입)
해지환급금	2110만 3990원	(약 110만 원 수익)
해지 시 실지급액	1785만 2858원	(기타소득세 325만 원 차감)

▶ 패널티

더군다나 연금저축보험을 그냥 해지해 버린다면, 우리의 소중한 노후 자산 중 한 부분을 그대로 놓치게 되는 것과 마찬가지입니다. 그러니 지금 당장 '돈이 꼭 필요한 상황이 아니라면' 1번 보기는 '쿨하게 패스해' 넘기도록 하겠습니다.

2번 보기는 어떤가요? 연금저축보험을 8년이나 유지했다면 해지환급률은 100%를 넘겼을 확률이 높습니다. 즉, 해지환급금이 납입한 보험료보다 더 클 겁니다(와이프님은 110만 원 정도 수익이 발생한 것으로 표시되는군요).

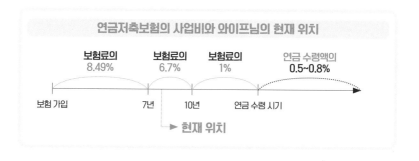

또 7년차까지 높은 비율의 사업비를 내는 구간을 견뎌 냈다면, 이제는 사업비 비중이 줄어들면서 안정적으로 수익을 올리는 일만 남았습니다. 그러니 지금까지처럼 계속 연금저축보험을 유지하는 것도 그리 나쁜 선택처럼 보이지 않습니다.

하지만 문제는 연금저축보험의 수익률이 너무 낮다는 것입니다. 공시이율이 그다지 높지도 않을뿐더러, 사업비를 감안한 실질수익률은 제 기대에 한참 못 미치는 것이 사실입니다. 여러분이 아직 기억하고 있을지 모르겠지만, 4장에서 은퇴 필요 자금을 계산할 때 적용했던 제 기대수익률은 7%였습니다!

1번과 2번이 정답이 아니라면, 3번 보기가 정답일까요?

3번 보기를 해설하려면 우선 '연금계좌 이체(이전) 제도'에 대해 살펴보아야 합니다. 연금계좌 이체(이전) 제도란 '연금계좌에 있는 금액이 다른 연금계좌로 이체되는 경우 인출로 보지 않아 과세하지 않고 연금 가입 기간을 존속시키는 제도'입니다. 말이 상당히 어렵군요. 쉽게 말해서 연금저축보험에 있는 돈을 연금저축펀드로 (혹은 연금저축펀드에 있는 돈을 연금저축보험으로) 옮길 수 있게 해주는 제도입니다 (단, '연금보험'은 계좌 이전 대상이 아닙니다). 이체(이전)를 하는 것은 계좌를 해지하는 것과 다르기 때문에 패널티(기타소득세 16.5%)를 부과하지 않는다는 장점이 있습니다.

3번 보기와 같이 수익률 때문에 연금저축보험을 연금저축펀드로 갈아타려고 한다면, 반드시 고려해야 할 내용이 있습니다.

첫 번째로 고려해야 할 내용은 해지환급금입니다.

와이프님의 연금저축보험		
총납입보험료	2000만 원	(20만 원×100회 납입)
해지환급금	2110만 3990원	(약 110만 원 수익)
해지 시 실지급액	1785만 2858원	(기타소득세 325만 원 차감)

▶ 계좌 이전을 할 때 옮겨지는 돈

계좌 이전을 할 때 옮겨지는 돈의 액수는 '총납입보험료'나 '해지시 실지급액'이 아니라 위의 그림과 같이 '해지환급금'입니다. 하지만 해지환급금이 여러분이 낸 보험료보다 항상 많은 것은 아닙니다. 연금저축보험에 가입한 지 7년 미만이라면 해지환급금이 총납입보험료에도 미치지 못하는 경우가 대부분이거든요.

와이프님처럼 해지환급금이 납입보험료보다 크다면 계좌 이전을 크게 고민할 필요가 없을 겁니다. 최소한 손해는 보지 않았으니까요. 그렇지만 해지환급금이 납입보험료에도 미치지 못한다면 계좌 이전에 대한 고민은 커질 수밖에 없습니다.

어떤 사람들은 해지환급금이 총납입보험료보다 많아지는 시기까지 보험을 유지했다가 그 이후에 계좌를 이전해야겠다고 생각할 겁니다. 그래야 보험에서 손해를 보지 않을 테니까요.

또 어떤 사람들은 비록 연금저축보험에서 손해를 보게 되더라도 즉시 이전하여 수익률 높은 연금저축펀드를 통해 손실을 복구해야겠다고 생각할지도 모릅니다.

둘 중에 정답은 없습니다. 단지 각자의 선택일 뿐입니다. 하지만 한 가지 분명한 점은 먼저 해지환급금이 얼마나 되는지 정확히 알고 난 다음에 본인이 그에 따른 '선택'을 해야 한다는 것입니다.

보험에서 펀드로 갈아탈 때, 두 번째로 고려해야 할 내용은 연금저축보험의 최저보증이율입니다. 최저보증이율이란 공시이율이 떨어지더라도 보험회사에서 보증해 주는 최소한의 적용이율을 말합니다. 즉, 금리가 아무리 떨어져도 최저보증이율에 정해진 금리만큼은 반드시 챙겨 주겠다는 보험회사의 약속인 것이죠.

　최저보증이율로 7%의 금리를 평생 보장해 주는 상품이 있다면 어떻게 해야 할까요? 만약 그런 소중한 상품이 존재한다면 무슨 수를 써서라도 가입하고, 평생 함께할 수 있도록 지켜내야 합니다. 생각해 보세요. 주식 투자를 아무리 잘해도 매년 7%의 수익을 내기가 힘든데, 아무런 위험 없이 7%의 수익을 주는 기특한 상품이라니요.

　그런데 이런 효자 같은 상품이 불과 1990년대 후반까지만 해도 일반적으로 판매되고 있었답니다. 2000년대 초반에는 5.5%의 금리를 보장해 주는 연금이 남아 있었고요. 여러분이 가입한 연금저축보험이 이처럼 높은 최저보증이율을 챙겨 주는 상품이라면, 굳이 원금도 보장해 주지 않는 펀드로 계좌를 이전할 필요가 없을 겁니다.

　와이프님의 연금저축보험도 혹시나 이런 높은 최저보증이율의 효자 상품이 아니었을까 기대하면서 조회해 보았는데, '10년 이내 2.5%, 10년 초과 1.5%'라고 나오는군요. 와이프님의 연금저축보험

Q. 와이프님은 본인이 가입한 연금저축보험을 어떻게 하면 좋을까요?

① '내가 바보였지'라고 자책하며, 당장 연금저축보험을 콱 해지해 버린다.

② 8년 동안 유지해 온 정이 있으니, 지금처럼 계속 유지한다.

③ 수익률이 연금저축보험보다 높다고 알려진 연금저축펀드로 냉큼 옮긴다.

☑ **해지환급금과 최저보증이율을 고려하여 신중하게 연금저축펀드로 이전한다.**

은 큰 미련 없이 연금저축펀드로 옮겨도 되겠습니다.

지금까지 개인연금 상품에 대한 설명과 연금저축보험을 연금저축펀드로 이전하는 것에 대해 이야기해 보았습니다. 하지만 연금계좌를 이전했다고 모든 일이 끝난 건 아닙니다. 연금저축펀드로 옮긴다고 해서 자동으로 수익률이 높아지는 것은 아니기 때문입니다.

연금저축펀드에서는 여러분이 어떻게 운용하느냐에 따라 수익률이 높아질 수도 있지만, 반대로 손실을 입게 될 수도 있습니다. 결국 연금저축펀드로 옮기고 난 이후에 어떻게 운용할지가 가장 핵심적인 문제라고 할 수 있겠네요.

우리의 소중한 연금 자산을 어떤 포트폴리오로 어떻게 운용할지에 대해서는 다음 장에서 계속 이어 나가겠습니다.

은퇴 준비 따라 하기

나의 개인연금 알아보기

　개인연금 금융회사 홈페이지와 전년도의 원천징수영수증을 살펴보고 여러분의 개인연금에 대한 내용을 확인해 보겠습니다.

1. 여러분이 가입한 개인연금이 있다면, 그 금융회사의 홈페이지에 로그인한 뒤 가입 내역을 조회하세요.

　　1) 가입한 상품의 종류는 연금저축펀드, 연금저축보험, 연금보험 중 어떤 것인가요?

　　...

　　2) 여러분 개인연금 계좌의 평가 금액과 수익률은 얼마나 되나요?

총납입원금	.... 원	누적수익률	.... 원
현재 평가금액	.... 원	연평균수익률	.... 원

2. 세액공제를 추가로 얼마나 더 받을 수 있는지 계산해 보겠습니다. 전년도
원천징수영수증 2쪽을 확인해 주세요(250쪽 참고).

   1) 여러분의 총급여액은 얼마인가요?

   ....

   (※세액공제율: 5500만 원 이하는 16.5%, 5500만 원 초과는 13.2%)

   2) 연금저축 공제 대상 금액과 세액공제액은 얼마인가요?

   공제 대상 금액 .... 원, 세액공제액 .... 원

   3) 결정세액은 얼마인가요?

   .... 원

   4) 세액공제를 추가로 받기 위해 여러분의 연금계좌에 얼마를 더 납부할
   수 있나요?

   .... 원

   [※계산식: 결정세액 금액÷15%(총급여액 5500만 원 초과자는 12%)]

8장

위기를 기회로 만드는 포트폴리오

투자 손실 때문에 화가 나버린 와이프님

와이프님의 DC형 퇴직연금에 변화를 준 지 한 달이 지났을 무렵이었다. 예금으로 방치되어 있던 퇴직연금을 두 종류의 ETF에 나눠서 투자하도록 변화를 준 사건 말이다(6장 참고). 와이프님은 자신의 퇴직연금이 제대로 굴러가고 있는지 계속 궁금한 눈치였다. 호기심 많은 와이프님에게 나는 퇴직연금을 조회하는 방법을 알려 주었다.

나   우선 은행 홈페이지에 들어가서 로그인을 해. 그리고 퇴직
연금 메뉴를 누르기만 하면, 지금 당신 퇴직연금이 어떻게
굴러가고 있는지 조회할 수 있어.

그로부터 몇 분 뒤, 와이프님이 불만에 가득 찬 목소리로 다급하게 나를 불렀다. 그사이에 자신의 퇴직연금 계좌를 확인해 본 모양이었다.

와이프님   내 퇴직연금의 수익률이 마이너스 3%라고 적혀 있던데, 이

게 도대체 어떻게 된 일이야?

나   요새 미국 증시 분위기가 안 좋더니 손실이 조금 난 모양이
네. 금방 회복할 테니까 너무 걱정하지 않아도 돼.

강렬한 파란색 글씨로 마이너스 숫자가 분명히 떠 있는데도 내가
태평한 소리나 하고 있는 게 불만이었는지, 와이프님이 나를 향해 강
하게 쏘아붙였다.

와이프님   아니, 몇 년 동안 예금이자가 붙었던 걸 한 달도 안 돼서 홀
랑 다 날려 버렸는데, 어떻게 걱정을 안 해? 여기서 더 떨어
지면 어떻게 하라고! 예금에 그냥 그대로 놔둘 걸 그랬나 봐.

와이프님의 강력한 '컴플레인'에서 진상 고객의 기운을 느낀 나는
정성을 다하여 응대(?)하지 않을 수 없었다.

나   고객님! 수익률이 마이너스가 된 것 때문에 걱정이 많으시
죠? 고객님이 투자하신 미국S&P500 ETF는 미국의 '주식
시장'에 투자하는 상품이다 보니 아무래도 예금에 비해 변
동성이 조금 크답니다. 특히, 최근에는 (고객님께서도 뉴스에
서 보셨다시피) 미국이나 우리나라의 물가상승률이 급격하
게 높아져서 문제가 심각하다잖아요. 그래서 미국의 연준

이나 우리나라의 한국은행에서는 물가를 안정시키기 위해 기준금리를 크게 올리고 있는 상황이고요. 이런 요소들이 주식시장에 반영되다 보니 주가에 악영향을 미치면서 고객님의 투자 자산에도 약간의 손실이 난 것 같습니다.

와이프님은 나의 무자비한(?) 설명에 조금 당황한 듯했다. 나는 와이프님이 생각할 틈을 주지 않기 위해 곧바로 말을 이어 나갔다.

나 그런데 고객님, 고객님은 퇴직연금으로 몇십 년을 보고 길게 투자를 하시는 거잖아요? 한 달만 바짝 투자하고 찾을 돈이 아니라요. 이런 장기 투자에서는 수익률이 조금 오르거나 떨어질 때마다 일희일비하는 것보다는 조금 여유 있게 지켜보시는 것도 괜찮답니다.

내 설명(을 빙자한 임기응변)에 와이프님의 불만은 다소 누그러진 것처럼 보였다. 나는 와이프님에게 A/S를 해줄 겸, '은퇴 자금 운용 원칙'에 대해 자세하게 알려 줘야겠다고 다짐했다.

투자를 하다 보면 어떤 시기에는 수익이 생기기도 하고, 어떤 시기에는 손실이 발생하기도 합니다. 처음부터 끝까지 주야장천 오르기만 하는 주식이 있다면 얼마나 좋을까요? 그럼 아무런 걱정 없이 그 주식을 사서 수익을 즐기기만 하면 될 텐데 말이에요. 하지만 안타깝게도 그런 이상적인 투자 자산은 세상에 존재하지 않는답니다.

큰맘을 먹고 투자를 시작했는데, 한 달도 채 되지 않아서 손실 금액이 찍혀 있는 성적표를 확인하게 된다면 기분이 어떨까요? 아마 대부분의 사람들은 와이프님처럼 좌절에 빠지게 될 겁니다. 그 결과로 투자에는 흥미를 잃게 되고, 더 큰 손해를 입게 될까 걱정하면서 다시 안전 자산(예금 등)으로 은퇴 자금을 이동시킬지도 모릅니다.

사실 '투자를 잘하는 것'은 매우 어렵습니다. 어떤 자산에 투자할지 고르는 일은 쉽지 않고, 수익을 낼 수 있는 정확한 시기를 짚어내는 일은 더더욱 어렵습니다. 그러니 와이프님처럼 투자 경험이 전혀 없는 초보 투자자가 예상하지 못한 손실을 마주하게 된다면 어쩔 줄 몰라 하는 것도 당연합니다.

그럼에도 불구하고 우리에게는 한 가지 희소식이 있습니다. 우리가 하려는 것이 한 달 안에 500%의 수익률을 기록해야 상을 받는 투자대회가 아니라 몇십 년을 두고 꾸준히 수익을 올리면 되는 '장기투자'라는 점입니다. 그러니까 장기적으로 우상향하는 자산에 투자했다면, 당장의 작은 손실 때문에 너무 고민할 필요는 없습니다.

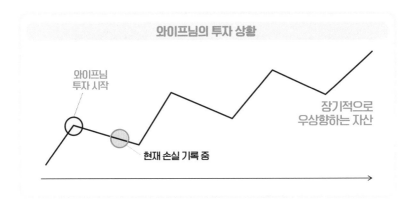

와이프님의 경우도 마찬가지입니다. 지금은 비록 '투자 시작' 시점보다 자산의 가치가 조금 떨어져서 불안할 수도 있겠지만, 위의 그림과 같이 장기적으로 우상향하는 자산에 투자했다면 밤잠을 설치며

걱정할 필요는 없을 겁니다.

물론 저도 알고 있습니다. 걱정하지 않아도 된다는 말을 듣는 것만으로 투자에 대한 여러분의 불안감을 완전히 지우기에는 부족하다는 사실을 말이에요. 지금까지 투자에 대한 공부를 따로 하지 않았다면, 여러분의 계좌는 마치 망망대해에 떠다니는 배와도 같습니다. 대체 어떻게 투자를 해야 할지 방향을 잡는 것조차 힘들죠.

그렇다면 우리에게 지금 필요한 것은 투자의 방향을 알려 줄 나침반(투자 원칙)이겠군요. 맞습니다! 투자 원칙을 가진다는 것은 매우 중요한 일입니다. 그런 의미에서, 오랫동안 좋은 성과를 보여준 고수의 조언에 귀를 기울여 보는 것은 상당히 의미 있는 일이 될 겁니다.

투자의 제1원칙과 제2원칙

워런 버핏은 세계적으로 가장 유명한 투자자 가운데 한 명입니다. '오마하의 현인'이라는 별명으로 불리는 그가 50년의 투자 기간에 기록한 연평균 수익률은 무려 21.6%라고 합니다. 1년, 2년의 수익률이 반짝 높았던 것이 아니라 50년 동안 평균적으로 기록한 수익률이 그렇단 말입니다. 제 은퇴 계획의 목표 수익률이 7%라는 점과 비교한다면, 그의 성과가 얼마나 대단한지 짐작할 수 있습니다.

이 투자의 대가에게는 두 가지 투자 원칙이 있다고 알려져 있습니다. 버핏처럼 성공적인 투자를 하려면 이 투자 원칙들을 잘 기억해 두어야겠군요.

그의 첫 번째 투자 원칙은 '돈을 잃지 말라'입니다. 암요, 그렇고 말고요. 투자를 할 때 돈을 잃지 않는 것은 매우 중요하지요! 그리고 두 번째 투자 원칙은 '첫 번째 원칙을 잊지 말라'라고 합니다. 응?

결국 첫 번째 원칙도, 두 번째 원칙도 돈을 잃지 말라는 것이군요. 버핏은 이 투자 원칙들을 통해 '손실을 피하는 것이 얼마나 중요한지' 강조하려고 한 것 같습니다.

손실을 피하는 것이 왜 중요한지는 산술적으로 계산해 보면 쉽게 이해할 수 있습니다. 이를테면, 제가 1억 원의 은퇴 자금을 투자했는데 1년 동안 50%의 손실을 입었다고 생각해 보겠습니다. 즉, 제가 가진 1억 원이 1년 만에 반토막이 나서 5000만 원이 된 것이죠. 그렇다면 제가 손실을 전부 만회하기 위해서는 지금부터 몇 퍼센트의 수익을 올리면 될까요?

사람들은 '50%의 손실을 만회하려면 50%의 수익을 올리면 되겠지'라고 단순하게 생각하기 쉽습니다. 하지만 실제로 계산해 보면 그렇지 않습니다. 5000만 원을 1억 원으로 원상회복하기 위해서는 무려 100%의 수익을 올려야 합니다[(1억 원-5000만 원)/5000만 원]. 5000만 원을 투자해서 5000만 원을 벌어야 하니까요.

50%의 손실을 만회하려면?

1억 원 → 50% 손실 → 5000만 원 → 100% 수익 → 1억 원

계산 결과를 보니 좀 억울하지 않나요? 50% 손실을 만회하기 위해 100%나 되는 수익이 필요하다니요. 이는 투자에서 한번 큰 손실을 입으면 복구하기가 매우 어렵다는 것을 뜻합니다. 버핏이 "첫 번째도 돈을 잃지 말라, 두 번째도 돈을 잃지 말라"라고 강조한 데에는 이런 의미가 담겨 있습니다.

그런데 위의 예시는 어디까지나 일반적인 투자에 관한 얘기입니다. 일반적인 투자가 아니라 우리의 소중한 '은퇴 자산'을 투자하는 것이라면 손실에 대해 좀 더 엄격한 기준을 적용해야 합니다. 은퇴 자산 투자에서는 설령 50% 손해에 이어 100%를 만회했다고 하더라도 본전이 아니라는 얘기입니다. 매년 은퇴 생활비로 일정한 금액을 인출해야 하기 때문입니다. 무슨 얘기인지 얼른 이해가 되지 않으시죠? 다음의 그림을 함께 살펴보겠습니다.

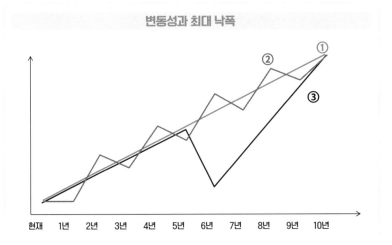

변동성과 최대 낙폭

현재 1년 2년 3년 4년 5년 6년 7년 8년 9년 10년

저는 앞으로 10년 동안 제 '은퇴 자산'을 투자할 예정입니다. 어디에 돈을 넣어서 굴릴지 고민하던 중에 위의 세 가지 종류의 투자 자산(①, ②, ③)을 알게 되었습니다.

①번은 매년 일정한 수익률로 가치가 증가하는 투자 자산입니다. 이 자산은 매년 동일한 수익률(7%)로 가치가 상승하는데, 현재 1만 원인 자산의 가격은 10년 후에 약 2배인 1만 9672원까지 상승합니다(1만 원×1.07^{10}).

②번은 ①번에 비해 변동성이 큰 투자 자산입니다. 그림에서 보시다시피 크게 상승할 때도 있고, 다소 하락할 때도 있습니다. 다만, 10년 후의 최종 자산 가격은 ①과 동일합니다.

③번은 6년차에 한 번 큰 손실을 경험하게 되는 투자 자산입니

다. 하지만 손실이 발생한 이후에는 꾸준히 하락폭을 만회하여, 결국 10년 후의 최종 자산 가격은 ①, ②번과 동일합니다.

①, ②, ③번의 자산 가치 변동 내역을 다음의 표와 같이 정리해 보았습니다.

구분		현재	1년	2년	3년	4년	5년	6년	7년	8년	9년	10년
1번 자산	수익률		7%	7%	7%	7%	7%	7%	7%	7%	7%	7%
	가격	10,000	10,700	11,449	12,250	13,108	14,026	15,007	16,058	17,182	18,385	19,672
2번 자산	수익률		-3%	20%	-3%	20%	-3%	20%	-3%	20%	-3%	10.48%
	가격	10,000	9,700	11,640	11,291	13,549	13,142	15,771	15,298	18,357	17,807	19,673
3번 자산	수익률		7%	7%	7%	7%	7%	-30%	18.98%	18.98%	18.98%	18.98%
	가격	10,000	10,700	11,449	12,250	13,108	14,026	9,818	11,681	13,898	16,536	19,675

①번 자산은 앞서 말씀드린 대로 10년 동안 매년 일정한 수익률 (7%)을 기록합니다. 그 결과 10년 후의 자산 가격은 1만 9672원이 되는군요.

②번 자산은 오를 때는 20%씩 상승하고, 떨어질 때는 −3%씩 하락하는 것을 반복합니다. 다만, 10년차에는 10.48% 상승하여 10년 후의 자산 가격은 1만 9673원이 됩니다(①번 자산과 동일).

③번 자산은 5년차까지 매년 7%로 동일한 수익률을 기록하다가 6년차에 −30%의 큰 하락을 경험합니다. 하지만 7~10년에는 매년 18.98%씩 수익을 기록하면서 6년차의 하락을 만회합니다. 그 결과 10년 후의 가격은 1만 9675원으로 마무리합니다(①, ②번 자산과

동일).

이 세 가지 자산의 10년 동안의 평균 수익률은 모두 7%로 동일합
니다. 당연하겠죠? 10년 동안의 가격 상승폭이 모두 동일하니까요.
다른 점이 있다면, ②번 자산은 ①번에 비해 변동성이 크다는 것, ③
번 자산은 중도에 큰 하락을 경험한다는 것입니다. 여기까지 모두 이
해되셨나요?

그렇다면 이제 문제를 하나 내보겠습니다. 저는 은퇴 자금 1억 원
을 10년 동안 투자할 생각입니다. 그동안 매년 초에 1000만 원씩 생
활비로 인출할 예정이고요. 그렇다면 저는 ①, ②, ③번 가운데 어떤
자산에 투자하는 것이 가장 유리할까요?

그냥 단순하게 1억 원을 투자하여 10년 후에 회수하는 것이라면
①, ②, ③번 가운데 어떤 것에 투자해도 결과는 똑같습니다. 평균 수
익률이 동일하니까 당연하겠죠? ③번에 투자한다면 중간에 큰 폭의
손실 때문에 마음고생을 심하게 하겠지만, 어느 것을 선택하더라도
결과는 결국 약 1억 9670만 원으로 동일합니다.

하지만 매년 생활비를 인출해야 하는 은퇴 자산이라면 결과가 달
라집니다. 가장 기본이 되는 ①번 자산부터 살펴보겠습니다.

①번 자산의 수익률은 매년 7%로 동일합니다. 1년차의 기초 잔액
은 1억 원에서 시작합니다. 여기서 1년차 생활비 1000만 원을 인출
합니다. 인출하고 난 차액은 9000만 원이 될 겁니다. 여기에 7% 수익
을 더하면, 1년차 기말 잔액은 9630만 원입니다.

구분	연차	1년	2년	3년	4년	5년
	수익률	7%	7%	7%	7%	7%
기초 잔액		100,000,000	96,300,000	92,341,000	88,104,870	83,572,211
생활비 인출		10,000,000	10,000,000	10,000,000	10,000,000	10,000,000
인출 후 차액		90,000,000	86,300,000	82,341,000	78,104,870	73,572,211
기말 잔액		96,300,000	92,341,000	88,104,870	83,572,211	78,722,266

구분	연차	6년	7년	8년	9년	10년
	수익률	7%	7%	7%	7%	7%
기초 잔액		78,722,266	73,532,824	67,980,122	62,308,730	55,681,442
생활비 인출		10,000,000	10,000,000	10,000,000	10,000,000	10,000,000
인출 후 차액		68,722,266	63,532,824	57,980,122	52,038,730	45,681,442
기말 잔액		73,532,824	67,980,122	62,308,730	55,681,442	48,879,143

1년차 기말 잔액은 2년차 기초 잔액으로 이월되어, 다시 이 금액에서 2년차 생활비 1000만 원을 인출하고, 여기에 7%의 수익을 더하고…… 이 과정을 10년 동안 반복합니다.

이와 같은 방식으로 10년 동안 운용한다면, 10년 후에 남아 있는 잔액은 얼마인가요? 위의 표에서 해당하는 수치를 찾아보면, 4887만 9143원이 나오는군요. 찾으셨나요? 은퇴 자산 1억 원을 7% 수익률로 운용하면서 10년 동안 매년 1000만 원씩 찾아 쓴다면 10년 뒤에는 4888만 원이 남는다는 뜻입니다.

그렇다면 ①번 자산보다 변동성이 컸던 ②번 자산은 어떨까요?

변동성과 최대 낙폭 ②번 운용 성과

구분	연차	1년	2년	3년	4년	5년
	수익률	-3%	20%	-3%	20%	-3%
기초 잔액		100,000,000	87,300,000	92,760,000	80,277,200	84,322,640
생활비 인출		10,000,000	10,000,000	10,000,000	10,000,000	10,000,000
인출 후 차액		90,000,000	77,300,000	82,760,000	70,277,200	74,322,640
기말 잔액		87,300,000	92,760,000	80,277,200	84,322,640	72,102,661

구분	연차	6년	7년	8년	9년	10년
	수익률	20%	-3%	20%	-3%	10.48%
기초 잔액		72,102,661	74,523,193	62,587,497	63,104,997	51,511,847
생활비 인출		10,000,000	10,000,000	10,000,000	10,000,000	10,000,000
인출 후 차액		62,102,661	64,523,193	52,587,497	53,104,997	41,511,847
기말 잔액		74,523,193	62,587,497	63,104,997	51,511,847	45,862,288

②번 자산의 수익률은 −3%와 20%를 번갈아 기록합니다. 그리고 10년차의 수익률은 10.48%였습니다.

①번 자산을 계산할 때와 마찬가지로 기초 잔액에서 생활비 1000만 원을 인출하고, 차액에서 수익률을 더하는 방식으로 진행해 보겠습니다. 10년 뒤에 잔액은 얼마가 남아 있나요? 4586만 2288원이 남아 있는 걸 확인하셨나요? ①번의 잔액 4888만 원에 비해 300만 원가량 적은 금액이군요.

이 계산을 통해 우리는 은퇴 자산 운용에서 연평균 수익률이 동일하더라도, 변동성이 큰 ②번의 운용 성과가 일정한 수익률을 보인 ①번에 비해 저조하다는 사실을 확인할 수 있습니다.

마지막으로, 중간에 −30%의 큰 손실을 경험하는 ③번 자산의 운용 결과를 알아보겠습니다.

변동성과 최대 낙폭 ③번 운용 성과

구분	연차	1년	2년	3년	4년	5년
	수익률	7%	7%	7%	7%	7%
기초 잔액		100,000,000	96,300,000	92,341,000	88,104,870	83,572,211
생활비 인출		10,000,000	10,000,000	10,000,000	10,000,000	10,000,000
인출 후 차액		90,000,000	86,300,000	82,341,000	78,104,870	73,572,211
기말 잔액		96,300,000	92,341,000	88,104,870	83,572,211	78,722,266

구분	연차	6년	7년	8년	9년	10년
	수익률	−30%	18.98%	18.98%	18.98%	18.98%
기초 잔액		78,722,266	48,105,586	45,338,026	42,045,184	38,127,359
생활비 인출		10,000,000	10,000,000	10,000,000	10,000,000	10,000,000
인출 후 차액		68,722,266	38,105,586	35,338,026	32,045,184	28,127,359
기말 잔액		48,105,586	45,338,026	42,045,184	38,127,359	33,465,932

③번 자산의 수익률은 5년차까지 매년 7%를 기록하다가 6년차에 −30%의 큰 손실을 입습니다. 그리고 7~10년차에는 18.98%씩 상승하며 손실을 만회하지요. ③번 자산의 10년 후 잔액은 얼마인가요? 3346만 5932원입니다. ①번 자산의 운용 결과인 4888만 원에 비해 약 1540만 원가량 저조한 성과입니다.

이 계산 과정을 통해 우리는 은퇴 자산 운용에서 연평균 수익률이 동일하더라도, 큰 폭의 손실을 경험한 ③번의 운용 성과가 ①번에 비해 매우 저조하다는 사실을 확인할 수 있습니다.

이처럼 매년 생활비를 인출해야 하는 은퇴 자산이라면, 연평균 수익률이 동일하더라도 변동성과 큰 폭의 손실 발생 여부에 따라서 성과가 크게 달라집니다. 즉, 우리는 은퇴 자산을 운용할 때 수익률에만 신경 쓸 게 아니라, 변동성과 큰 폭의 손실을 줄이려는 노력도 해야 한다는 뜻입니다.

수익률을 숫자로 표현하듯이, '변동성'이나 '큰 폭의 손실'도 숫자로 표현할 수 있습니다. 우선, 변동성은 '표준편차'라는 숫자로 나타낼 수 있습니다. 표준편차란 각 수치가 평균으로부터 얼마나 퍼져 있는지를 알려주는 통계 값입니다.

만약 ①번 자산처럼 모든 연도의 수익률이 동일하다면, 표준편차가 낮다고 생각할 수 있습니다. 반대로 ②번 자산처럼 매년 수익률이 들쭉날쭉 변동한다면 표준편차가 높은 겁니다. 투자에서는 ①번 자산처럼 표준편차가 낮을수록 안정적인 투자라고 말할 수 있습니다.

다음으로 큰 폭의 손실은 MDD(Maximum Drawdown, 최대 낙폭)라는 숫자로 표현할 수 있습니다. MDD란 투자 기간에 겪을 수 있는 가장 큰 손실을 뜻합니다. 다른 말로 표현하자면, 전고점에 비해 최저점이 얼마까지 떨어질 수 있는지를 나타낸다고 생각하면 됩니다. ③번 자산에서 MDD, 즉 최대 낙폭은 −30%입니다. MDD 역시 낮은 것이 좋겠네요.

버핏은 두 가지 투자 원칙으로 돈을 잃지 말고, 또 돈을 잃지 말라고 했습니다. 하지만 은퇴 자산 투자에서는 이 두 가지 원칙을 조금 보완하여 적용해야 할 듯합니다. 제가 수정한 은퇴 자산의 투자 원칙은 다음과 같습니다.

은퇴 자산의 투자 원칙

제1원칙, 변동성(표준편차)을 줄여라.
제2원칙, 최대 낙폭(MDD)을 줄여라.

변동성과 최대 낙폭을 줄이는 방법

그렇다면 변동성과 최대 낙폭을 줄이기 위해서는 어떻게 투자하면 될까요? 정답은 의외로 간단합니다. 하나의 자산에 모든 돈을 '몰빵' 하지 않고, 나눠서 투자하면 됩니다. "계란을 한 바구니에 담지 말라"라는 말도 있잖아요. 이처럼 여러 자산에 나눠서 투자하는 것을 자산배분(포트폴리오)이라고 합니다.

자산배분에 따른 효과는 단 2개의 자산으로만 나눠서 투자를 하더라도 충분히 얻을 수 있습니다. 예를 들어 볼까요? MDD(최대 낙폭)가 −30%인 A주식이 있다고 생각해 보겠습니다(③번 자산을 떠올려 보세요). 1억을 투자하면 손실이 발생했을 때 최대 3000만 원까지 잃을 수 있는 주식입니다. A주식에만 1억 원 전부를 투자한다면 최악의 상황에서 3000만 원의 손실을 입을 수도 있다는 뜻이죠.

그런데 1억 원을 A주식에 전액 투자하지 않고, B채권과 나눠서 각각 5000만 원씩 투자한다면 어떨까요? A주식에 투자한 5000만 원에서 30%의 손실이 발생하더라도 이에 따른 손실액은 1500만 원(5000만 원×30%)에 불과합니다. B채권에서도 '동시에' 심각한 손해가 발생하지만 않는다면, 전체 포트폴리오의 MDD는 당연히 −30%보다 낮아지겠지요. 이처럼 두 자산에만 나눠서 투자하더라도 손실에 대한 위험은 크게 줄어듭니다.

그런데 제가 은퇴 자산 운용을 위해 분산투자를 해야 한다고 얘기하면, 이 말에 반론을 제기하는 친구들이 있습니다. 그 친구들이 하는 얘기는 대략 이런 식입니다. "아니, 이 사람아! 돈을 여러 종목에 나눠서 투자하면 어느 세월에 큰돈을 버나? 10배 정도 오를 주식을 하나 딱 골라서 그 종목에 몰빵을 해야 수익도 크게 나고, 하루 빨리 경제적 자유를 이룰 수 있지!"

만약 한 달 동안 최고의 수익을 올려야 하는 실전 투자 대회라면 이렇게 몰빵 투자를 해도 상관이 없습니다. 아니면 주식시장이나 경제 상황에 대해 남다른 안목을 가지고 있어서 특정 주식이 크게 오를 것이라고 백 퍼센트 확신한다면 그 주식에 전 재산을 걸어도 무방하겠지요.

하지만 여러분의 목표가 '조기 은퇴를 위한 안정적인 투자'라면 자산배분에 관한 제 얘기에 조금 더 집중해 주시기 바랍니다. 분산투자를 하면 수익률이 낮아지기 때문에 매력적이지 않다는 생각은 큰 오해입니다. 분산투자의 목적은 수익률을 약화하는 것이 아니라 동일한 수익률에서 변동성을 가장 낮출 수 있는 방법을 찾는 것이기 때문입니다. 예를 들어 보겠습니다. 다음의 그림처럼 가격이 움직이는 자산이 있다고 가정해 보겠습니다.

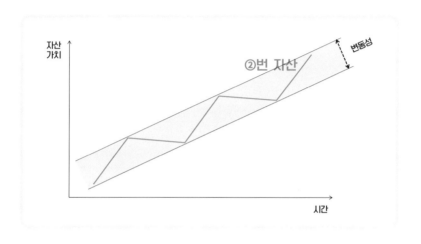

이 자산의 가격은 때로는 오르기도 하고, 때로는 떨어지기도 하지만 장기적으로는 우상향하고 있습니다. 앞서 살펴보았던 ②번 자산과 상당히 비슷하게 생겼군요.

자산의 가격이 오르거나 떨어짐에 따라 발생하는 폭을 변동성이라고 합니다. 쉽게 생각해 보세요. 오르거나 떨어지는 폭이 크다면 변동성이 큰 것이겠죠. 반대로 오르거나 떨어지는 폭이 작다는 것은 변동성이 작다는 것입니다. 우리의 목표는 수익률을 떨어뜨리지 않으면서 변동성을 최소화하는 것입니다. 은퇴 자산 투자의 제1원칙을 잊지 않으셨죠? '변동성(표준편차)을 줄여라!'

변동성을 줄일 방법을 고민하던 차에 저는 우연히 ②번 자산과 비슷하게 생긴 ②´번 자산을 발견하게 됩니다.

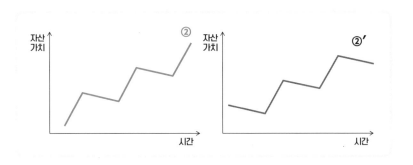

보시는 것처럼, ②´는 ②와 상당히 비슷하게 생겼습니다. 오르거나 떨어지는 모습도 얼추 비슷하고, 장기적으로 우상향하는 모양새도 비슷합니다. 하지만 자세히 뜯어 보면 조금 다릅니다. 자세히 관찰해 보면 ②가 오르는 시기에는 ②´가 떨어지고, ②가 떨어지는 시기에는 ②´가 오른다는 것을 알 수 있습니다.

그렇다면 제가 가진 돈을 전부 ②에 투자하지 않고, ②와 ②´에 각각 절반씩 투자한다면 어떻게 될까요? 알아보기 쉽도록 두 그림을 겹쳐서 그 결과를 확인해 보겠습니다.

이 그림에 나오는 검정색 굵은 선은 ②와 ②´에 절반씩 투자했을 때, 즉 자산배분(포트폴리오)을 했을 때의 결과를 나타낸 선입니다. ②

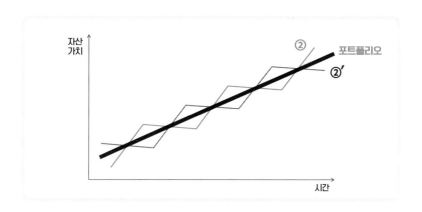

와 ②′에 가진 돈의 절반씩 투자를 했으니, 그 성과는 두 선의 중간점이 될 것입니다. 그리고 그 중간점을 모두 연결한 선이 검정색 굵은 선, 바로 포트폴리오 선이 되는 것이죠.

이렇게 도출된 포트폴리오 선을 보니 어떠십니까? 일단 ②나 ②′와 견주어 수익률이 조금도 떨어지지 않았다는 것을 확인할 수 있습니다. 중요한 것은 ②나 ②′처럼 오르락내리락하는 선이 아닌 직선이라는 점입니다. 즉, 변동성이 줄었다는 뜻이지요. 앞에서 살펴보았던 ①번 자산처럼 말입니다. 은퇴 자산 투자에서 ①번 자산이 ②번 자산보다 성과가 좋았다는 점은 다시 상기시켜 드리지 않아도 되겠지요?

이처럼 분산투자를 함으로써 우리의 목표였던 '수익률은 떨어뜨리지 않으면서 변동성은 줄이는' 투자 전략을 완성할 수 있게 되었습니다. 박수~ 짝짝짝!

모든 투자 자산에 ②′가 존재한다면 얼마나 좋을까요? ②′처럼 투자 수익률은 유지하면서 변동성을 완벽하게 제거해 줄 수 있는 투자 방법 말이에요. 하지만 ②′는 제가 상상 속에서 만들어 낸 가상의 자산입니다. 안타깝게도 이런 자산은 세상에 존재하지 않습니다. 특정 투자 자산의 변동성을 '완벽하게 제거'하는 것은 불가능하다는 뜻입니다. 그러나 다행히도 변동성을 획기적으로 줄이는 일은 가능합니다.

그렇다면 지금부터 우리가 해야 할 일이 정해졌군요. 우리가 해야 할 일은 바로 '어떤 자산들을 어떤 비율로 배분하여 투자했을 때, 우리가 목표한 수익률을 달성하면서도 변동성과 최대 낙폭을 최소화할 수 있을지'에 대한 최고의 레시피를 찾아내는 것입니다.

지금부터 여러분이 요리사가 되었다고 상상해 보세요. 요리사의 가장 큰 관심사는 최고의 맛을 내는 요리를 만들기 위해 어떤 재료를 사용하여 어떻게 요리를 해야 하는지일 것입니다.

자산배분도 이와 비슷합니다. 최고의 성과(높은 수익률, 낮은 표준편차와 MDD)를 내기 위해 어떤 재료(투자 자산)를 어떻게 요리(투자 비율 조정, 리밸런싱)하는지가 중요합니다.

그런데 아직 초보 요리사인 여러분은 어떤 재료를 사용해야 할지, 어떻게 요리를 만들어야 할지 감도 오지 않습니다. 다행인 것은 우리보다 앞선 요리연구가들이 이미 개발해 놓은 레시피가 있다는 점이에요. 백번 설명해 드리는 것보다 한번 직접 보여드리는 게 낫겠네요. 일단은 다음의 자산배분 레시피 4개를 살펴보겠습니다.

전략명	구성	수익률 (연복리)	변동성 (표준편차)	최대 손실 (MDD)
유대인 전략	미국 주식 SPY **33.4%** 미국 장기국채 TLT **33.3%** 미국 리츠 IYR **33.3%**	8.64%	11.66%	-27.47%
60/40 포트폴리오	미국 주식 SPY **60%** 미국 중기국채 IEF **40%**	8.81%	9.15%	-20.63%
영구 포트폴리오	미국 주식 SPY **25%** 미국 장기국채 TLT **25%** 금 GLD **25%** 미국 초단기채권 BIL **25%**	6.61%	7%	-12.65%
사계절 포트폴리오	미국 주식 SPY **30%** 미국 장기국채 TLT **40%** 미국 중기국채 IEF **15%** 금 GLD **7.5%** 원자재 DBC **7.5%**	7.72%	7.55%	-12.08%

다양한 자산배분 전략

위의 표는 일반적으로 널리 알려진 자산배분 전략 네 가지를 요약하여 정리한 것입니다. 좀 더 자세히 말씀드리자면, 각 전략에서 정해진 재료(투자 자산)에 따라 과거 15년 동안 투자했을 때의 결과(수익률, 변동성, 최대 손실)를 정리한 표입니다. 과거의 데이터를 바탕으로 그 성과를 검증하는 것을 백테스팅이라고 하는데, 그 방법에 대해서는 이 장의 끝 부분에서 다룰 것이니 참고하시기 바랍니다.

자산배분에 대한 이해를 돕기 위해 각 전략을 하나씩 짚어 보겠습니다. 첫째, 유대인 전략입니다. 과거에 유대인이 남긴 기록에 "모든 자산을 3등분하여 3분의 1은 토지, 3분의 1은 사업에 투자하고, 나머지 3분의 1은 여유 자금으로 가지고 있어라"라는 가르침이 있었다고 합니다. 이에 따른 투자 방법이라고 해서 그 이름도 유대인 전략입니다.

유대인 전략의 레시피는 매우 간단합니다. 은퇴 자산의 3분의 1은 미국 주식에 투자하고, 3분의 1은 미국 장기국채에 투자하고, 3분의 1은 미국 리츠(부동산)에 투자하면 됩니다. 즉, 미국 주식(S&P500)의 성과를 추종하는 ETF인 SPY(ETF 종목 이름)에 자산의 33.4%를 투자하고, 이와 마찬가지로 미국 장기국채의 성과를 추종하는 TLT와 미국 리츠의 성과를 추종하는 IYR에도 각각 33.3%씩 투자하면 됩니다. 만약 1억 원을 투자한다면, SPY를 3340만 원, TLT를 3330만 원, IYR을 3330만 원어치 매수하기만 하면 그뿐입니다. 간단하죠?

그렇다면 이렇게 투자했을 때 예상되는 결과는 어떨까요? 우선 연평균 수익률은 무려 8.64%나 되는군요. 와우~ 굉장합니다. 투자 방법이 매우 단순한 데 비해 수익률은 제 목표치인 7%를 훌쩍 뛰어넘어 버리니까요. 한 가지 아쉬운 점이 있다면, 변동성과 최대 손실도 높다는 것입니다. 특히, 최대 손실^{MDD}은 −27.47%나 되는군요.

앞서 ①, ②, ③번 자산의 비교에서 한 번의 큰 손실(-30%)이 발생했을 때 은퇴 자산의 운용 성과가 얼마나 나빠지는지 계산해 드렸죠. 그런데 유대인 전략을 취하면 이와 비슷한 수준의 하락이 발생할 수도 있다는 뜻입니다. 유대인 전략의 가장 아쉬운 부분입니다.

정리하면, 유대인 전략은 투자 방법이 간단하고 수익률이 높다는 장점이 있지만, MDD 역시 매우 높다는 단점이 있습니다.

다음으로 살펴볼 전략은 '60/40 포트폴리오'입니다. 이것은 유대인 전략보다 더 간단합니다. 사야 할 종목이 단 두 종목밖에 되지 않거든요. 미국 주식 ETF인 SPY와 미국 중기국채 ETF인 IEF를 6대 4의 비율로 나눠서 사기만 하면 됩니다.

이렇게 간단한 방법으로 투자했을 뿐인데, 예상되는 결과는 유대인 전략보다도 뛰어납니다. 수익률에는 큰 차이가 없지만, 표준편차와 MDD는 줄어들었거든요. 특히 MDD는 −27.47%에서 −20.63%로 크게 줄었습니다. 그럼에도 불구하고 아직 −20%를 넘는다는 것이 아쉽긴 하네요.

이처럼 어떤 종목을 재료로 해서 어떤 비율로 자산배분을 하느냐에 따라 예상되는 성과는 달라집니다. 여기서 말하는 성과는 과거의 자료를 분석하여 도출한 것이기 때문에 미래에도 반드시 똑같은 결과가 나타날 거라는 보장은 없습니다.

그냥 이 정도로 생각하면 될 것 같습니다. "60/40 포트폴리오대로 시뮬레이션을 해보면 최근 15년간 단 한번도 MDD가 −20.63%를 넘지 않았어. 그러니 이 전략을 사용한다면 웬만한 상황에서는 손실폭이 −20%를 넘지 않을 거야."

이제 자산배분에 대해 조금씩 흥미가 생기시나요? 그런데 아무런 기초 지식도 없이 알려진 레시피만 따라 하기에는 조금 자존심이 상하기도 합니다. 우리가 요리를 잘하지 못하더라도 소금을 넣으면 짠맛이 나고 설탕을 넣으면 단맛이 난다는 것 정도는 기본적으로 알고 있잖아요. 자산배분 전략에 대해서도 딱 그 정도 수준까지만 이해해 보도록 하겠습니다.

어떤 자산을 포함시킬 것인가?
: 영구 포트폴리오

자산배분을 할 때, 우리가 결정해야 할 사항은 딱 두 가지입니다. ① 어떤 자산을 포함할 것인가, 그리고 ② 각 자산의 편입 비율은 어떻게 할 것인가입니다. 어렵게 생각하지 마세요. 우리가 마트에 가서 장을 볼 때 하는 고민도 똑같잖아요. 어떤 물건을, 얼마만큼 살까? 자산배분도 마찬가지라고 생각하면 됩니다. '어떤 자산을, 얼마만큼 사면 될까?'

먼저, 포트폴리오에 어떤 자산을 포함해야 하는지에 대해 알아보겠습니다. 이해를 돕기 위해서 '다양한 자산배분 전략' 표에서 세 번째로 등장했던 '영구 포트폴리오'는 어떤 자산들로 구성되어 있는지 살펴보겠습니다.

영구 포트폴리오는 미국 주식 SPY, 미국 장기국채 TLT, 금 GLD, 미국 초단기채권 BIL 이렇게 4개의 자산으로 이루어져 있습니다. 각

전략명	구성	수익률 (연복리)	변동성 (표준편차)	최대 손실 (MDD)
영구 포트폴리오	미국 주식 SPY 25% 미국 장기국채 TLT 25% 금 GLD 25% 미국 초단기채권 BIL 25%	6.61%	7%	-12.65%

각의 자산을 4분의 1씩 나눠서 투자했을 뿐인데, 성과는 아주 훌륭하군요. 유대인 전략이나 60/40 포트폴리오에 비해 MDD가 크게 낮아졌습니다. MDD가 −12.65%밖에 되지 않아요!

수익률도 나쁜 편은 아닙니다. 6.61%면 제 목표 수익률인 7%보다 낮긴 하지만 크게 차이가 나지는 않습니다.

영구 포트폴리오가 앞선 두 전략에 비해 안정적인 성과를 낼 수 있었던 이유는 무엇일까요? 그것은 자산을 선택할 때 지켜야 할 규칙을 잘 따랐기 때문입니다. 포트폴리오에 포함할 자산을 선택할 때는 다음의 두 가지 규칙을 명심해야 합니다.

첫 번째 규칙은 장기적으로 우상향하는 자산을 선택해야 한다는 것입니다.

맛있는 요리를 만들려면 신선하고 좋은 재료를 사용해야 합니다. 이와 마찬가지로 훌륭한 포트폴리오를 만들려면 좋은 자산을 선택해야 합니다. 여기서 '좋은 자산'이란 바로 '장기적으로 우상향하는 자산'을 말합니다.

우리의 목적은 조기 은퇴를 하여 은퇴 자산을 안정적으로 운용하

어떤 자산을 선택할까? 1

맛있는 요리를 만들려면,
좋은 재료를 사용해야지!

홀륭한 포트폴리오를 만들려면,
장기적으로 우상향하는 자산을 선택해야지!

는 것입니다. 은퇴 기간은 1~2년의 단기가 아니라 30~50년의 장기입니다. 육상으로 치자면, 100미터 달리기가 아니라 42.195킬로미터의 마라톤인 것이죠. 중간중간 오를 때도 있고 떨어질 때도 있겠지만, 장기적으로 보았을 때 꾸준히 상승하는 자산을 선택하는 것이 그래서 가장 중요합니다.

그럼 영구 포트폴리오에 포함된 자산들은 어떨까요? 최근 20년 동안의 그래프를 보면 이 자산들은 장기적으로 우상향하고 있다고 보아도 무리가 없습니다.

두 번째 규칙은 서로 상관관계가 낮은 자산들을 선택해야 한다는 것입니다.

짭짤한 맛을 좋아한다고 해서 한 요리에 국간장, 진간장, 양조간장 등 간장을 종류별로 넣는 요리사는 없을 겁니다. 이와 마찬가지로 포트폴리오를 만들 때도 연관성이 지나치게 높은 자산은 피하는 것이

어떤 자산을 선택할까? 2

맛있는 요리를 만들려면,
중복된 재료는 넣지 않아야지!

훌륭한 포트폴리오를 만들려면,
상관관계가 높지 않은 자산을 선택해야지!

좋습니다.

예를 들어 볼까요? 주식과 부동산은 대체로 거의 비슷한 방향으로 움직입니다. 경제 상황이 좋을 때는 주식도 오르고, 부동산도 오릅니다. 반대로 경제 상황이 안 좋으면 둘 다 떨어지죠. 그런데 분산투자를 하려는 목적으로 주식과 부동산으로만 나눠서 투자하면 어떻게 되겠어요. 당연히 분산투자를 하는 효과는 거의 없을 겁니다.

이런 이유로 주식과 부동산, 채권에 각각 3분의 1씩 자산배분을 했던 유대인 전략의 분산투자 효과가 낮았습니다. MDD가 -27.47%나 되었잖아요. 이 전략은 세 가지 자산에 각각 3분의 1씩 자산배분을 했던 것이 아니라, 전체 자산의 3분의 2를 주식과 부동산으로 치중해서 투자한 것이라고 볼 수 있습니다.

만약 부동산에 투자하는 대신, 경제 상황이 부진해도 자산 가치를 보전할 수 있는 금이나 현금(초단기채권)을 포트폴리오에 편입한다면

(출처: Seeking Alpha 홈페이지)

어떻게 될까요? 영구 포트폴리오에서 한 것처럼 말이에요. 결과는 여러분도 보셨다시피 유대인 전략에 비해 MDD를 절반 이하로 크게 낮출 수 있었답니다. 이제 영구 포트폴리오에서 왜 이런 자산들을 선택했는지 이해되시죠?

각 자산의 편입 비중은 어떻게 할까?
: 사계절 포트폴리오

그런데 유대인 전략이나 영구 포트폴리오를 살펴보다 보니 궁금한 점이 생겼습니다. 유대인 전략은 세 종류의 자산에 각각 3분의 1씩 나눠서 투자했습니다. 그리고 영구 포트폴리오는 네 종류의 자산에 각각 4분의 1씩 나눠서 투자했습니다. 두 전략 모두 각 자산들끼리 같은 비율로 투자했던 것이죠. 자산배분을 할 때 이렇게 꼭 같은 비중으로 투자해야만 하는 걸까요?

맛있는 요리를 만들려면, 각 재료의 양을 잘 조절하는 것이 무엇보다 중요합니다. 이를테면 모든 재료를 같은 비율로 넣어서 요리한다고 생각해 보세요. 간장 1컵, 육수 1컵, 참기름 1컵, 설탕 1컵, 맛술 1컵…… 이런 식으로 말이에요. 그 맛은 상상만 해도 끔찍하군요.

훌륭한 포트폴리오를 만들 때도 각 자산을 적절한 비율로 배분하는 것이 중요합니다. 자산들 간에 최고의 시너지를 낼 수 있는 황금비율을 찾아내야 하는 것이죠. 비율을 어떻게 하느냐에 따라 수익률은 물론이고 변동성이나 MDD 등의 투자 결과가 달라집니다.

각 자산을 어떤 비율로 배분할까?

맛있는 요리를 만들려면,
재료의 양을 잘 조절해야 해!

훌륭한 포트폴리오를 만들려면,
각 자산을 적절한 비율로 배분해야 해!

우리는 아직 포트폴리오의 적당한 비율을 밝혀낼 만큼 투자 경험이 많지 않기 때문에, 일단은 '다양한 자산배분 전략' 표에서 네 번째로 등장했던 '사계절 포트폴리오'를 참고해 보겠습니다.

다양한 자산배분 전략

전략명	구성	수익률 (연복리)	변동성 (표준편차)	최대 손실 (MDD)
사계절 포트폴리오	미국 주식 SPY 30% 미국 장기국채 TLT 40% 미국 중기국채 IEF 15% 금 GLD 7.5% 원자재 DBC 7.5%	7.72%	7.55%	-12.08%

사계절 포트폴리오에서는 주식, 장기국채, 중기국채, 금, 원자재, 이렇게 다섯 가지 자산에 각각 30%, 40%, 15%, 7.5%, 7.5% 비율로 투자합니다. 그 투자 결과를 영구 포트폴리오와 비교해 보면, 변동성

이나 최대 낙폭에서는 크게 차이가 없지만 수익률은 약 1%가량 높다는 것을 확인할 수 있습니다. 한마디로 영구 포트폴리오보다 더 훌륭한 성과를 보여줍니다.

사계절 포트폴리오에 따르면, 경제에도 계절이 있다고 합니다. 경기는 좋을 때도 있고, 나쁠 때도 있잖아요. 그리고 물가 또한 오를 때도 있고, 떨어질 때도 있습니다. 이를 조합해 보면, 다음의 그림과 같이 경제의 사계절을 표현할 수 있습니다.

이처럼 경제의 계절이 계속해서 변하는데, 계절이 바뀌더라도 지속적으로 수익을 낼 수 있는 전략이라고 해서 그 이름도 '사계절 포트폴리오'입니다. 이름만 들어도 솔깃하지 않은가요?

그런데 우리에게 가장 궁금한 것은 따로 있습니다. 어떤 원리로 각 자산의 비중을 결정하느냐는 것이죠. 핵심부터 말씀드리면, 자산의 비중은 각각의 변동성에 따라 결정합니다.

주식과 채권을 예로 들어 설명해 보겠습니다.

일반적으로 주식은 변동성이 높은 자산이고, 채권은 변동성이 낮은 자산입니다. 주식은 큰 폭으로 오르락내리락하고, 채권은 작은 폭으로 오르락내리락한다는 뜻입니다. 그런데 이러한 자산의 특징을 감안하지 않고 주식과 채권을 동일한 비중으로 투자한다면 어떻게 될까요? 변동성이 큰 주식이 오를 때는 전체 포트폴리오의 수익률이 오르고, 주식이 떨어질 때는 포트폴리오의 수익률도 떨어질 겁니다. 즉, 변동성이 높은 주식이 포트폴리오에 미치는 영향이 채권보다 더 클 것입니다.

그렇다면 주식이 포트폴리오에 미치는 압도적인 영향력을 줄이려면 어떻게 해야 할까요? 변동성이 높은 주식의 투자 비중은 줄이고, 변동성이 낮은 채권의 비중을 늘리면 됩니다.

이 내용을 머릿속에 입력하고, 사계절 포트폴리오의 자산배분을 다시 한번 들여다보겠습니다. 우선, 채권(장기국채+중기국채) 비중이 주식 비중보다 더 높다는 사실을 확인할 수 있습니다. 그리고 주식보다 변동성이 큰 금이나 원자재는 비중이 더 낮다는 점도 함께 체크할 수 있습니다.

지금까지 네 가지 기본적인 자산배분 전략에 관해 알아보았습니다. 자산배분을 더 공부해 보면 이보다 복잡한 전략도 접할 수 있습니다. 이들 가운데는 평균적으로 10% 이상의 수익률을 올릴 수 있는 전략도 있습니다. MDD를 10% 이하로 줄일 수 있는 전략도 만들 수 있고요. 흥미를 가지고 공부를 계속 하다 보면 여러분만의 독자적인 전략도 만들 수 있겠죠. 어떤가요? 여러분도 한번 본인만의 자산배분 전략을 만드는 데 도전해 봐야겠다는 의지가 생기지 않나요?

은퇴 자산 관리하기
: 리밸런싱

이제 여러분은 자산배분 전략이 무엇인지 대충 감을 잡으셨을 겁니다. 자산배분을 하려면 어떤 자산을 골라야 하는지(장기적으로 우상향하면서 서로 연관성이 낮은 자산을 선택해야 합니다), 그리고 각 자산의 비율을 어떻게 배분해야 하는지(자산의 변동성을 감안하여 투자 비율을 결정해야 합니다) 알게 되셨죠.

지금까지 공부한 내용을 바탕으로 여러분의 목표 수익률을 달성할 수 있도록 자산배분 전략을 개발했다고 생각해 보겠습니다. 그럼 이제 여러분의 은퇴 자산을 그 전략에 따라 투자한 뒤 그대로 지켜보기만 하면 될까요? 아닙니다. 포트폴리오를 그냥 방치하는 것은 그다지 좋은 선택이 아닙니다. 여러분의 포트폴리오가 잘 굴러가게 하려면 주기적인 관리가 필요합니다.

한 가지 예시를 들어 보겠습니다. 여러분은 현재 1억 원의 투자금을 가지고 있습니다. 그리고 이 1억 원으로 자산1과 자산2에 각각 50%씩 투자하는 자산배분 전략을 실행하고자 합니다. 그래서 자산 1을 5000만 원, 자산2를 5000만 원 매수하게 되었습니다.

그런데 1년이 지나고 보니, 자산1의 가치는 20% 상승해서 6000만 원이 되었고, 자산2의 가치는 6% 하락해서 4700만 원이 되었습니다. 1년 후의 투자 비율은 50대 50이 아니라 60대 47이 되어 버린 것입니다.

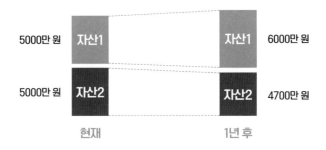

투자할 때 각 자산의 손익에 따라 달라져 버린 투자 비율을 원래의 전략대로 다시 조정해 주는 것을 리밸런싱(다시 밸런스를 맞추는 것)이라고 합니다. 리밸런싱을 하는 방법은 매우 단순합니다. 위의 사례를 기준으로 리밸런싱을 한번 해보겠습니다.

1년이 지난 뒤 전체 자산은 1억 원에서 1억 700만 원으로 늘어났습니다. 리밸런싱을 하여 원래의 투자 비율인 50대 50으로 조정

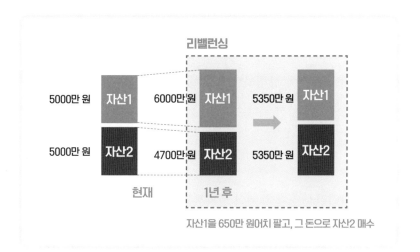

자산1을 650만 원어치 팔고, 그 돈으로 자산2 매수

하려면 자산1과 자산2의 투자금을 각각 5350만 원으로 맞추면 됩니다. 즉, 가치가 6000만 원으로 늘어난 자산1을 650만 원어치 팔아서, 그 돈으로 자산2를 매수하면 그뿐입니다(자산1. 6000만 원-650만 원=5350만 원, 자산2. 4700만 원+650만 원=5350만 원). 그럼 원래의 투자 비율인 50대 50으로 돌아가게 되는군요. 쉽죠?

은퇴 자산을 운용할 때, 매년 리밸런싱을 하는 것이 좋을까요? 아니면 리밸런싱을 하지 않고 그대로 두는 것이 좋을까요? 결론부터 말씀드리면, 리밸런싱을 주기적으로 하는 것이 하지 않는 것보다 무조건 유리합니다. 자산배분 전략에서 우리는 '장기적으로 우상향하면서, 상승과 하락을 반복하는 자산들'에 투자하기 때문입니다.

리밸런싱의 의미는 위의 그림에서도 나타나듯이, 상대적으로 많이 상승한 자산을 매도하고 상대적으로 하락한 자산을 매수하는 것입니다. 투자 자산의 특성상 많이 오른 자산은 시간이 지나면 다시 떨어지기 마련이고, 가치가 하락한 자산은 시간이 지나면 다시 회복합니다. 그러니 최근에 상대적으로 많이 오른 자산은 매도하여 비중을 줄여주고, 떨어진 자산은 매수를 하여 비중을 늘려주는 작업, 즉 리밸런싱이 필요한 것이죠.

말로만 설명을 하면 복잡하니, 예시를 통해 리밸런싱을 하지 않았을 때와 리밸런싱을 했을 때의 성과를 직접 비교해 보겠습니다.

여러분은 은퇴 자금 1억 원을 투자하려고 합니다. 여러분의 자산 배분 전략은 자산1과 자산2에 각각 50%씩 투자하는 것입니다. 즉, 자산1에 5000만 원, 자산2에 5000만 원을 투자할 계획입니다.

앞으로 4년 동안 자산1과 자산2의 가격은 다음의 그림처럼 움직일 예정입니다. 현재 1주당 1만 원인 자산1의 가격은 매년 1만 2000원(1년) - 1만 2000원(2년) - 1만 2000원(3년) - 1만 4000원(4년)과 같이 움직입니다. 마찬가지로 현재 1만 원인 자산2의 가격은 매년 1만 500원(1년) - 1만 2000원(2년) - 1만 4000원(3년) - 1만 4000원(4년)으로 움직입니다.

먼저 리밸런싱을 하지 않았을 때의 결과부터 계산해 보겠습니다. 지금부터는 숫자가 많이 나오니 좀 더 집중해서 봐주시기 바랍니다.

우리는 1억 원을 자산1과 자산2에 5000만 원씩 투자할 계획입니다. 각 자산의 현재 가격이 1만 원이기 때문에 5000주씩을 매수할 수 있겠군요. 그리고 이 수량을 4년 후까지 변동 없이 그대로 보유할 겁

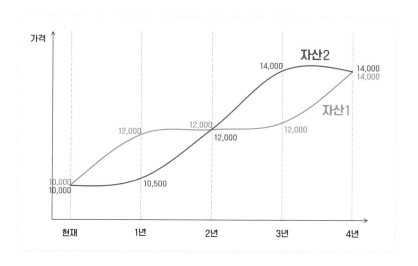

니다. 리밸런싱을 하지 않으니까요.

그럼 4년 후에 여러분의 자산 가치는 얼마가 되었을까요? 우선 자산1의 가치는 7000만 원이 되어 있을 겁니다(1만 4000원×5000주 =7000만 원). 자산2도 마찬가지로 7000만 원이겠네요. 가격과 보유 수량이 자산1과 같으니까요.

자산1과 자산2를 합한 총자산 가치는 1억 4000만 원입니다. 현재 1억 원에서 4년 후 1억 4000만 원으로 4000만 원 가치가 상승했습니다. 이것이 리밸런싱을 하지 않았을 때의 결과입니다.

똑같은 상황에서 1년마다 리밸런싱을 한다면 어떤 결과가 나올까요? 출발은 동일합니다. 자산1과 자산2, 각각 5000주씩을 매수합니다. 하지만 가격이 변하는 1년차부터 리밸런싱이 시작됩니다. 다음의 표를 보겠습니다.

자산배분 리밸런싱 예시

(단위: 원, 주)

구분		현재	1년	2년	3년	4년
가격	자산1	10,000	12,000	12,000	12,000	14,000
	자산2	10,000	10,500	12,000	14,000	14,000
개수	자산1	5,000	5,000	4,688	5,023	5,442
	자산2	5,000	5,000	5,357	5,023	4,664
자산 가치	자산1	50,000,000	60,000,000	56,256,000	60,276,000	76,188,000
	자산2	50,000,000	52,500,000	64,284,000	70,322,000	65,296,000
합계액		100,000,000	112,500,000	120,540,000	130,598,000	141,484,000

1년차에 자산1의 가격은 1만 2000원, 자산2는 1만 500원이 됩니다. 각 자산의 보유 수량은 5000주씩이므로, 자산1은 6000만 원, 자산2는 5250만 원이 됩니다. 이들의 합계인 총자산 가치는 1억 1250만 원이 되겠지요. 여기서 첫 번째 리밸런싱을 해야 합니다.

자산1과 자산2를 각각 50%로 조정하기 위해 각 자산의 가치는 1억 1250만 원의 절반인 5625만 원이 되어야 합니다. 이 금액을 자산1의 가격인 1만 2000원으로 나눠 주면 약 4688주가 되는군요. 즉, 현재의 5000주에서 312주를 매도해야 합니다.

자산2의 보유 수량은 어떻게 조정하면 될까요? 5625만 원에서 자산2의 가격인 1만 500원을 나눠 주면 5357주가 됩니다. 즉 357주를 추가로 매수해 주어야 합니다. 자산1을 312주 매도한 금액으로 자산2를 357주 매수하면 리밸런싱이 완료되겠군요. 그 결과로 2년차의 보유 수량은 앞 표의 ①로 표시된 '자산1. 4688주, 자산2. 5357주'가

됩니다.

내용이 다소 복잡하기 때문에 이해하기 어려워 보일 수도 있습니다. 중요한 포인트는 각 자산의 가치(가격×수량)를 처음의 자산배분 비율로 맞춰 주는 데 있습니다. 바로 이해되지 않았다면, 위의 과정을 차근차근 다시 한번 되짚어 보시기 바랍니다.

매년 리밸런싱을 했을 때, 4년 뒤의 총자산 가치는 표의 ②로 표시된 1억 4148만 4000원입니다. 리밸런싱을 하지 않았을 때의 결과 값인 1억 4000만 원보다 148만 4000원 증가한 금액입니다. 즉, 리밸런싱을 함으로써 리밸런싱을 하지 않았을 때보다 148만 원(1.48%) 더 많은 수익을 얻었다고 생각하면 되겠습니다.

위의 예시를 통해 살펴본 것처럼 리밸런싱은 매우 중요합니다. 간단한 수량 조정을 통해 더 많은 수익을 만들어 낼 수 있으니까요. 하지만 그렇다고 해서 가격이 조금씩 변할 때마다 매일매일 리밸런싱을 할 필요는 없습니다(만약 하루에 한 번씩 리밸런싱을 한다면 거래 비용이 오히려 더 많이 발생하겠죠). 6개월이나 1년처럼 일정한 주기를 정해 두고, 그 주기에 맞춰 관리해 준다면 그것만으로도 충분합니다.

8장에서는 은퇴 자산 운용의 핵심이라고 할 수 있는 자산배분 전략에 관해서 간략하게 알아보았습니다. 여러분도 이번 장의 내용을 토대로 은퇴 계획 목표에 맞는 자산배분 전략을 수립하여 성공적인 은퇴 준비를 하시기 바랍니다.

은퇴 준비 따라 하기

자산배분 전략 백테스팅 하기

자산배분 전략의 성과를 백테스팅 할 수 있는 사이트가 몇 군데 있습니다. 그중에서 무료로 백테스팅을 해볼 수 있는 '비주얼라이저' 사이트에서 여러분의 포트폴리오 성과를 측정해 보겠습니다.

1. https://www.portfoliovisualizer.com 사이트에 들어가서, 'Backtest Portfolio' 메뉴를 선택합니다.

2. 각각의 항목에 알맞은 옵션을 선택해 줍니다. 'Rebalancing' 항목에서
   1년 주기로 리밸런싱을 하고 싶다면, 'Rebalance annually'를 선택합
   니다(6개월 주기는 'Rebalance semi-annually').

3. 'Portfolio Assets'에 백테스팅 하고 싶은 자산과 비중을 입력한 뒤
   'Analyze Portfolio' 단추를 클릭합니다(아래 그림의 예시는 본문에 등장했
   던 '영구 포트폴리오' 종목들을 입력한 값입니다).

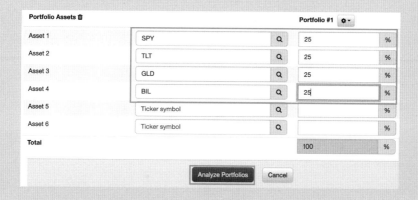

4. 결과를 확인합니다.

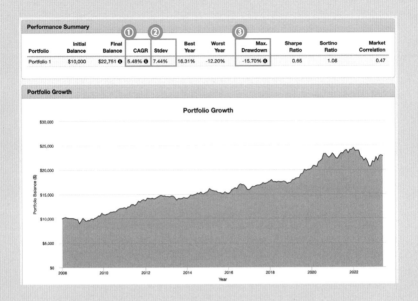

1) 'CAGR'은 해당 기간 동안의 연평균 수익률을 뜻합니다.

2) 'Stdev'는 표준편차, 즉 해당 기간 동안의 변동성을 뜻합니다.

3) 'Max. Drawdown'은 MDD, 즉 최대 손실폭을 뜻합니다.

에필로그

빠른 경제적 자유를 위한 타임라인

내가 이 책을 쓰는 동안 와이프님은 가장 든든한 조력자였다. 와이프님은 기꺼이 이 책의 소재가 되어 주었을 뿐 아니라, 내 원고를 가장 먼저 읽어 보고 의견을 말해 주는 '1호 독자'이기도 했기 때문이다.

나는 각 장의 원고가 완성될 때마다 와이프님에게 가장 먼저 글을 보여주었는데, 검토를 마친 와이프님이 내게 주로 했던 얘기는 다음과 같다.

와이프님 이건 무슨 소린지 이해가 되지 않는데? 좀 더 쉽게 다시 써 와! (혹은) 이 부분은 좀 재미있게 다듬어서 다시 써 와! (혹은) 내가 너무 바보같이 나왔잖아! 당장 다시 써 와!

8장까지 원고를 마친 뒤, 여느 때처럼 나는 와이프님에게 완성된 원고를 가장 먼저 보여주었다. 원고를 끝까지 읽어 본 와이프님은 또 어떤 잔소리를 들을지 몰라 잔뜩 긴장한 내게 이렇게 말했다.

와이프님   오빠, 이제 이걸로 책 내용은 전부 끝난 거야?

나   응. 그래, 재밌게 읽었어? 내용이 어렵지는 않았지? 혹시 마음에 들지 않는 내용이라도 있었어?

와이프님   8장 내용 자체가 조금 어렵고 생소하긴 했지만, 전체적으로 나쁘지는 않았어. 그런데 그것 말고 문제가 하나 생겼어.

나   문제가 뭔데?

와이프님은 멋쩍게 웃으며 말했다.

와이프님   책을 한 부분씩 읽을 때는 어렵지 않게 술술 읽었거든. 그런데 막상 책을 끝까지 다 읽으니까, 앞에 어떤 내용이 있었는지 하나도 기억이 안 나. 파이어족이 되려면 지금부터 내가 뭘 해야 하는 거지?

나   긴 내용을 한꺼번에 읽다 보면, 앞부분의 내용은 까먹는 게 당연한 거야. 그럼 우리 이제부터는 책에 어떤 내용이 있었는지, 그리고 파이어족이 되려면 우리가 지금부터 뭘 해야 하는지 총정리를 해볼까?

제가 여러분께 해드릴 이야기는 8장까지의 내용으로 모두 마무리되었습니다. 책을 중간에 덮지 않고 에필로그까지 와주신 여러분의 끈기에 무한한 감사를 드립니다.

이 책을 읽는 동안 쉽고 재미있게 술술 읽히는 부분도 있었을 것이고, 알 듯 말 듯 정확하게 이해하기 어려운 부분도 있었을 겁니다. 만약 책의 문장들이 여러분의 머릿속으로 일목요연하게 전달되지 않았다면, 그것은 전적으로 제 설명이 부족했기 때문이라는 점을 인정하고 넘어가겠습니다.

그럼에도 불구하고, 제가 여러분께 자신 있게 말씀드릴 수 있는 사실이 한 가지 있습니다. 이 책을 읽는 동안 여러분은 알게 모르게 '파이어족이 되기 위한 모든 정보'를 이미 체득했다는 점입니다. 즉,

이 책을 읽기 전의 여러분과 읽고 난 뒤의 여러분은 (파이어족이 되는 데 있어서만큼은) 완전히 다른 사람이 되어 있다는 것이죠. 믿지 못하시겠다고요? 예를 들어 볼까요?

우선 여러분은 파이어족이 되기 위해 가장 먼저 해야 하는 일이 무엇인지 분명히 알고 있습니다. 그것은 바로 조기 은퇴를 하기 위해 얼마의 금액이 필요한지 정확하게 계산해 보는 일입니다(2~4장). 은퇴 필요 자금을 계산하는 과정에서 여러분은 은퇴 후에 생활비가 얼마나 필요한지 스스로 파악해야 했습니다. 또 실현 가능한 투자 수익률을 정해서 계산에 포함해야 했고요. 그리고 은퇴 후에 필요한 생활비를 계산할 때는 물가상승률을 반드시 고려해야 한다는 점도 이미 알고 있습니다. 그렇죠?

또 여러분은 이 책에서 제공하는 엑셀 파일을 통해 파이어족이 되기 위해 은퇴 준비 기간에 매년 얼마의 돈을 모아야 하는지 계산해 보았습니다(4장). 그 계산 결과를 바탕으로 은퇴한 뒤에는 매년 어느 정도의 금액을 각각 인출해서 써야 하는지도 이미 파악된 상태입니다.

그리고 우리는 효과적으로 은퇴 자산을 모으고 관리하기 위해 국민연금, 퇴직연금, 개인연금을 활용하는 방법도 알아보았습니다 (5~7장). 마지막으로, 은퇴 자산을 안정적으로 운용하기 위해 자산배분을 어떻게 해야 하는지도 공부했습니다(8장). 이 정도만 파악하고 있어도 여러분은 이미 조기 은퇴에 관해 거의 전문가 수준으로 알게 되신 거랍니다.

그런데 이렇게까지 말씀드렸는데도 아직 본인에게 얼마나 큰 변화가 있었는지 느끼지 못하시겠다고요? 그럼 이제부터는 조금 다른 관점으로 말씀드려 보겠습니다.

저는 지금부터 최근에 파이어족이 된 A씨의 이야기를 들려드릴 겁니다. 이 사례를 읽고 난 뒤에는 여러분의 생각을 함께 정리해 보겠습니다.

중소기업에서 회계 담당 책임자로 오랫동안 근무한 A씨는 사십 대 초반의 이른 나이에 은퇴하고 최근에 파이어족이 되었다. A씨는 은퇴를 하기 위해 5년 전부터 미리 계획을 세우고 돈을 모으기 시작했는데, 드디어 그 노력이 열매를 맺은 것이다. A씨가 은퇴하기 위해 5년 동안 모은 금액은 4억 원이었다.

A씨가 은퇴 필요 자금으로 4억 원을 책정한 데는 이유가 있었다. 은퇴 필요 자금을 계산하며 가장 먼저 한 일은 은퇴 후의 연간 생활비

를 결정하는 것이었는데, 가계부를 꼼꼼히 따져 보았더니 1년에 필요한 생활비는 세금을 포함해 3000만 원 정도였다고 한다. 퇴직연금과 개인연금을 수령할 수 있는 시기까지는 12년이 남아 있었으므로 은퇴 후부터 12년간 쓸 돈을 은퇴 전까지 모두 모아 놓아야 했다. 거기에다 은퇴 후에는 여행을 충분히 다니며 살고 싶었으므로 여행 자금 4000만 원을 예산에 추가했다. 그렇게 계산된 은퇴 필요 자금의 액수가 4억 원이었다(생활비 3000만 원×12년+여행 자금 4000만 원).

준비한 4억 원이 소진되는 12년 후부터 10년 동안은 퇴직연금과 개인연금을 인출해서 생활할 것이고, 65세부터는 국민연금과 주택연금으로 생활비를 충당할 수 있을 것이다. 이렇게 A씨의 파이어족 생활은 시작되었다.

A씨의 파이어족 사례를 읽어 보니 어떠신가요? 이 책을 읽기 전의 여러분이었다면, 위의 이야기를 듣고 어떤 생각을 했을까요? '부럽다.' '나도 저 사람처럼 빨리 돈을 모아서 파이어족이 되고 싶다!' 아마 이 정도로 생각하셨을 겁니다(1장을 처음 펼쳤을 때의 여러분을 되돌아보세요!).

A씨의 은퇴 계획이 잘못되었다고 말하려는 것은 절대 아닙니다. 파이어족이 되기 위해 은퇴 계획을 세우고 차근차근 실행을 했다는 점은 매우 본받을 만하지요. 가계부를 분석해 본인의 연 생활비를 진지하게 산출해 냈다는 점도 매우 훌륭합니다. 은퇴를 위해 퇴직연금

이나 개인연금, 국민연금과 주택연금까지 다양한 연금 상품을 모두 고려했다는 점도 눈에 띄는군요. 특히, 국민연금 수령 시기 전까지 퇴직연금과 개인연금을 브릿지 연금(은퇴 후 국민연금 지급이 시작될 때까지의 소득 공백 기간에 다리 역할을 해주는 연금을 뜻한다) 형태로 활용하겠다는 점만 봐도 은퇴 계획을 설계하는 데 얼마나 많은 고민을 했을지 충분히 느껴집니다.

하지만 제 책을 끝까지 다 읽은 여러분은 이 조기 은퇴 계획에서 몇 가지 아쉬운 점을 발견할 수 있었을 겁니다.

우선 여러분은 이 은퇴 계획이 물가상승률을 전혀 고려하지 않았다는 점을 지적할 수 있습니다. 은퇴가 시작되는 첫해에는 3000만 원으로 생활을 할 수 있다고 하더라도, 물가가 계속 오르기 때문에 12년이 지난 뒤에는 더 많은 생활비가 필요할 거라는 사실을 여러분은 2장 63쪽의 '물가상승률을 반영한 연도별 생활비' 표를 통해 이미 알고 있을 테니까요.

또 이 계획에는 은퇴 자금의 투자 수익률에 대한 내용도 담겨 있지 않습니다. 은행에 은퇴 자금을 모두 맡겨 놓고 이자만 받는다고 가정하더라도 매년 얼마의 이자를 받는지, 그 수익에 대한 내용을 은퇴 계획에 반영해야 하는데 이에 대한 고려가 전혀 없습니다.

이 책을 조금 더 꼼꼼하게 읽으신 분이라면, A씨에게 이런 조언을 하실지도 모르겠네요. "퇴직연금을 수령할 때 퇴직소득세를 조금 더 아끼려면 11년차 이후부터의 연금수령액을 늘리는 게 유리할 거예요!" 그리고 머릿속으로는 6장 227쪽의 '연금으로 수령(극대화)' 표를 떠올리시면 됩니다. 1~10년까지는 1만 원씩만 인출하고 11년 차부터 499만 원씩 인출하여 퇴직소득세를 최소화하는 플랜, 기억하고 있죠?

만약 여러분이 'A씨는 과연 국민연금 수령액을 높이기 위해 은퇴를 한 지금도 국민연금 임의가입을 해서 매월 9만 원씩 내고 있을지'(5장 179쪽)가 궁금해서 입이 근질근질하시다면…… 축하합니다! 여러분은 이미 조기 은퇴의 전문가가 되셨군요.

이처럼 조기 은퇴 계획만 보고서도 여러 가지 문제점을 짚어 낼 수 있다는 점이 이 책을 읽고 난 뒤 여러분의 달라진 모습입니다. 이제 이 책을 읽고 여러분에게 얼마나 많은 변화가 일어났는지 조금은 느껴지시나요? 그렇다면 여러분은 비로소 파이어족이 되기 위한 다음 단계로 넘어갈 준비가 된 것입니다.

우리가 파이어족이 되기 위해서는 위의 그림과 같은 3단계 과정을 거쳐야 합니다. 바로 ① 은퇴 계획 단계와 ② 은퇴 준비 단계, ③ 은

퇴 실행 단계입니다.

먼저, 은퇴 계획 단계는 파이어족에 대한 전체적인 틀을 잡고, 계획을 세우는 단계입니다. 은퇴 시점은 언제로 할지, 은퇴 후 생활비 지출은 어느 정도로 할지 미리 따져 본 뒤에 조기 은퇴를 이루기 위해 얼마의 돈을 모아야 하는지, 은퇴 시기에 매년 얼마의 돈을 인출해서 써야 하는지 등의 계획을 세부적으로, 그리고 현실적으로 수립하는 단계입니다.

네, 맞습니다. 지금까지 이 책에서 제가 계속 다뤄 왔던 내용이 모두 은퇴 계획 단계에 포함되는 내용입니다! 즉, 이 책을 완독한 시점에 여러분은 이 단계를 끝내셨다고 볼 수 있습니다.

그럼 은퇴 계획 단계를 끝마친 지금 바로 이 시점에, 여러분에게 남아 있는 결과물은 무엇인가요? ("아무 것도 없는데?"라고 말씀하시면, 제가 몹시 서운합니다!)

4장에서 '은퇴 플랜B 계산기'로 계산했던 여러분의 은퇴 계획 엑셀 표가 남아 있을 테지요. 만약 여러분이 '나는 꼭 ×년 내에 파이어족이 되고 말겠어!'라는 의지가 강력하다면, 반드시 이 은퇴 계획 엑셀 표 두 장을 출력해서 여러분이 항상 볼 수 있는 자리에 붙여 놓으세요. 그리고 이 엑셀시트를 볼 때마다 여러분이 지금 파이어족을 향해 잘 나아가고 있는지 스스로 점검해 볼 수 있어야 합니다.

은퇴 플랜B 계산기

플랜B 은퇴 시나리오

기대수익률 ⑤
물가상승률 ⑥

연 생활비
(현재물가 기준)
④

필요 연 생활비
(현재 물가 기준)

현재 나이   은퇴 나이   국민연금 개시 나이 ⑧⑥   은퇴 종료 나이
(①)   (②)   국민연금 수령액 (⑦)   (③)

현재 은퇴 자산

1. 은퇴 조건 입력

순번	구분	입력값	비고
1	현재 나이(세)	40	
2	희망 은퇴 나이(세)	45	
3	은퇴 종료 나이(세)	99	
4	은퇴 후 생활비(원)	30,000,000	
5	기대수익률(%)	7%	
6	물가상승률(%)	2%	
7	국민연금 예상 수령액(원)	19,500,000	
8	국민연금 수령 나이(세)	65	
9	현재까지 준비된 은퇴 자산(원)	58,200,000	
	(자산1)	6,600,000	퇴직연금
	(자산2)	20,600,000	개인연금
	(자산3)	31,000,000	주식 투자
	(자산4)		기타 자산
	(자산5)		기타 자산

2. 은퇴 자료 결과

순번	구분	결과값
1	은퇴 시점 은퇴 필요 자금(원)	₩514,055,246
2	현재 달성률(%)	15.88%
3	매년 저축 금액(원)	₩75,194,985

3. 결과 요약

1. 귀하가 5년 후인 45세에 은퇴를 하기 위해서는
2. 은퇴 시점에 ₩514,055,246원의 은퇴 자금이 필요합니다.
3. 지금 현재 은퇴 준비는 15.88% 달성된 상태이며
4. 은퇴 시까지 매년 ₩75,194,985원을 저축해야 합니다.

플랜B 연도별 은퇴 시나리오

나이	은퇴 자산	은퇴 후 연 생활비 (물가상승률 반영X)	은퇴 후 연 생활비 (물가상승률 반영)	1년 투자 결과	연 저축 금액	기말 은퇴 자산
40	58,200,000	0	0	62,274,000	75,194,985	137,468,985
41	137,468,985	0	0	147,091,814	75,194,985	222,286,800
42	222,286,800	0	0	237,846,876	75,194,985	313,041,861
43	313,041,861	0	0	334,954,791	75,194,985	410,149,777
44	410,149,777	0	0	438,860,261	75,194,985	514,055,246
45	514,055,246	30,000,000	33,122,424	514,598,120	0	514,598,120
46	514,598,120	30,000,000	33,784,873	514,470,174	0	514,470,174
47	514,470,174	30,000,000	34,460,570	513,610,277	0	513,610,277
48	513,610,277	30,000,000	35,149,781	511,952,730	0	511,952,730
49	511,952,730	30,000,000	35,852,777	509,426,950	0	509,426,950
50	509,426,950	30,000,000	36,569,833	505,957,115	0	505,957,115
51	505,957,115	30,000,000	37,301,229	501,461,798	0	501,461,798
52	501,461,798	30,000,000	38,047,254	495,853,562	0	495,853,562
53	495,853,562	30,000,000	38,808,199	489,038,539	0	489,038,539
54	489,038,539	30,000,000	39,584,363	480,915,968	0	480,915,968
55	480,915,968	30,000,000	40,376,050	471,377,712	0	471,377,712
56	471,377,712	30,000,000	41,183,571	460,307,731	0	460,307,731
57	460,307,731	30,000,000	42,007,243	447,581,523	0	447,581,523
58	447,581,523	30,000,000	42,847,387	433,065,525	0	433,065,525
59	433,065,525	30,000,000	43,704,335	416,616,473	0	416,616,473
60	416,616,473	30,000,000	44,578,422	398,080,714	0	398,080,714
61	398,080,714	30,000,000	45,469,990	377,293,475	0	377,293,475

은퇴 계획 단계에서 '앞으로 몇 년 동안 매년 얼마씩을 모아야 하고, 몇 퍼센트의 수익률로 운용해야 하는지' 결정을 마치셨다면, 그다

음 단계인 은퇴 준비 단계로 돌입하게 됩니다.

은퇴 준비 단계는 말 그대로 성공적인 조기 은퇴를 위해 필요한 은퇴 자금을 준비하는 단계입니다. 은퇴 계획 단계에서 산출했던 '매년 저축 금액'을 모으는 시기인 것이죠.

은퇴 준비 단계는 실제로 돈을 모으는 단계입니다. 돈을 모으는 방법은 다양합니다. 여러 가지 부업을 통해 새로운 추가 수입을 창출할 수도 있을 것이고, 현재의 지출을 줄여서 저축 금액을 늘릴 수도 있을 겁니다. 더 빨리 조기 은퇴를 하기 위해서는 이 두 가지(수입은 늘리고, 지출은 줄이고)를 동시에 실행해야 할 가능성이 큽니다. 그만큼 은퇴 준비 단계는 결코 쉽지 않은 여정이 될 겁니다.

이 단계에서 제가 여러분에게 해드릴 수 있는 조언은 그리 많지 않습니다. 왜냐하면 사람마다 직업도 다 다르고, 추가적인 소득을 얻을 수 있는 수단 역시 모두 다를 테니까요. 어떤 사람은 추가적인 소득을 얻기 위해 퇴근 후에 배달 알바를 할 수도 있고, 또 어떤 사람은 재택으로 부수적인 소득을 얻을 수 있는 데이터 라벨링 알바에 뛰어들 수도 있을 겁니다. 어떤 일을 할지에 대해서는 정답이 없습니다. N잡 부업으로 새롭게 등장하는 일자리가 많은 만큼, 각자가 본인의 적성에 맞는 소득 수단을 스스로 발굴해 나가는 것이 중요합니다.

다만, 은퇴 자금을 모으는 과정에서 기초적인 금융 지식이 부족해 고민이라면, 제 전작인 《4주 완성! 첫 돈 공부》를 도서관에서 빌려 읽어 보시길 추천해 드립니다. (지출을 줄여야 할 시기에 책을 사서 읽으라고는 차마 권해 드릴 수가 없네요. 이 책은 웬만한 도서관에는 다 있으니, 꼭 가까운 도서관에서 빌려서 읽어 보세요!) 돈을 관리하는 방법뿐 아니라 은행, 증권회사, 보험회사, 부동산에 관해 기본적으로 꼭 알아 두어야 할 내용이 포함되어 있으니 금융 교과서로 한 번은 읽어 볼 만한 책이라고 자부합니다.

두 번째 단계인 은퇴 준비 단계까지 성공적으로 마치셨다면, 즉 매년 저축 금액도 충실히 모으고 목표했던 은퇴 자산의 투자 수익률도 예상대로 달성해 계획했던 은퇴 필요 자금을 모두 준비하셨다면…… 축하합니다! 여러분은 드디어 마지막 단계인 은퇴 실행 단계로 넘어갈 수 있게 되었습니다.

이제 마지막 단계인 은퇴 실행 단계입니다. 상상해 보세요! 여러분은 조기 은퇴를 하기로 목표했던 나이가 되었고, 또 목표했던 은퇴 준비 자금을 모두 모았습니다. 여기까지 왔다는 것은 여러분이 국민

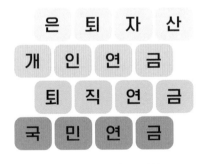

여러분의 은퇴 생활을 지켜 줄 견고한 4층 성벽

은 퇴 자 산
개 인 연 금
퇴 직 연 금
국 민 연 금

연금을 충분히 쌓아 두었고, 퇴직연금과 개인연금도 효율적으로 준비했으며, 은퇴를 위한 개인 은퇴 자산도 충분히 마련했다는 것을 의미합니다. 이것은 마치 은퇴를 위한 여러분의 울타리에 견고한 성벽을 쌓아 놓은 것과 같습니다. 4층 이상으로 웅장하게 쌓아 둔, 그런 튼튼한 성벽 말입니다.

은퇴 실행 단계까지 오셨다면, 여러분은 파이어족이라는 목표의 80%까지 무사히 도달한 것과 다름없습니다. 이제 목표로 했던 결승선이 코앞까지 다가왔습니다. 은퇴 실행 단계에서 여러분이 해야 할 일은 단순합니다.

첫째, 은퇴 자산의 수익률이 유지될 수 있도록 포트폴리오 관리를 계속 해나가야 합니다.

우리가 도출했던 은퇴 필요 자금의 액수와 연 생활비 등은 투자 수익률이 유지된다는 전제하에서 성립되는 것입니다. 따라서 은퇴 이후에도 우리의 투자 수익률이 유지될 수 있도록 포트폴리오 관리를 꾸준히 해주어야 합니다.

포트폴리오 관리 작업이라고 해서 말처럼 그리 거창한 것은 아닙니다. 8장에서 짜두었던 포트폴리오 자산배분 비중이 변하지 않도록 6개월이나 1년에 한 번씩 리밸런싱을 해주는 정도면 충분합니다.

둘째, 매년 초마다 한 해 동안 쓸 생활비를 따로 인출해 지출 관리를 해야 합니다.

우리에게는 은퇴 계획 단계에 미리 짜두었던 '연도별 은퇴 시나리오'가 있습니다. 이에 맞게 매년 생활비를 적절하게 인출해야 합니다. (국민연금 수령 시기가 지났다면) 국민연금 수령액을 감안하고, 퇴직연금과 개인연금에서 각각 얼마씩 인출했을 때 세제 면에서 손해를 보지 않을지 파악합니다(6장, 7장 참고). 그리고 이 계좌(퇴직연금, 개인연금)에서 인출 가능한 금액만큼 먼저 인출한 뒤 부족한 나머지 금액은 개인 은퇴 자산에서 인출하면 됩니다.

마지막으로 셋째는 은퇴 실행 단계에서 가장 중요한 내용입니다. 그것은 바로 여러분의 파이어족 생활을 백 퍼센트 즐기는 것입니다.

여러분에게는 지금까지 너무나도 하고 싶었지만 경제적 자유와 시간적 자유가 없어서 할 수 없었던 버킷리스트가 있을 겁니다. 1장의 '은퇴 준비 따라 하기'에서 여러분이 적었던 '은퇴 후 하고 싶은 일들' 말이에요. 이제 여러분이 마지막으로 해야 할 일은 그 리스트에 적어 두었던 일들을 하나씩 해나가면서 보람찬 은퇴 생활을 즐기는 것, 그리하여 여러분의 파이어족 생활을 멋지게 완성하는 것뿐입니다.

이 책의 출간이 확정되고 난 뒤로 저와 와이프님도 여러분과 마찬가지로 '파이어 프로젝트'를 진행하고 있습니다. 제 계획은 2023년 1월부터 2027년 12월까지 딱 5년 동안 준비한 뒤에 2028년 1월부터 본격적으로 파이어족이 되는 것입니다.

에필로그를 쓰고 있는 지금은 2023년 6월이니, 파이어 프로젝트를 시작하겠다고 선언한 지 약 6개월 정도의 시간이 흘렀네요. 제 글을 재미있게 읽어 주신 여러분이라면 저의 은퇴 준비가 어떻게 진행되고 있는지도 궁금하실 거라고 생각해요. 사실 은퇴 준비를 시작했다고 해서 저희의 생활이 눈에 띄게 달라진 점은 거의 없습니다. 와이프님은 여전히 아침마다 회사에 나가기 싫다고 툴툴대며 오늘도 출근준비를 하고 있고요. 저 역시 매일 도서관이나 카페에 앉아서 사람들이 관심을 가질 만한 재테크 아이디어를 글로 풀어내기 위해 머리를 싸매고 있지요.

그럼에도 이전과 달라진 점을 꼭 말해 보라고 한다면, 예금 상품으로 운용되고 있던 와이프님의 퇴직연금을 제가 직접 운용하기 시작하면서 수익률이 많이 올랐다는 겁니다(6장 내용 참고). 처음 몇 달 동안은 수익률이 썩 만족스럽지 않아서 와이프님의 눈치를 봐야 했지만요.

마찬가지로, 은퇴 준비를 시작하면서 연금저축보험에서 연금저축펀드로 갈아탄 개인연금 계좌의 수익률도 나쁘지 않습니다(7장 참고). 하지만 수익률보다 더 의미 있는 것은 계좌에 찍히는 숫자들을 제 스스로가 통제할 수 있다는 점입니다. 연금저축보험에 돈을 맡겼을 때는 얼마의 돈이 쌓이고 있는지(제가 손해 봐야 할 돈의 액수는 얼마인지)를 전혀 신경 쓰지 않았던 것에 비해 큰 발전이라고 할 수 있겠네요.

여유 자금이 생길 때마다 은퇴 준비를 위해 운용 중인 개인 투자

계좌도 꾸준히 불려 나가는 중입니다. 이러한 은퇴 자산들의 증가를 반영하여 오늘 '은퇴 플랜B 계산기'를 다시 계산해 보니, 15.4%였던 저의 은퇴 준비 달성율(4장 참고)은 현재 24.14%까지 올라온 상태네요.

파이어족 준비를 시작했다고 해서 눈에 띄는 변화가 그 즉시 생기는 것은 아닙니다. 하지만 목표만 뚜렷하다면, 빠르지는 않아도 꾸준히 차근차근 그 방향을 향해서 한 발짝씩 나아갈 수 있다고 생각합니다. 그리고 그 목표의식이 원동력이 되어 삶을 좀 더 활기차게 꾸려나갈 수 있다면 더할 나위가 없겠지요.

진정한 파이어족으로 거듭날 여러분의 앞길을 진심으로 응원합니다. 그리고 이 책이 여러분이 그토록 원하던 삶의 방향으로 한걸음 나아갈 수 있는 작은 힌트라도 되었다면, 제게 그보다 더 큰 보람은 없을 것입니다. 지금까지 제 부족한 글을 읽어주셔서 감사합니다.

남보다 일찍 시작하는 은퇴 준비 프로젝트
이것은 빠른 경제적 자유를 위한 책

1판 1쇄 인쇄 2023년 8월 16일
1판 1쇄 발행 2023년 8월 23일

지은이 이의석
펴낸이 고병욱

기획편집실장 윤현주 **책임편집** 조은서 **기획편집** 장지연 유나경
마케팅 이일권 함석영 김재욱 복다은 임지현 **디자인** 공희 진미나 백은주
제작 김기창 **관리** 주동은 **총무** 노재경 송민진

펴낸곳 청림출판(주)
등록 제1989-000026호

본사 06048 서울시 강남구 도산대로 38길 11 청림출판(주) (논현동 63)
제2사옥 10881 경기도 파주시 회동길 173 청림아트스페이스 (문발동 518-6)
전화 02-546-4341 **팩스** 02-546-8053
홈페이지 www.chungrim.com
이메일 cr1@chungrim.com
블로그 blog.naver.com/chungrimpub
페이스북 www.facebook.com/chungrimpub

ⓒ 이의석, 2023

ISBN 978-89-352-1429-7 (03320)